中国脱贫攻坚报告
2013-2020

中国扶贫发展中心
全国扶贫宣传教育中心

编著

中国文联出版社

图书在版编目（CIP）数据

中国脱贫攻坚报告．2013-2020 / 中国扶贫发展中心，全国扶贫宣传教育中心编著．-- 北京：中国文联出版社，2021.11
（同步小康案例（故事）丛书）
ISBN 978-7-5190-4720-7

Ⅰ．①中… Ⅱ．①中… ②全… Ⅲ．①扶贫－研究报告－汇编－中国－2013-2020 Ⅳ．①F126

中国版本图书馆 CIP 数据核字（2021）第 226546 号

中国文学艺术基金会
中国文学艺术发展专项基金　资助项目

中国脱贫攻坚报告．2013-2020
ZHONGGUO TUOPIN GONGJIAN BAOGAO. 2013-2020

编　　著　中国扶贫发展中心　全国扶贫宣传教育中心
责任编辑　胡　笋
责任校对　岳蓝峰
封面设计　杰　瑞

出版发行　中国文联出版社有限公司
社　　址　北京市朝阳区农展馆南里 10 号　　邮编　100125
电　　话　010-85923025（发行部）　010-85923066（编辑部）
经　　销　全国新华书店等
印　　刷　北京市庆全新光印刷有限公司

开　　本　710 毫米 ×1000 毫米　　1/16
印　　张　28.5
字　　数　200 千字
版　　次　2021 年 11 月第 1 版第 1 次印刷
定　　价　59.00 元

版权所有·侵权必究
如有印装质量问题，请与本社发行部联系调换

专家指导组

（按姓氏笔画排序）

王小林　王晓毅　左　停　叶敬忠　向德平
孙兆霞　张　琦　张亚光　陆汉文　周飞舟
郑风田　曹　立　燕连福　雷　明

前　言

党的十八大以来，以习近平同志为核心的党中央把脱贫攻坚工作纳入"五位一体"总体布局和"四个全面"战略布局，明确消除绝对贫困目标的任务，确定精准扶贫、精准脱贫基本方略，出台一系列超常规政策举措，全面打响脱贫攻坚战。为全面记录中国共产党带领全国各族人民打赢脱贫攻坚战的伟大历程，在原国务院扶贫开发领导小组办公室指导下，中国扶贫发展中心、全国扶贫宣传教育中心于2018年底启动《中国脱贫攻坚报告》编撰工作，形成《中国脱贫攻坚报告（2013—2017年）》《中国脱贫攻坚报告（2018年）》《中国脱贫攻坚报告（2019年）》《中国脱贫攻坚报告（2020年）》等四篇报告。

《中国脱贫攻坚报告（2013—2017年）》乃是对十八大召开后五年脱贫攻坚工作的回顾，主题为"脱贫攻坚战取得决定性进展"（2013—2017年）(《十九大报告》语)。《中国脱贫攻坚报告（2018年）》《中国脱贫攻坚报告（2019年）》《中国脱贫攻坚报告（2020年）》系对当年脱贫攻坚工作的年度总结和报告，其主题分别为"脱贫攻坚战迈入三年行动新阶段"（2018年），"脱贫攻坚战决战决胜关键一年"（2019年），"脱贫攻坚战取得全面胜利"（2020年）。

各篇报告简要呈现了对应阶段或年度脱贫攻坚战的形势任务、总体指导、重点工作、亮点特色、进展成就。综览4篇报告，可以清晰看出我国脱贫攻坚战重难点的变化，深刻认识到党中央围绕打赢打好脱贫攻坚战目标任务，根据实际形势开拓创新、攻坚克难的智慧和勇气，实干兴邦的能力和担当。

2021年2月25日，习近平总书记在全国脱贫攻坚总结表彰大会上庄严宣告"我国脱贫攻坚战取得了全面胜利"，我国"三农"工作重心转向全面推进乡村振兴，中华民族踏上全面建设社会主义现代化国家的新征程。8年脱贫攻坚战的奋斗足迹、宝贵经验和伟大精神不仅是全面建成小康社会的亮丽篇章，而且是全面推进乡村振兴、全面建设社会主义现代化国家的重要借鉴；不仅是中国共产党第一个百年征程的灿烂一页，而且是中国共产党开启第二个百年征程的精神财富。据此，我们将4篇报告按时间顺序汇编成一册，取名《中国脱贫攻坚报告（2013—2020年）》并公开出版，借以表达对脱贫攻坚战的敬意，弘扬"上下同心、尽锐出战、精准务实、开拓创新、攻坚克难、不负人民"的脱贫攻坚精神，为全面推进乡村振兴，全面建设社会主义现代化国家提供助益。

目 录

第一篇 脱贫攻坚战取得决定性进展（2013—2017年） 1

 导　论 3

 一、脱贫攻坚的时代背景 5

 二、脱贫攻坚的理论指导 11

 三、脱贫攻坚的目标任务与基本方略 26

 四、脱贫攻坚的政策举措 39

 五、脱贫攻坚的组织保障 48

 六、建档立卡 60

 七、驻村帮扶 69

 八、资金管理 78

 九、五个一批 91

 十、考核评估 107

 十一、脱贫攻坚的历史性成就 118

第二篇 脱贫攻坚战迈入三年行动新阶段（2018年） 127

 导　论 129

一、党的十九大召开后脱贫攻坚新形势新要求 …………… 131

二、学习贯彻习近平总书记关于扶贫工作的重要论述 … 137

三、建档立卡：为打好精准脱贫攻坚战提供有力支撑 … 146

四、驻村帮扶：打通脱贫攻坚"最后一公里" …………… 154

五、精准施策：全方位提升脱贫攻坚质量 ………………… 164

六、考核评估：确保脱贫攻坚成果经得起历史实践检验 … 176

七、加大深度贫困地区脱贫攻坚力度 ……………………… 188

八、提升东西部扶贫协作和定点扶贫精准度与有效性 … 196

九、实现脱贫攻坚专项巡视全覆盖 ………………………… 201

十、加强督查巡查与扶贫领域作风建设 …………………… 209

十一、脱贫攻坚的具体成效 …………………………………… 217

第三篇 脱贫攻坚战决战决胜关键一年（2019 年）…… 227

导 论 …………………………………………………………… 229

一、脱贫攻坚进入决战决胜期 ……………………………… 231

二、学习贯彻习近平总书记关于扶贫工作的重要论述 … 236

三、动态调整和返贫监测 …………………………………… 243

四、精准派人和加强驻村帮扶 ……………………………… 251

五、精准施策和探索稳定脱贫长效机制 …………………… 258

六、考核评估和脱贫攻坚问题整改 ………………………… 276

七、集中解决"两不愁三保障"突出问题 ………………… 288

八、着力攻克深度贫困堡垒 ………………………………… 300

九、大力推进社会扶贫消费扶贫 …………………………… 307

十、加大脱贫攻坚宣传动员力度 ……………………… 321

十一、脱贫攻坚的重大突破 …………………………… 327

第四篇 脱贫攻坚取得全面胜利（2020年） …………… 335

 导　论 …………………………………………………… 337

 一、脱贫攻坚战进入收官之年 ………………………… 339

 二、学习贯彻习近平总书记关于扶贫工作的重要论述 … 346

 三、克服新冠肺炎疫情影响 …………………………… 358

 四、挂牌督战深度贫困剩余贫困 ……………………… 370

 五、构建巩固脱贫成果长效机制 ……………………… 382

 六、组织消费扶贫 ……………………………………… 396

 七、强化脱贫攻坚考核验收 …………………………… 404

 八、开展脱贫攻坚总结宣传 …………………………… 417

 九、脱贫攻坚的全面胜利 ……………………………… 426

 十、开启新篇章 ………………………………………… 437

后　记 ……………………………………………………… 442

第一篇

脱贫攻坚战取得决定性进展
（2013—2017 年）

导 论

本篇概要阐述了党的十八大至十九大期间（2013—2017年）我国脱贫攻坚所取得的进展。在这五年时间里，中国特色脱贫攻坚制度体系基本形成并不断完善，农村贫困人口减少6853万人，贫困发生率从2012年末的10.2%下降到2017年末的3.1%。党的十九大报告做出"脱贫攻坚战取得决定性进展"的历史判断，充分肯定了2013—2017年间的脱贫攻坚工作。

本篇分为11章。

第一章主要从全面建成小康社会、经济发展新常态、扶贫开发攻坚期等方面介绍脱贫攻坚战的时代背景，分析党的十八大以来中国经济社会发展的阶段性特点和扶贫工作面临的主要挑战，论述党中央、国务院作出打赢脱贫攻坚战决定的重大意义。

第二章阐述习近平总书记关于扶贫工作的重要论述，包括对脱贫攻坚地位、目标、方略、路径、政策、机制、主体、保障体系等重难点问题的回答，以及对打赢攻坚战的方向和路径做出的重大判断。

第三至五章阐明脱贫攻坚决策部署。一是明确脱贫攻坚目标任务，确定精准扶贫基本方略，提出做到"六个精准"、实施"五个一批"、解决"四个问题"等基本要求。二是出台脱贫攻坚政策措施，包括强化资金保障、完善扶贫开发用地政策、加强贫困地区基础设施建设、发挥科技和人才支撑作用等内容。三是强化脱贫攻坚组织保障，建立责任体系、政策体系、投入体系、动员体系、监督体系、考核体系"六位一体"保障体系。

第六至十章描绘脱贫攻坚组织实施关键环节。一是建档立卡，旨在解决精准扶贫精准脱贫的对象问题，是脱贫攻坚战的基础工程。二是驻村帮扶，旨在明确到村到户帮扶人员与帮扶责任，是脱贫攻坚战的前沿战场。三是资金管理，旨在说明扶贫资金投入、使用、监管等方面的要求和规则，是脱贫攻坚战的补给线。四是"五个一批"，旨在阐述脱贫攻坚具体途径，包括发展生产脱贫、转移就业脱贫、易地搬迁脱贫、兜底保障脱贫、发展教育脱贫等，是脱贫攻坚战的战役战法。五是考核评估，旨在介绍脱贫攻坚各级战场绩效评价的方式方法，是脱贫攻坚战的激励机制。

第十一章概述脱贫攻坚战取得的阶段性成就和历史影响，既包括大幅减少贫困、促进贫困地区经济社会发展、形成全社会合力攻坚良好局面等直接成效，又包括巩固中国共产党执政基础、为全球减贫事业贡献中国智慧中国方案等正向"溢出效应"。

本篇揭示，坚决打赢脱贫攻坚战是中国共产党站在中国特色社会主义现代化建设重要历史关头做出的科学抉择，是统筹解决中国经济社会发展中相关重大问题的有效途径，是确保全面建成小康社会、实现第一个百年奋斗目标的决胜之战。

一、脱贫攻坚的时代背景

党的十八大以来,以习近平同志为核心的党中央把扶贫开发纳入"五位一体"总体布局和"四个全面"战略布局,在全国范围内全面打响了脱贫攻坚战。打赢脱贫攻坚战,是促进全体人民共享改革发展成果、实现共同富裕的重大举措,是全面建成小康社会的艰巨任务,也是经济发展新常态下扩大国内需求、促进经济增长的重要途径。

(一)全面建成小康社会进入决胜期

党的十八大根据国内外形势新变化,对全面建设小康社会目标进行了充实和完善,确立了到2020年全面建成小康社会的奋斗目标。这一目标与党的十六大提出的全面建设小康社会奋斗目标和党的十七大提出的实现全面建设小康社会奋斗目标要求相衔接,也与中国特色社会主义事业总体布局相一致。目标的主要内容是:经济持续健康发展、实现国内生产总值和城乡居民人均收入比2020年翻一番,人民民主不断扩大,文化软实力显著增强,人民生活水平全面提高,资源节约型、环境友好型社会建设取得重大进展。

2020年如期全面建成小康社会,无论在中华民族发展史上,还是在世界发展史上、在社会主义发展史上,都具有极为重大的意义。鸦片战争以来,中国人民从救亡图存到推翻"三座大山",从改变一穷二白面貌到建设社会主义现代化、不断推进改革开放,一直在为过上幸福美好生活而努力奋斗。全面建成小康社会之日就是全面见证中国奇迹之时,中国人民将在全面解决温饱问题的基础上,过上殷实宽裕的生活。这将是中国历史上亘古未有的伟大跨越,也是中国对人类社会的伟大贡献。

全面建成小康社会,是我们党向人民、向历史作出的庄严承诺,是 13 亿多中国人民的共同期盼。全面建成小康社会,强调的不仅是"小康",而且更重要的是"全面"。"小康"讲的是发展水平,"全面"讲的是发展的平衡性、协调性、可持续性。如果到 2020 年发展不平衡、不协调、不可持续的问题更加严重,短板更加突出,就算不上真正实现了目标,即使最后宣布实现了,也无法得到人民群众和国际社会认可。

经济社会发展中的短板特别是主要短板,是影响如期实现全面建成小康社会目标的主要因素,必须尽快把这些短板补齐。农村贫困人口脱贫是最突出的短板,如果农村贫困人口生活水平没有明显提高,全面小康也不能让人信服。在此背景下,《中共中央关于制定国民经济和社会发展第十三个五年规划的建议》把农村贫困人口脱贫作为全面建成小康社会的基本标志,强调实施精准扶贫、精准脱贫,以更大决心、更精准思路、更有力措施,采取超常举措,实施脱贫攻坚工程,确保我国现行标准下农村贫困人口实现脱贫、贫困县全部摘帽、解决区域性整体贫困的问题。

（二）我国经济发展进入新常态

党的十八大以来，以习近平同志为核心的党中央作出经济发展进入新常态的重大判断，形成以新发展理念为指导、以供给侧结构性改革为主线的政策框架。我国经济发展进入新常态后，增长速度正从10%左右的高速增长转向7%左右的中高速增长，经济发展方式正从规模速度型粗放增长转向质量效率型集约增长，经济结构正从增量扩能为主转向调整存量、做优增量并举的深度调整，经济发展动力正从传统增长点转向新的增长点。

"新常态"意味着财政收入不可能像原来那样高速增长，要处理好发展经济和保障民生的关系，既要在经济发展的基础上不断加大保障民生的力度，也不要脱离财力作出难以兑现的承诺。要重点加强基本公共服务，特别是要加大对革命老区、民族地区、边疆地区、贫困地区基本公共服务的支持力度，加强对特定人群、特殊困难的帮扶，在此基础上做好教育、就业、收入分配、社会保障、医疗卫生等各领域民生工作。

我国经济发展要保持经济中高速增长、迈向中高端水平，必须拓展新空间、培育新动能。扶贫开发和拉动经济增长是相互促进的，扶贫开发工作搞好了，不仅有利于经济结构优化，还会形成新的经济增长点。中国经济发展有巨大的潜力空间和回旋余地，一个重要方面就在贫困地区和贫困人口。打赢脱贫攻坚战，加强贫困地区基础设施和公共服务，既能增加有效投资需求，又有助于消化过剩产能；既能提高贫困群众的收入水平，也可以扩大有效消费需求,为产业结构调整升级赢得时间和空间。贫困地区的自然资源、劳动资源都很丰富,促进贫困地区加快发展,可以形成新的经济增长点、增长极、增长带,为经济发展注入新动力。

打赢脱贫攻坚战,是促进全体人民共享改革发展成果、实现共同富裕的重大举措,是体现中国特色社会主义制度优越性的重要标志,也是经济发展新常态下扩大国内需求、促进经济增长的重要途径。经济发展进入新常态后,经济下行压力在持续加大,贫困人口就业和增收难度增大,一些农民工因丧失工作重新陷入贫困,返贫压力加大。产业结构仍在调整过程中,传统产业扶贫带动效应减弱,一些新的产业尚在成长之中。面对新的环境,扶贫工作需要不断创新理念,探索结合生态保护脱贫、资产收益扶贫、光伏扶贫、电商扶贫、增加贫困人口在土地增值中的受益程度等新方式。

(三)我国扶贫开发进入攻坚期

新中国成立以来,我们党带领人民持续向贫困宣战。特别是改革开放以来,我们党实施大规模扶贫开发行动,先后实施《国家八七扶贫攻坚计划(1994—2000年)》《中国农村扶贫开发纲要(2001—2010年)》《中国农村扶贫开发纲要(2011—2020年)》,使贫困人口大幅减少,贫困群众生活水平显著提高,贫困地区面貌发生根本变化。经过改革开放多年努力,我国成功走出了一条中国特色扶贫开发道路,使七亿多农村贫困人口成功脱贫,为全面建成小康社会打下了坚实基础。

作为世界上最大的发展中国家,我国一直是世界减贫事业的积极倡导者和有力推动者。到2020年实现农村贫困人口全部脱贫，既是全面建成小康社会的必要条件，也是落实全球2030年可持续发展议程的重要一步，体现了中国作为负责任大国的历史担当。截至2014年底，全国仍有七千多万农村贫困人口。贫困人口超过五百万的有贵州、云南、河南、广西、湖南、四川六个省区，贫困发生率超过百分之十五的有西藏、甘肃、新疆、贵州、云南五个省区。各地建档立卡数据显示，全国还有12.8万个贫困村、近3000万个贫困户。这些贫困人口大部分分布在边远地区、深山区、石山区等交通闭塞和生态脆弱地区，帮助这些群众摆脱贫困绝非易事。

经过多年探索，我国初步建立起以国家政策支持为支撑、贫困地区干部群众积极参与为主导、社会各界帮扶为依托的扶贫开发体制机制。这套体制机制符合我国国情，有利于发挥我们的政治优势和制度优势，同时也存在一些不尽完善的地方：第一，精准扶贫体制机制还不健全。精准识别贫困人口是精准施策的前提，只有扶贫对象清楚了，才能因户施策、因人施策。多年来，我国贫困人口总数是国家统计局在抽样调查基础上推算出来的，没有具体落实到人头上。第二，扶贫开发责任还没有完全落到实处。有的地方特别是贫困县党委和政府没有把扶贫工作摆在首位，重县城建设轻农村发展、重区域开发轻贫困人口脱贫、重"面子工程"轻惠民实效等现象较为普遍。第三，扶贫合力还没有形成。扶贫政策同农村低保、新农保、医疗救助、危房改造、家庭经济困难学生资助等民生政策尚未做到无缝衔接，对扶贫和社会保障如何分工协调缺乏有效的政策安排。第四，扶贫资金投入还不能满足需要。财政扶贫资金分配和使用效率有待提高。行业部门项目资金各有各的使用方向、各有各的管理考核办法，贫困县难以统筹整合。第五，贫困地区和贫困人口的主观能动性还有待提高。有的地方不注重调动群众积极性、主动性、创造性，反而助长了"等、靠、要"思想。第六，因地制宜、分类指导还有待加强。

我国的扶贫工作面临一些多年未解决的深层次矛盾和问题，也面临不少新情况新挑战，所面对的都是贫中之贫、困中之困，采用常规思路和办法、按部就班推进难以完成任务，必须以更大的决心、更明确的思路、更精准的举措、超常规的力度，众志成城实现脱贫攻坚目标。

二、脱贫攻坚的理论指导

习近平总书记坚持以人民为中心的发展理念，深刻把握国内外经济社会发展大势，形成了一系列治国理政的新理念新思想新战略，关于扶贫工作的论述是其中重要的组成部分。这些扶贫重要论述是习近平总书记在长期对贫困演变规律、扶贫开发经验教训进行深刻思考的基础上，对中国脱贫攻坚地位、目标、方略、路径、政策、机制、主体、保障体系等重点难点问题做出的回答，以及打赢攻坚战的方向和路径做出的重大判断。党的十八大以来，习近平总书记关于扶贫工作的重要论述不断发展完善，形成了问题意识明确、理论体系完备、内在逻辑严密的理论体系，不仅从根本上回答了中国脱贫攻坚的目的和意义，深化了扶贫开发的方法和策略，破解了诸多反贫困道路上的理论与现实难题，为打赢脱贫攻坚战提供了根本遵循。

（一）决胜脱贫攻坚，共享全面小康

习近平总书记深刻指出，进入新时代中国经济社会发展的主要矛盾发生了变化，需要新的发展方略，当前我国经济社会发展的战略目标是全面建成小康社会，战略重点在于补齐短板，扶贫工作则是其中最薄弱的领域。总书记不仅在发展社会主义意义上对脱贫攻坚做了深刻阐释，同时也从社会主义本质的高度强调脱贫攻坚的重大意义。消除贫困、改善民生、实现共同富裕，是社会主义的本质要求，是我们党的重要使命。贫穷不是社会主义。如果贫困地区长期贫困，面貌长期得不到改变，群众生活长期得不到明显提高，那就没有体现我国社会主义制度的优越性，那也不是社会主义。

20世纪七八十年代，中国基于当时的国情提出了国家未来经济社会发展的蓝图——"小康社会"。其后，随着中国特色社会主义事业的发展进程，"小康社会"的内涵和意义不断得到发展和丰富。党的十八大以来，习近平总书记又赋予"小康社会"以新的内涵，从"短板"的角度来理解当前中国的贫困问题，将之视为中国21世纪初发展的"底线任务"。他将扶贫开发与党和政府的职责、党的根本宗旨以及全面建成小康社会目标要求和社会主义的本质要求相结合，深刻阐述中国现阶段扶贫开发的重要性和紧迫性，并进一步指出当前扶贫开发工作的重中之重，为进一步明确扶贫开发的战略定位、制定扶贫开发政策措施及具体工作机制奠定了思想基础，对全党全国全社会增强扶贫开发责任感、使命感、紧迫感具有重要的理论和实践指导意义。

习近平总书记多次强调："小康不小康，关键看老乡，关键在贫困的老乡能不能脱贫。"[①]"全面建成小康社会、实现第一个百年奋

[①] 中共中央党史和文献研究院编：《习近平扶贫论述摘编》，中央文献出版社2018年版，第12页。

斗目标,农村贫困人口全部脱贫是一个标志性指标。"①这些论述深刻指出,全面建成小康社会,不仅要从总体上、总量上实现小康,更要让农村和贫困地区尽快赶上来,逐步缩小这些地区同发达地区的差距,让改革发展成果惠及全体人民。这是实现全面建成小康社会目标的现实需要,更是实现社会主义共同富裕目标的基础和前提。这些重要论述深刻阐述了扶贫开发工作的重要性、紧迫性,要求进一步增强做好扶贫开发工作的紧迫感,以更加明确的目标、更加有力的举措、更加有效的行动,坚决打赢脱贫攻坚战。

习近平总书记的这些论述深刻阐述了脱贫攻坚的历史意义、政治意义和战略意义。全面建成小康社会、实现第一个百年奋斗目标,最艰巨的任务是脱贫攻坚,这是一个最大的短板,也是一个标志性指标。在国际风云激烈变幻的过程中,我们党和我国社会主义制度岿然不动,就是因为我们党的路线、方针、政策给亿万中国人民带来了好处。中国共产党在中国执政就是要为民造福,而只有做到为民造福,我们党的执政基础才能坚如磐石。

(二)坚持党的领导,强化组织保证

消除贫困是中国共产党的初心和使命,不同历史时期,党领导人民以不同方式为实现这一目标而努力。习近平总书记把脱贫攻坚纳入"五位一体"总体布局和"四个全面"战略布局进行部署,不断强调党对于脱贫攻坚的全面领导,将党的领导力、组织力和战斗

---

① 中共中央党史和文献研究院编:《习近平扶贫论述摘编》,中央文献出版社2018年版,第12页。

力充分运用于打赢脱贫攻坚战。

首先是强调党对脱贫攻坚的领导责任,保证脱贫攻坚投入不打折扣、执行不懈怠,真正落实和实现精准扶贫精准脱贫战略意图。习近平总书记要求:"各级党委和政府要高度重视扶贫开发工作,把扶贫开发列入重要议事日程。"①"要强化扶贫开发工作领导责任制,把中央统筹、省负总责、市(地)县抓落实的管理体制,片为重点、工作到村、扶贫到户的工作机制,党政一把手负总责的扶贫开发工作责任制,真正落到实处。"②"加强领导是根本,发挥各级党委领导作用,建立并落实脱贫攻坚一把手负责制,实行省市县乡村五级书记一起抓,为脱贫攻坚提供坚强政治保障。"③"要充分发挥政治优势,形成推进脱贫攻坚工作的强大合力。脱贫攻坚工作,是我们党的历史使命,是各级党委、政府和各部门一把手的职责。实施党政一把手脱贫攻坚工作责任制、脱贫攻坚期内保持贫困县党政正职稳定、开展东西部扶贫协作和机关定点扶贫、向贫困村派驻第一书记和驻村工作队这样一些行之有效的措施,必须继续坚持,不断提高水平。"④

其次强调发挥党组织在脱贫攻坚中的引领带动作用,尤其是基

---

① 中共中央党史和文献研究院编:《习近平扶贫论述摘编》,中央文献出版社2018年版,第31页。

② 中共中央党史和文献研究院编:《习近平扶贫论述摘编》,中央文献出版社2018年版,第35页。

③ 中共中央党史和文献研究院编:《习近平扶贫论述摘编》,中央文献出版社2018年版,第44页。

④ 《听取2016年省级党委和政府脱贫攻坚工作成效考核情况汇报》,《人民日报》2017年4月1日。

层党组织的突出作用。习近平总书记指出："农村基层党组织是党在农村全部工作和战斗力的基础,是贯彻落实党的扶贫开发工作部署的战斗堡垒。抓好党建促扶贫,是贫困地区脱贫致富的重要经验。要把扶贫开发同基层组织建设有机结合起来,抓好以村党组织为核心的村级组织配套建设,把基层党组织建设成为带领乡亲们脱贫致富、维护农村稳定的坚强领导核心,发展经济、改善民生,建设服务型党支部,寓管理于服务之中,真正发挥战斗堡垒作用。"[①]"要加强贫困村'两委'建设。'帮钱帮物,不如帮助建个好支部'。要深入推进抓党建促脱贫攻坚工作,选好配强村'两委'班子,培养农村致富带头人,促进乡村本土人才回流,打造一支'不走的扶贫工作队'。要充实一线扶贫工作队伍,发挥贫困村第一书记和驻村工作队作用,在实战中培养锻炼干部,打造一支能征善战的干部队伍。农村干部在村里,脸朝黄土背朝天,工作很辛苦,对他们要加倍关心。"[②]

再次,强调将党的群众路线的工作方法和从严治党的纪律要求贯穿脱贫攻坚全程。"各地区各部门要加强组织领导,在已经取得成绩的基础上,加大对扶贫对象和贫困地区的扶持力度,充分发挥贫困地区干部群众的积极性、主动性、创造性,广泛组织和动员社会力量积极参与扶贫济困,确保如期实现扶贫开发'两不愁、三保

[①] 中共中央党史和文献研究院编:《习近平扶贫论述摘编》,中央文献出版社2018年版,第32—33页。

[②] 中共中央党史和文献研究院编:《习近平扶贫论述摘编》,中央文献出版社2018年版,第45页。

障'的奋斗目标。"①"必须把从严要求贯穿脱贫攻坚工作全过程、各方面,严格落实脱贫攻坚工作报告制度、责任制度、考核制度、督查巡查制度,确保实现脱贫攻坚工作目标任务。"②

坚持党的领导,发挥社会主义制度可以集中力量办大事的优势,这是我们的最大政治优势。实现贫困人口如期脱贫,是我们党向全国人民作出的郑重承诺。责任重于泰山,各级党委和政府一定要不辱使命。习近平总书记不仅深刻指出了共产党的领导对于脱贫攻坚的重大意义,也为发挥其所具有的政治优势与制度优势指明了方向。这些论述表明,始终坚持党对脱贫攻坚的领导,充分发挥社会主义集中力量办大事的制度优势,是中国减贫最大的政治优势和制度优势,也是改革开放近40年来扶贫开发取得伟大成就的主要经验,是打赢脱贫攻坚战的根本保障。

(三)坚持精准方略,提高脱贫实效

习近平总书记关于扶贫工作的重要论述深刻阐述了脱贫攻坚的目标和意义,为中国的减贫事业明确了方向。习近平总书记关于扶贫工作的重要论述同样系统阐述了脱贫攻坚战略层面的部署和安排,为打赢打好脱贫攻坚战确定了行动指南。习近平一方面主张扶贫要科学,要在对于贫困问题有了客观认知的基础上开展系统的政

---

① 中共中央党史和文献研究院编:《习近平扶贫论述摘编》,中央文献出版社2018年版,第5页。
② 《听取2016年省级党委和政府脱贫攻坚工作成效考核情况汇报》,《人民日报》2017年4月1日。

策干预，另一方面针对过去扶贫开发所形成的制度性弊端，提出了"精准扶贫、精准脱贫"基本方略。"精准扶贫"构成习近平总书记关于扶贫工作的重要论述的核心和关键，体现了他对于中国过去扶贫开发经验的深刻理解，以及对当前中国贫困治理现状的深刻认识。

习近平总书记指出："扶贫开发推进到今天这样的程度，贵在精准，重在精准，成败之举在于精准。""搞大水漫灌、走马观花、大而化之、手榴弹炸跳蚤也不行。"[1]"总结各地实践和探索，好路子好机制的核心就是精准扶贫、精准脱贫，做到扶持对象精准、项目安排精准、资金使用精准、措施到户精准、因村派人精准、脱贫成效精准。"[2]"扶贫开发成败系于精准，要找准'穷根'、明确靶向，量身定做、对症下药，真正扶到点上、扶到根上。脱贫摘帽要坚持成熟一个摘一个，既防止不思进取、等靠要，又防止揠苗助长、图虚名。"[3]"要以更加明确的目标、更加有力的举措、更加有效的行动，深入实施精准扶贫、精准脱贫，项目安排和资金使用都要提高精准度，扶到点上、根上，让贫困群众真正得到实惠。"[4]

精准扶贫精准脱贫的重要论述，是打赢脱贫攻坚战的基本方

---

[1] 中共中央党史和文献研究院编：《习近平扶贫论述摘编》，中央文献出版社2018年版，第58页。
[2] 中共中央党史和文献研究院编：《习近平扶贫论述摘编》，中央文献出版社2018年版，第62—63页。
[3] 中共中央党史和文献研究院编：《习近平扶贫论述摘编》，中央文献出版社2018年版，第72页。
[4] 鞠鹏：《坚决打好扶贫开发攻坚战 加快民族地区经济社会发展》，《人民日报》2015年1月22日。

略，是开展扶贫脱贫工作总的工作原则，体现的是精准性、实效性标准和要求。实施精准扶贫精准脱贫，就是要真正把精准理念落到实处，变"大水漫灌"为"精准滴灌"，做到"六个精准"（扶贫对象精准、项目安排精准、资金使用精准、措施到户精准、因村派人精准、脱贫成效精准）的基本要求，实施"五个一批"（发展生产脱贫一批、易地扶贫搬迁脱贫一批、生态补偿脱贫一批、发展教育脱贫一批、社会保障兜底一批）的脱贫路径，达到切实解决扶持谁、谁来扶、怎么扶、如何退的"四个问题"的根本目的。"六个精准""五个一批""四个问题"三者之间通过一系列政策措施逐步形成贫困治理的科学体系，精准识别扶持对象、推进扶贫资金项目审批权限下放到县、开展贫困县统筹整合使用财政涉农资金试点、全面加强扶贫资金项目监管、不断创新完善以提高扶贫资金精准度和有效性为目标的保障体系、多途径促进产业发展、全面动员干部参与等一系列"精准"政策举措，体现了高水平的治理艺术，对于推进国家治理体系和治理能力现代化具有普遍性的方法论意义。

（四）坚持加大投入，强化资金支持

脱贫攻坚需要制度层面的改革创新，也需要资源方面的倾斜配置，习近平总书记对此做出了重要指示和要求，从扶贫资金的规模、渠道到扶贫资金的效益都做出了科学的部署和安排，为脱贫攻坚的顺利开展奠定了良好的物力基础。

关于扩大扶贫资金规模与拓展扶贫资金渠道，习近平总书记要求，"各级财政要加大对扶贫开发的支持力度，形成有利于贫困地区和扶贫对象加快发展的扶贫战略和政策体系。"[①]"在增加财政投入的同时,要加大扶贫资金整合力度。"[②]"要积极开辟扶贫开发新的资金渠道,多渠道增加扶贫开发资金。"[③]"要加大中央和省级财政扶贫投入,坚持政府投入在扶贫开发中的主体和主导作用,增加金融资金对扶贫开发的投放,吸引社会资金参与扶贫开发。"[④]"要做好金融扶贫这篇文章"[⑤]。"要加快农村金融改革创新步伐,提高贫困地区和贫困人口金融服务水平"[⑥]。"要发挥财政资金'四两拨千斤'的导向作用,支持成立政府出资的担保机构,扩大扶贫贴息贷款规模,撬动更多信贷资金支持贫困户发展生产和就业创业。"[⑦]

关于提高扶贫资金效益和加强扶贫资金管理,习近平总书记强调,"必须坚持发挥政府投入主体和主导作用,增加金融资金对脱贫攻坚的投放,发挥资本市场支持贫困地区发展作用,吸引社会资金广泛参与脱贫攻坚,形成脱贫攻坚资金多渠道、多样化投

[①] 中共中央党史和文献研究院编:《习近平扶贫论述摘编》,中央文献出版社2018年版,第87页。

[②] 中共中央党史和文献研究院编:《习近平扶贫论述摘编》,中央文献出版社2018年版,第90页。

[③] 中共中央党史和文献研究院编:《习近平扶贫论述摘编》,中央文献出版社2018年版,第88—89页。

[④] 中共中央党史和文献研究院编:《习近平扶贫论述摘编》,中央文献出版社2018年版,第88页。

[⑤] 中共中央党史和文献研究院编:《习近平扶贫论述摘编》,中央文献出版社2018年版,第91页。

[⑥] 中共中央党史和文献研究院编:《习近平扶贫论述摘编》,中央文献出版社2018年版,第91页。

[⑦] 中共中央党史和文献研究院编:《习近平扶贫论述摘编》,中央文献出版社2018年版,第92页。

入。"① "要加强资金整合，理顺涉农资金管理体系，确保整合资金围绕脱贫攻坚项目精准使用，提高使用效率和效益。""要强化脱贫攻坚资金支持，在投入上加力，切实加强扶贫资金管理，优化资金配置，提高使用效率，确保每一分钱都花在刀刃上，对挪用乃至贪污扶贫款项的行为必须坚决纠正、严肃处理。"②

（五）坚持社会动员，凝聚各方力量

习近平总书记多次强调："'人心齐，泰山移。'脱贫致富不仅仅是贫困地区的事，也是全社会的事。"③ "要健全东西部协作、党政机关定点扶贫机制，各部门要积极完成所承担的定点扶贫任务，东部地区要加大对西部地区的帮扶力度，国有企业要承担更多扶贫开发任务。"④ "扶贫开发是全党全社会的共同责任，要动员和凝聚全社会力量广泛参与。要坚持专项扶贫、行业扶贫、社会扶贫等多方力量、多种举措有机结合和互为支撑的'三位一体'大扶贫格局，强化举措，扩大成果。"⑤ "要广泛调动社会各界参与扶贫开发积极性，鼓励、支持、帮助各类非公有制企业、社会组织、个人自愿采取包

---

① 中共中央党史和文献研究院编：《习近平扶贫论述摘编》，中央文献出版社2018年版，第94页。
② 中共中央党史和文献研究院编：《习近平扶贫论述摘编》，中央文献出版社2018年版，第94页。
③ 中共中央党史和文献研究院编：《习近平扶贫论述摘编》，中央文献出版社2018年版，第100页。
④ 中共中央党史和文献研究院编：《习近平扶贫论述摘编》，中央文献出版社2018年版，第99—100页。
⑤ 中共中央党史和文献研究院编：《习近平扶贫论述摘编》，中央文献出版社2018年版，第99页。

干方式参与扶贫。"①"鼓励支持各类企业、社会组织、个人参与脱贫攻坚。"②"要引导社会扶贫重心下沉,促进帮扶资源向贫困村和贫困户流动,实现同精准扶贫有效对接。"③

这些重要论述阐述了社会扶贫的重要作用及其不可替代性,对如何更加广泛地动员社会参与脱贫攻坚提出了新要求,为进一步发挥我们党的政治制度优势、加大社会扶贫工作力度、凝聚更大扶贫合力指明了方向。这一部分的论述从扶贫是全党全社会的共同责任高度,深入阐述了广泛动员社会力量的重大意义和基本途径。减贫目标的实现是行业扶贫、专项扶贫、社会扶贫共同作用的结果,必须构建政府、市场、社会的协同推进的大扶贫格局。各级党委政府既要发挥主导作用,不断加大扶贫开发力度,还要切实做好广泛动员社会参与扶贫的工作。

(六)坚持从严要求,促进真抓实干

扶贫开发同样是资源配置过程。在世界范围内,扶贫资源向贫困人口传递的过程中都无可避免面临各类损耗的问题。这些"损耗"不仅造成了扶贫资源的浪费,而且也会造成诸多消极的社会后果。如何避免形式主义的假扶贫、减少扶贫资源的"跑冒滴漏"一

---

① 中共中央党史和文献研究院编:《习近平扶贫论述摘编》,中央文献出版社2018年版,第100页。
② 中共中央党史和文献研究院编:《习近平扶贫论述摘编》,中央文献出版社2018年版,第101页。
③ 中共中央党史和文献研究院编:《习近平扶贫论述摘编》,中央文献出版社2018年版,第101页。

直是世界性的难题。一方面，地方政府或其他组织作为扶贫政策的执行工具，其自利行为会造成扶贫资源的浪费，另一方面，政策执行的信息不对称也会造成政策的消极执行。对此，习近平总书记做出了"坚持从严要求，促进真抓实干"的要求。脱贫攻坚，从严从实是要领。必须坚持把全面从严治党要求贯穿到脱贫攻坚工作全过程和各环节，实施经常性的督查巡查和最严格的考核评估，确保脱贫过程扎实、脱贫结果真实，使脱贫攻坚成效经得起实践和历史的检验。

习近平总书记指出："打赢脱贫攻坚战不是搞运动、一阵风，要真扶贫、扶真贫、真脱贫。""攻坚战就要用攻坚战的办法打，关键在准、实两个字。只有打得准，发出的力才能到位；只有干得实，打得准才能有力有效。一是领导工作要实，做到谋划实、推进实、作风实，求真务实，真抓实干。二是任务责任要实，做到分工实、责任实、追责实，分工明确，责任明确，履责激励，失责追究。三是资金保障要实，做到投入实、资金实、到位实，精打细算，用活用好，用在关键，用出效益。四是督查验收要实，做到制度实、规则实、监督实，加强检查，严格验收，既不拖延，也不虚报。"①

习近平总书记还特别强调："脱贫攻坚要坚持实事求是，不能层层加码，提不切实际的目标。""扶贫标准不能随意降低，决不能搞数字脱贫、虚假脱贫。"脱贫计划不能脱离实际随意提前，"要量

---

① 中共中央党史和文献研究院编：《习近平扶贫论述摘编》，中央文献出版社2018年版，第113—114页。

力而行、真实可靠、保证质量,不要勉为其难、层层加码,要防止急躁症,警惕'大跃进',确保脱贫质量。""要实施最严格的考核评估,坚持年度脱贫攻坚报告和督查制度,加强督查问责,对不严不实、弄虚作假的要严肃问责。"

(七)坚持群众主体,激发内生动力

由于自然、历史等原因,贫困地区发展面临许多困难和问题,国家要继续加大支持、加大投入。但同时,内因才是事物变化的依据。摆脱贫困首要意义并不仅仅是物质上的脱贫,还在于摆脱意识和思路的贫困。扶贫开发最为重要的是,要通过扶志与扶智相结合,调动群众的积极性和主动性,增强群众战胜困难的信心,激发内生动力,提高自我发展能力,变"输血"为"造血"。

习近平总书记多次讲:"脱贫致富贵在立志,只要有志气、有信心,就没有迈不过去的坎。"[①]"贫困地区发展要靠内生动力,如果凭空救济出一个新村,简单改变村容村貌,内在活力不行,劳动力不能回流,没有经济上的持续来源,这个地方下一步发展还是有问题。""脱贫致富终究要靠贫困群众用自己的辛勤劳动来实现。""树立'宁愿苦干、不愿苦熬'的观念,自力更生,艰苦奋斗,靠辛勤劳动改变贫困落后面貌。""扶贫既要富口袋,也要富脑袋。要坚持以促进人的全面发展的理念指导扶贫开发,丰富贫困地区文化活动,加强贫困地区社会建设,提升贫困群众教育、文化、健康水平

[①] 中共中央党史和文献研究院编:《习近平扶贫论述摘编》,中央文献出版社2018年版,第116页。

和综合素质，振奋贫困地区和贫困群众精神风貌。"

这些论述深入阐述了激发内生动力的工作方向和重点，充分体现了人民群众是历史的创造者的马克思主义唯物史观。贫困地区的发展、扶贫开发工作的推进必须尊重贫困群众的主体地位和首创精神，要把激发扶贫对象的内生动力摆在突出位置。扶贫与扶志、扶智结合，就是要加强对贫困群众的思想发动，把教育作为扶贫开发的治本之策。把加强贫困村基层组织建设、发展村级集体经济、推进扶贫对象的组织化作为扶贫开发的重要内容。充分发挥第一书记、驻村工作队的作用，把贫困群众的积极性调动起来，把他们自力更生的精神激发出来，不断提高他们共享发展成果的能力。

（八）携手消除贫困，共建人类命运共同体

从马克思主义的立场看，只有全人类获得了解放，人类才获得真正的解放；只有经济意义上的解放实现了，其他领域的解放才有可能实现。18世纪以来，特别是第二次世界大战结束以后，各国发展都把消除贫困作为重要任务，就全球整体而言，取得了积极成就及进展。但是时至今日，世界范围内贫困现象依然普遍存在，不仅是战乱和不安的根源，也为人类发展的前景蒙上了阴影。习近平总书记对此也做出了深入的思考，不仅积极推动中国参与国际减贫行动，同时也创造性地提出了"没有贫困、共同发展的人类命运共同体"这一主张，不仅为纷争的国际社会找到了底线性共识，也为未来国际关系的建构提供了目标选择。

习近平总书记在多个场合说："中国是世界上最大的发展中国

家,一直是世界减贫事业的积极倡导者和有力推动者。改革开放30多年来,中国人民积极探索、顽强奋斗,走出了一条中国特色减贫道路。"①"消除贫困是人类的共同使命。中国在致力于自身消除贫困的同时,始终积极开展南南合作,力所能及向其他发展中国家提供不附加任何政治条件的援助,支持和帮助广大发展中国家特别是最不发达国家消除贫困。"②"中国将发挥好中国国际扶贫中心等国际减贫交流平台作用,提出中国方案,贡献中国智慧,更加有效地促进广大发展中国家交流分享减贫经验。"③

总之,习近平总书记关于扶贫工作的重要论述构成了中国脱贫攻坚的根本遵循,其核心要义是精准扶贫精准脱贫方略。这些论述内涵丰富,体系严密,既包含了总体性、基础性的理论判断,也涉及各个领域和方面的分析和论述。不仅与时俱进地完善和发展了中国扶贫理论体系,更为中国扶贫的顶层设计提供了思想和理论依据,提供了中国打好打赢脱贫攻坚战的根本遵循。

---

① 中共中央党史和文献研究院编:《习近平扶贫论述摘编》,中央文献出版社2018年版,第151页。

② 中共中央党史和文献研究院编:《习近平扶贫论述摘编》,中央文献出版社2018年版,第152页。

③ 中共中央党史和文献研究院编:《习近平扶贫论述摘编》,中央文献出版社2018年版,第155页。

三、脱贫攻坚的目标任务与基本方略

（一）脱贫攻坚的目标任务

2015年11月27日至28日，中央扶贫开发工作会议在北京召开。中共中央总书记、国家主席、中央军委主席习近平强调，消除贫困、改善民生、逐步实现共同富裕，是社会主义的本质要求，是中国共产党的重要使命。

2015年11月29日，中共中央、国务院颁布《关于打赢脱贫攻坚战的决定》，规定脱贫攻坚战的总目标是："到2020年，稳定实现农村贫困人口不愁吃、不愁穿，义务教育、基本医疗和住房安全有保障。实现贫困地区农民人均可支配收入增长幅度高于全国平均水平，基本公共服务主要领域指标接近全国平均水平。确保我国现行标准下农村贫困人口实现脱贫，贫困县全部摘帽，解决区域性整体贫困。"决定还从6个方面作了具体部署：实施精准扶贫方略，加快贫困人口精准脱贫；加强贫困地区基础设施建设，加快破除发展瓶颈制约；强化政策保障，健全脱贫攻坚支撑体系；广泛动员全社会力量，合力推进脱贫攻坚；大力营造良好氛围，为脱贫攻坚提供强大精神动力；切实加强党的领导，为脱贫攻坚提供坚强政治保障。

2017年10月18日，习近平同志在十九大报告中指出，坚决打赢脱贫攻坚战。要动员全党全国全社会力量，坚持精准扶贫、精准脱贫，坚持中央统筹省负总责市县抓落实的工作机制，强化党政一把手负总责的责任制，坚持大扶贫格局，注重扶贫同扶志、扶智相结合，深入实施东西部扶贫协作，重点攻克深度贫困地区脱贫任务，确保到2020年我国现行标准下农村贫困人口实现脱贫，贫困县全部摘帽，解决区域性整体贫困，做到脱真贫、真脱贫。

（二）做到"六个精准"

2015年6月18日，习近平总书记在贵州召开部分省区市党委主要负责同志座谈会，听取对"十三五"时期扶贫开发工作和经济社会发展的意见和建议，要求切实做到精准扶贫。扶贫开发贵在精准，重在精准，成败之举在于精准。各地都要在扶持对象精准、项目安排精准、资金使用精准、措施到户精准、因村派人（第一书记）精准、脱贫成效精准上想办法、出实招、见真效。

扶持对象精准，要求在建立"扶贫对象瞄准机制"上下功夫，要让群众和扶贫对象知情并参与进来，做好贫困人口精准识别和建档立卡。首先是核准底数，精准识别。国家统计局根据抽样调查测算出中国农村贫困人口的总规模，并根据各省（自治区、直辖市）的贫困发生率等，将贫困人口总规模指标分配到相应的省份。同时，国家制定统一的农村贫困人口规模分解原则和方法，即根据"县为单位、规模控制、分级负责、精准识别、动态管理"的原则，各地依据国家统计局农村调查总队提供的贫困人口数和低收入人口的贫困发生率，逐级分解到县级。根据《国务院扶贫办关于印发〈扶贫开发建档立卡工作方案〉的通知》的要求，"贫困村识别原则上按照'一高一低一无'的标准进行。即行政村贫困发生率比全省贫困发生率高一倍以上，行政村2013年全村农民人均纯收入低于全省平均水平60%，行政村无集体经济收入。"贫困识别包括了贫困户的识别程序和贫困村的识别程序。在贫困识别的调查内容上，贫困户识别包含了农户家庭基本情况、农户脱贫发展需求等。贫困户的识别程序包括"一公告、两公示"。其次是完善系统，建档立卡。贫困对象识别出来后，就开始对贫困对象的基本情况、发展需求等进行摸底调查，收集信息。信息收集完毕后，将信息建档立卡，并录入全国扶贫开发信息管理系统。扶贫对象确定后，主要由村"两委"、驻村工作队等组织力量，进村入户对每一户贫困户进行摸底调查，采集贫困户信息。贫困户信息采集分为基本情况、生产生活条件、家庭经济状况、帮扶需求、帮扶情况、脱贫计划等。贫困村的信息收集调查内容包括了村庄基本情况、发展现状等。最后，动态监测，分级管理。按照中央文件要求，在建立贫困帮扶档案时，要以年度为节点定期对建档立卡的贫困村、贫困户、贫困人口进行全面核查。依据脱贫目标，采取严格的分级管理、动态监测等措施，及时更新档案数据。为进一步提高贫困识别精准度，国务院扶贫办建立了扶贫督查巡查制度，并制定实施全国扶贫开发建档立卡"回头看"工作方案，各地出台扶贫开发建档立卡动态调整和"回头看"政策，全面核查建档立卡贫困户、贫困村的贫困现状、准确把握贫困户、贫困村的致贫原因和发展需求,对财政供养人员、家中拥有私家车等不符合条件的在库贫困户进行核查退出,将符合条件的返贫人员及新增贫困人员录入数据库。

项目安排精准,在健全"扶贫项目决策机制"上下功夫,在细致分析贫困人口的致贫原因和了解贫困人口的发展需求的基础上,根据资源条件,因地制宜、科学制定扶贫项目规划。以问题和需求为导向,根据贫困人口的致贫原因和发展需求,聚焦项目的瞄准机制,选取符合贫困人口的脱贫发展需求、经济社会发展条件以及市场规律的扶贫项目。一方面,要因地制宜发展特色产业。各地区在区位条件、资源优势和产业基础等方面存在差异,因此在发展当地特色产业时要因地制宜。不仅做到"造血式"与"输血式"相结合,更要根据贫困村镇的实际情况和当地群众的脱贫意愿,设计出一套既能完成短期脱贫任务,又能保持经济可持续发展的产业模式,以此提高当地群众脱贫持续性和稳定性。另一方面,构建产业发展带动机制。构建完善的产业发展带动机制,既能为当地产业发展打下牢固基础,又能为脱贫工作的顺利进行提供重要保障。围绕建档立卡贫困户统筹安排使用资金,重点扶持能带动贫困户创收增收的组织和产业,以实现构建产业发展带动机制的目标。

资金使用精准,在改革"扶贫资金管理机制"上下功夫。首先做到精准拨付。在精准识别贫困对象的基础上,建立科学有效的资金使用制度,合理运用各项措施,确保扶贫资金拨付既精准又及时,真正实现把钱用在刀刃上。作为资金使用的计划者、帮扶工作的具体执行者,各级政府应该主动承担责任,积极作为,做好相关预算编制，不浪费每一分"救命钱"，从预算、执行、监督、绩效等多方入手，全方位强化扶贫资金管理，将资金投入到交通、住房、医疗、教育等方面，以确保在有限的时间内解决贫困群众的生存和发展难题。其次，有效利用。搭建以扶贫攻坚规划和重大扶贫项目为主的资源集合平台，将扶贫资金与自然资源等各类资源整合起来，统筹安排，集中力量办大事，以更大的合力解决扶贫工作中的"老大难"问题。在市场经济背景下，应充分调动一切经济资源，探索出扶贫开发的新模式、新思路、新方法。最后，严格监管。按照"项目跟着规划走，资金跟着项目走，监督跟着资金走"的基本原则，严格监管各项扶贫项目，制定清晰明了的精准扶贫标准及工作程序。在实施项目时，要严格按照规矩办事，不违规，不越矩。各级政府及财政部门要联合审计、纪检等部门，构建起多方共同监管的督查体系，在项目实施过程中加强对财政扶贫资金和扶贫项目的监督管理。不仅要建立起一套细致的精准扶贫项目台账，更要将监管覆盖到申报、立项、审批、资金拨付及项目实施、验收等环节，实现对扶贫项目的全面监管。

措施到户精准，鉴于贫困人口致贫因素的多样性、复杂性、动态性，针对贫困人口的扶持政策和措施也应具有差别化、类型化、变动性，因村因户因人施策，即根据农户不同的致贫原因，采取不同的扶贫措施，根据农户不同的贫困程度和深度，实行不同的扶持策略。措施到户精准主要有以下三个核心要点：一是摸准贫困户的现实境况和脱贫需求，在贫困识别过程中深入调查与切实明晰贫困户的致贫原因、贫困深度和程度、脱贫需求以及贫困村的贫困人口、资源禀赋、扶贫需求等关键信息，对贫困户和贫困村进行优劣势分析，为帮扶措施的制定提供技术支撑和信息资源。二是创新扶贫脱贫方式，实行类型化、差别化的贫困治理。改变以前粗放式的"撒胡椒面式""高射炮打蚊子式""大水漫灌式"的扶贫方式，实行更科学、合理的"精准滴灌式"的精准脱贫方式，杜绝一刀切和平均用力等现象。根据致贫原因，制定出有针对性、差异性的帮扶计划和措施，实现因村因户因人施策，将措施到户精准与"五个一批"等扶贫脱贫行动有机结合起来。三是构建精准扶贫精准脱贫工作长效机制，实现可持续减贫。

因村派人精准，选派优秀干部到贫困村担任第一书记，在"选派使用机制"上下功夫。2013年底，中共中央办公厅、国务院办公厅印发《关于创新机制扎实推进农村扶贫开发工作的意见》，要求普遍建立驻村工作队制度。2015年4月，中央组织部、中央农村工作领导小组办公室、国务院扶贫开发领导小组办公室印发了《关于做好选派机关优秀干部到村任第一书记工作的通知》，对驻村第一书记的选派条件、选派范围、工作职责等方面提出具体要求。同时强调，在选派优秀干部到村任第一书记时，要重点关注党组织软弱涣散和建档立卡的贫困村，并将其纳入到选派第一书记的重点范围中。2015年11月，《中共中央 国务院关于打赢脱贫攻坚战的决定》中进一步强调要"注重选派思想好、作风正、能力强的优秀年轻干部到贫困地区驻村"。在选派范围上，《关于做好选派机关优秀干部到村任第一书记工作的通知》要求选派驻村第一书记对党组织软弱涣散村和建档立卡贫困村（重点区域是14个连片特困地区和国家扶贫开发工作重点县）实现全覆盖，对革命老区、边疆民族地区以及灾后重建地区要做到应派尽派，对其他类型村根据实际选派。同时，明确了驻村第一书记推动精准扶贫工作的职责：重点是大力宣传党的扶贫开发和强农惠农富农政策，深入推动政策落实；带领派驻村开展贫困户识别和建档立卡工作，帮助村"两委"制定和实施脱贫计划；组织落实扶贫项目，参与整合涉农资金，积极引导社会资金，促进贫困村、贫困户脱贫致富；帮助选准发展路子，培育农民合作社，增加村集体收入，增强"造血"功能。

脱贫成效精准，在落实"扶贫对象退出机制"上下功夫。对脱贫成效进行督查、考核、评估是确保精准脱贫的重要方式。在脱贫成效督查方面，国务院扶贫开发领导小组、各省党委和政府组织开展扶贫巡查，分年度、分阶段定期或不定期进行督导和专项检查。对贫困退出工作中发生重大失误、造成严重后果的，对存在弄虚作假、违规操作等问题的，依纪依法追究相关部门和人员的责任。在考核方面，贫困退出年度任务完成情况纳入中央对地方省级党委和政府扶贫开发工作成效考核内容。2016年2月，中共中央办公厅、国务院办公厅印发了《省级党委和政府扶贫开发工作成效考核办法》，对脱贫成效考核、评估工作作出了详细的规定和说明。考核工作从2016年到2020年，每年开展一次，由国务院扶贫开发领导小组组织进行，具体工作由国务院扶贫办、中央组织部牵头，会同国务院扶贫开发领导小组成员单位组织实施。考核内容包括减贫成效、精准识别、精准帮扶、扶贫资金四个方面的内容。

（三）实施"五个一批"

《中共中央　国务院关于打赢脱贫攻坚战的决定》将"五个一批"作为主要的脱贫措施。"五个一批"工程，即发展生产脱贫一批，易地搬迁脱贫一批，生态补偿脱贫一批，发展教育脱贫一批，社会保障兜底一批。

发展生产脱贫一批，引导和支持所有有劳动能力的人依靠自己的双手开创美好明天，立足当地资源，实现就地脱贫。发展特色产业促进脱贫是我国农村扶贫开发的一条成功经验。产业发展的关键在于选好选准特色产业，并以提升贫困地区和贫困人口的内生动力为主要目标。《中共中央　国务院关于打赢脱贫攻坚战的决定》提出：要重点支持贫困村、贫困户因地制宜发展种养业等；实施贫困村"一村一品"产业推进行动，扶持建设一批贫困人口参与度高的特色农业基地。要加强贫困地区农民合作社和龙头企业培育，发挥其对贫困人口的组织和带动作用，强化其与贫困户的利益联结机制。《中共中央　国务院关于打赢脱贫攻坚战的决定》明确提出，将引导劳务输出脱贫作为新时期脱贫攻坚的重要方式之一，"促进农村贫困人口转移就业，就是对农村贫困人口开展技能培训，提升贫困人口的技能水平，有序引导其就业，让他们靠勤劳致富。职业技能培训是把农村剩余劳动力通过转移就业输送出去的重要基础。加大劳务输出培训投入，统筹使用各类培训资源，以就业为导向，提高培训的针对性和有效性。加大职业技能提升计划和贫困户教育培训工程实施力度，引导企业扶贫与职业教育相结合，鼓励职业院校和技工学校招收贫困家庭子女，确保贫困家庭劳动力至少掌握一门致富技能，实现靠技能脱贫。进一步加大就业专项资金向贫困地区转移支付力度。支持贫困地区建设县乡基层劳动就业和社会保障服务平台，引导和支持用人企业在贫困地区建立劳务培训基地，开展好订单定向培训，建立和完善输出地与输入地劳务对接机制。"同时，也要加大对贫困地区农民工返乡创业政策扶持力度。

易地搬迁脱贫一批。2015年12月，国家发改委、国务院扶贫办、财政部、国土资源部、中国人民银行联合印发《"十三五"时期易地扶贫搬迁工作方案》，明确了易地扶贫搬迁工作的总体要求、搬迁对象与安置方式、建设内容与补助标准、资金筹措、职责分工、政策保障等。2016年9月，国家发改委印发了《全国"十三五"易地扶贫搬迁规划》，规划指出在5年内，要对已经建档立卡的1000万贫困人口完成易地扶贫搬迁工作。根据《全国"十三五"易地扶贫搬迁规划》，易地扶贫搬迁的区域有五类地区：一是深山石山、边远高寒、荒漠化和水土流失严重，且水土、光热条件难以满足日常生活生产需要，不具备基本发展条件的地区；二是国家主体功能区规划中的禁止开发区域或限制开发区域；三是交通、水利、电力、通信等基础设施，以及教育、医疗卫生等基本公共服务设施十分薄弱，工程措施解决难度大、建设和运行成本高的地区；四是地方病严重、地质灾害频发，以及其他确需实施易地扶贫搬迁的地区。这些迁出区域范围涉及全国22个省（自治区、直辖市）约1400个县（市、区）。

生态补偿脱贫一批。《中共中央 国务院关于打赢脱贫攻坚战的决定》提出，要牢固树立并切实贯彻"创新、协调、绿色、开放、共享"的发展理念，坚持扶贫开发与生态保护并重，坚持保护生态与绿色发展的基本原则，牢固树立"绿水青山就是金山银山"的理念，把生态保护放在优先位置，扶贫开发不能以牺牲生态为代价，探索生态扶贫的新路子，让贫困人口从生态建设与修复中得到更多实惠。

发展教育脱贫一批。《中共中央 国务院关于打赢脱贫攻坚战的决定》将教育扶贫定位于"阻断贫困代际传递"的重要实现手段，并将其实现路径确定为"让贫困家庭子女都能接受公平有质量的教育"。《"十三五"脱贫攻坚规划》《教育脱贫攻坚"十三五"规划》《国家教育事业发展"十三五"规划》等政策文件对教育精准扶贫作出了顶层设计，要全面推进教育精准扶贫、精准脱贫。对接农村贫困人口建档立卡数据库，提高教育扶贫精准度，让贫困家庭子女都能接受公平有质量的教育，阻断贫困代际传递。进一步完善贫困县的教育扶持政策，相关教育项目优先支持贫困县。免除公办普通高中建档立卡等家庭经济困难学生（含非建档立卡的家庭经济困难残疾学生、农村低保家庭学生、农村特困救助供养学生）学杂费，加大对贫困家庭大学生的资助力度。继续对农村和贫困地区学生接受高等教育给予倾斜，让更多困难家庭孩子能够受到良好教育，拥有更多上升通道。

社会保障兜底一批，是指对那些完全或者部分丧失劳动能力的贫困人口要给予社会保障以确保每一位贫困户的基本生活得以维持。2016年9月，国务院办公厅转发民政部等部门《关于做好农村最低生活保障制度与扶贫开发政策有效衔接的指导意见》，要求坚持应扶尽扶、应保尽保、动态管理、资源统筹等原则，并从对象衔接、标准衔接、管理衔接三个方面提出农村低保制度与扶贫开发政策两项制度衔接的实现路径。社会救助体系涵盖最低生活保障、特困人员供养、受灾人员救助、医疗救助、教育救助、住房救助、就业救助、临时救助等八大方面，体现了国家对特殊困难群体"保基本、全覆盖、多层次、可持续"的保障理念。近年来，脱贫攻坚、民生兜底保障作用有效发挥，2017年全国所有县（市、区）农村低保标准达到或超过国家扶贫标准，城乡低保标准同比分别增长9.9%和16.6%，全国所有县（市、区）建立困难群众基本生活保障工作协调机制，残疾人两项补贴制度分别惠及1000多万残疾人，帮助76万名无人监护的农村留守儿童落实监护措施、18万名农村留守儿童登记落户、1.6万名农村留守儿童返校复学。

（四）解决"四个问题"

十八大以来，坚持精准扶贫精准脱贫基本方略，着力创新完善解决"四个问题"的制度体系。

建档立卡，动态管理解决"扶持谁"的问题。按照中办、国办印发的《关于创新机制扎实推进农村扶贫开发工作的意见》，国家统一制定识别办法，按照"县为单位、规模控制、分级负责、精准识别、动态管理"的原则，开展贫困人口识别、建档立卡和建立全国扶贫信息网络系统等工作，做到把扶贫政策精准落实到贫困村、贫困户。一些地方探索建立"一看二算三比四议五定"的工作程序，创新"一表一档一卡两单五簿五册"动态管理体系，不断推进精准识别精细化管理。2014年，全国组织80多万人进村入户，共识别12.8万个贫困村，2948万贫困户、8962万贫困人口，基本摸清了我国贫困人口分布、致贫原因、脱贫需求等信息，建立起了全国统一的扶贫开发信息系统。经过2015年至2016年的建档立卡"回头看"、2017年组织各地完善动态管理，建档立卡使我国贫困数据第一次实现了到村到户到人，为中央制定精准扶贫政策措施、实行最严格的考核制度和保证脱贫质量打下了基础。

增强基层力量强化驻村帮扶，切实解决好"谁来扶"的最后一公里问题。中央要求，每个贫困村都要派驻村工作队，每个贫困户都要有帮扶责任人，实现全覆盖。全国共选派77.5万名干部驻村帮扶，中央组织部组织开展抓党建促脱贫攻坚工作，选派19.5万名优秀干部到贫困村和基层党组织薄弱涣散村担任第一书记。第一书记和驻村干部履行教育发动、引导指导群众，激发群众内生动力，推动各项精准扶贫政策措施落地落实等职责。

强化分类施策对症施策，切实解决好"怎么扶"的问题。发展生产和转移就业脱贫一批，支持有劳动能力的贫困人口通过自身劳动开创美好生活。易地搬迁脱贫一批，支持生存环境恶劣地区的贫困人口通过有组织有计划搬迁，建设新家园。生态补偿脱贫一批，结合重点生态区建设为贫困人口提供护林员等生态岗位就业机会。发展教育脱贫一批，加大贫困地区教育投入力度，防止因学致贫和因贫辍学。社会保障兜底一批，对贫困人口中完全或部分丧失劳动能力的人进行兜底保障。加强医疗保险和医疗救助，防止因病致贫返贫。

　　建立脱贫认定机制，切实解决好"怎么退"的问题。建立贫困退出机制，明确规定贫困县、贫困人口退出的标准、程序和后续政策。指导各地制定脱贫滚动规划和年度计划，实现贫困县和贫困村有序退出。各省（自治区、直辖市）签订年度减贫责任书，层层分解任务，落实到县到村到户到人。对贫困退出开展考核评估检查，建立第三方评估机制，开展扶贫成效和群众满意度调查，防止数字脱贫、虚假脱贫，确保脱贫质量。脱贫退出后，在攻坚期内继续享受原有扶贫政策。

四、脱贫攻坚的政策举措

（一）强化资金保障

党的十八大以来，在以习近平同志为核心的党中央坚强领导下，中央和各省认真学习中央领导同志关于加强资金管理使用和监管的重要指示，贯彻落实中共中央、国务院关于加强资金管理的各项决策部署，深入推进资金管理机制改革，强化资金监督管理机制，推进贫困县财政涉农资金整合，优化配置资金，充分发挥资金使用效益。

坚持资金精准使用。贯彻精准扶贫、精准脱贫基本方略，在精准识别贫困人口的基础上，把资金使用与建档立卡结果相衔接，与脱贫成效相挂钩，切实使资金惠及贫困人口。一是资金使用到村到户，提高精准度。各地结合扶贫开发工作实际情况，围绕培育和壮大特色产业、改善小型公益性生产生活设施条件、增强贫困人口自我发展能力和抵御风险能力等方面，因户施策、因地制宜使用资金。二是推进重点扶贫工程。三是支持产业发展与基本生产生活条件改善。

改革财政专项扶贫资金管理机制。根据《国务院扶贫开发领导小组关于改革财政专项扶贫资金管理机制的意见》，把资金使用和建档立卡结果相衔接，提高资金使用精准度。加快资金拨付进度，每年中央财政在10月底前提前下达下一年度资金，提前下达发展资金比例逐年提高。

推进涉农资金统筹整合。2016年，国务院办公厅印发《关于支持贫困县开展统筹整合使用财政涉农资金试点的意见》。财政部、国务院扶贫办召开了全国试点电视电话会议和现场推进会，建立资金整合工作协调机制，印发进一步做好贫困县涉农资金整合工作有关事项的通知，指导地方加强精准脱贫规划编制，做好脱贫攻坚项目储备，推动各地加快制定贫困县资金统筹使用方案。财政部、扶贫办、审计署等8个部委相继出台本部门支持统筹整合文件，制定资金统筹整合使用方案，保证资金围绕脱贫攻坚目标任务精准使用。

发挥"12317扶贫监督举报电话"作用。2014年12月设立了"12317"扶贫监督举报电话，受理群众反映的扶贫资金管理、分配、使用中的问题，扶贫项目实施管理中的问题以及挤占、贪污、挪用扶贫资金的行为。

会同财政部加强监督和绩效评价工作。进一步突出问题导向，与财政部共同修订《财政扶贫资金绩效评价办法》。

完善项目资金公告公示制度。公开扶贫政策、工作措施、资金项目安排和扶贫成效，提高资金使用效益和透明度。为推动各省公告公示制度建设和执行，将公示公告制度建设和执行情况纳入年度财政专项扶贫资金绩效评价内容。

加大金融扶贫力度。为贯彻落实《关于打赢脱贫攻坚战的决定》和中央扶贫开发工作会议精神，七部委联合印发了《关于金融助推脱贫攻坚的实施意见》，为全面改进和提升扶贫金融服务，增强扶贫金融服务的精准性和有效性提供了制度安排。《关于金融助推脱贫攻坚的实施意见》从金融精准对接融资需求、推动贫困地区发展普惠金融、鼓励各类金融机构发挥自身优势、具体保障措施和金融服务工作机制六个方面进行了制度安排，努力让每一个符合条件的贫困人口都能按需求便捷获得贷款，让每一个需要金融服务的贫困人口都能便捷享受到现代化金融服务，为实现到2020年打赢脱贫攻坚战、全面建成小康社会目标提供有力有效的金融支撑。2016年9月，证监会发布《中国证监会关于发挥资本市场作用服务国家脱贫攻坚战略的意见》，从制度、机制建设上为资本市场服务脱贫攻坚奠定基础，明确更具体的行动任务。对于贫困地区企业上市和并购重组等行为的优惠政策，给予了详细的制度安排。

（二）完善扶贫开发用地政策

《中共中央 国务院关于打赢脱贫攻坚战的决定》明确要求，要提高贫困地区、贫困人口在土地增值中的收益程度。

根据相关要求，支持扶贫地区根据第二次全国土地调查及最新年度变更调查成果，调整完善土地利用总体规划，充分考虑所在地区扶贫开发及易地扶贫搬迁需要，统筹安排建设用地规模、结构和布局，优先安排脱贫攻坚、社会民生等用地，切实为扶贫开发工作提供落地空间。2013年、2014年，国土资源部在编制下达全国土地利用计划时，按照中央扶贫开发工作部署，对乌蒙山片区38个县、赣南革命老区11个县等，每年分别安排每县用地计划指标300亩，保障扶贫开发项目建设用地。2015年，国土资源部在编制下达全国土地利用计划时，对592个国家扶贫开发工作重点县每县分别安排用地计划指标300亩，并明确要求有关省份在分解下达计划时，要将扶贫用地指标落实到扶贫重点县，专项用于支持扶贫开发建设，促进贫困地区脱贫致富。2016年，国土资源部按照中央脱贫攻坚的决策部署，进一步加大对贫困地区用地计划指标支持，专项安排国家扶贫开发重点县每县600亩用地计划指标，同时要求有关省份加大对扶贫开发重点县用地指标的保障力度，做到精准扶贫、精准脱贫。

中央和省级在安排土地整治工程和项目、分配下达高标准基本农田建设计划和补助资金时，向贫困地区倾斜。切实做好全国土地整治规划编制工作。规划编制时，充分考虑贫困地区自然资源特点、经济社会状况和扶贫开发工作情况，将符合条件的贫困地区县（市）纳入土地整治重点区域、重大工程和示范建设，合理安排土地整治及高标准基本农田建设目标任务，加大贫困地区土地整治项目、资金安排，积极推动贫困地区农村土地综合整治，切实改善农田生产条件和农村人居环境，增加耕地数量，提高耕地质量，全面提升贫困地区粮食综合生产能力，改善生态环境，建设美丽宜居乡村。同时，积极引导各项涉地、涉农资金投入农村土地整治，鼓励当地农民以投工、投劳等多种方式参与土地整治工程建设，增加贫困地区农民收入。

国土资源部认真贯彻落实《中共中央 国务院关于打赢脱贫攻坚战的决定》精神，在下达高标准基本农田建设年度计划和分配中央分成新增费时，重点向贫困地区倾斜，进一步加大对贫困地区的支持力度。同时，积极指导省级国土资源管理部门以高标准基本农田建设为重点，优先安排贫困地区土地整治项目和资金，着力改善当地生产生活条件。

2016年，国务院有关部门印发了《关于用好用活增减挂钩政策积极支持扶贫开发及易地扶贫搬迁工作的通知》，对集中连片特困地区、国家扶贫开发工作重点县开展增减挂钩的，允许将增减挂钩节余指标在省域范围内流转使用。2017年，国务院有关部门印发《关于进一步运用增减挂钩政策支持脱贫攻坚的通知》，提出省级贫困县可以将增减挂钩节余指标在省域范围内流转使用，各地在优先保障国家贫困县增减挂钩节余指标流转使用的前提下，是否允许全部或部分省级贫困县增减挂钩节余指标在省域范围内或市域范围内流转使用，由各地自行决定。

在有条件的贫困地区，优先安排国土资源管理制度改革试点，支持开展历史遗留工矿废弃地复垦利用、城镇低效用地再开发和低丘缓坡荒滩等未利用地开发利用试点。2015年7月，国土资源部在总结试点工作经验基础上，印发了《历史遗留工矿废弃地复垦利用试点管理办法》，对试点管理政策进行了调整完善，将工矿废弃地复垦利用指标纳入土地利用年度计划，切实加强监督管理，确保试点工作稳妥有序推进。国土资源部全面贯彻落实中央提出的节约优先战略，结合贫困地区实际，积极开展城镇低效用地再开发。通过对旧城镇、旧工矿、旧村庄改造开发，加强基础设施建设，改造危旧住房，配建保障性住房，发展扶贫产业，拓宽了就业渠道，改善了城乡居民居住环境，推动了土地节约集约利用，提高了城镇土地综合承载力，为新型城镇化发展、危房改造、扶贫产业发展提供了用地空间。

（三）加强贫困地区基础设施建设

《中共中央 国务院关于打赢脱贫攻坚战的决定》明确要求，要加强贫困地区基础设施建设，加快破除发展瓶颈制约，提出要加快交通、水利、电力建设；加大"互联网+"扶贫力度；加快农村危房改造和人居环境整治；重点支持革命老区、民族地区、边疆地区、连片特困地区脱贫攻坚。

国家发展改革委高度重视贫困乡村基础设施建设，在规划编制、项目安排、资金下达等方面给予贫困乡村积极支持，推动补齐贫困乡村基础设施建设短板。

交通基础设施建设方面。2016年4月，国家发展改革委、交通运输部等印发的《关于进一步发挥交通扶贫脱贫攻坚基础支撑作用的实施意见》指出，要进一步完善精准扶贫乡村交通基础网络，以老少边贫等地区为重点，加快实施交通扶贫"双百"工程，着力消除贫困地区交通瓶颈。国家发展改革委在安排农村扶贫公路中央预算内投资时，重点用于支持集中连片特困地区通建制村硬化路项目建设，集中力量打通深度贫困地区、条件恶劣地区公路交通"最后一公里"，切实改善贫困群众出行条件。

信息网络基础设施建设方面。加快推动信息网络重大工程建设,组织实施"宽带乡村""百兆乡村"等示范工程,大力支持中西部农村地区信息基础设施建设。截至 2017 年底,共支持约 2.4 万个行政村开展网络建设和升级改造。

生产生活用电方面。2016 年 2 月,国办印发实施《关于"十三五"期间实施新一轮农村电网改造升级工程意见的通知》,明确将贫困地区作为"十三五"实施新一轮农村电网改造升级工程的重点,着力解决低电压、网架不合理、未通动力电等问题,提升贫困地区供电能力和供电可靠性。截至 2017 年底,除西藏外,贫困自然村通动力电实现了全覆盖,农村供电可靠性和供电能力得到了显著提升。

(四)发挥科技和人才支撑作用

按照中央有关决策部署,国务院扶贫办联合财政部、原农业部、人力资源社会保障部、教育部等部委出台了一系列政策,支持技能培训等各项的工作。

一是配合人力资源社会保障部印发了《关于开展技能脱贫千校行动的通知》,组织全国千所省级重点技工院校开展技能脱贫千校行动,力求达到每个建档立卡贫困家庭,有意愿的应、往届"两后生"都能免费接受技工教育,对接受技工教育和职业培训的贫困家庭学生(学员)推荐就业。截至 2017 年底,全国共有 1059 所技工院校参与了技能脱贫千校行动,2017 年招收建档立卡贫困家庭子女 6.04 万人,建档立卡贫困家庭子女在校生人数达 12.9 万人。2017

年面向建档立卡贫困家庭劳动者开展职业培训15.6万人次，培训后9.96万人实现就业创业。

二是积极贯彻党中央、国务院关于推进大众创业、万众创新的工作要求，人力资源社会保障部印发了《人力资源社会保障部办公厅关于进一步推进创业培训工作的指导意见》；2018年5月，国务院印发《关于推行终身职业技能培训制度的意见》，坚持需求导向，立足于面向城乡全体劳动者提供普惠性、均等化的职业培训服务，在构建培训体系、深化机制体制改革、提升培训基础能力和加强工作保障等方面提出一系列政策措施。各级人力资源社会保障部门大规模开展就业技能培训、岗位技能提升培训和创业培训，初步形成面向全体劳动者的职业培训体系。国务院扶贫办会同原农业部、财政部加大对新型农民和技术人员的培育力度。首先是大力推动科技服务进村入户。推行"包村联户"的工作机制和"专家—农技人员—科技示范户"的服务模式，探索出责任农技员、农民田间学校等推广方式。支持多元化农技服务供给，鼓励支持农业科研教学单位到基层建设试验示范基地，开展农民培训，加强技术咨询服务。大力发展涉农企业、农民合作社、专业服务组织，为农民提供生产资料统供、病虫害统防统治、农作物统耕统种统收和农产品统销等服务。其次是加大新型职业农民培育。2014年开始，国务院扶贫办会同农业农村部等部门，启动实施新型职业农民培育工程，截至2018年8月，中央财政累计安排70.9亿元支持新型职业农民培育工作。重点面向种养大户、家庭农场主、农民合作社骨干、农业社会化服务人员和返乡涉农创业者，以提高生产经营能力和专业技能为目标，开展农业全产业链培训，促进农民创业兴业，累计培训新型职业农民400万人。加大农业产业精准扶贫培训。依托新型职业农民培育工程，启动实施农业产业精准扶贫培训计划，以生产技能、经营能力为重点，科学设置培训内容，对专业大户、家庭农场经营者、农民合作社带头人、农业企业经营管理人员、农业社会化服务人员等开展农业技能和增收致富能力培训，激发贫困群众脱贫致富的内在动力和自我发展潜能。2017年在全国792个贫困县投入5.4亿元，培育新型职业农民23.4万人，为贫困地区持续发展提供人力支持，实现新型经营主体带头人全覆盖。

三是支持职业院校利用自身条件和教师人才优势增强社会培训功能，建立健全以企业、技工院校和各类培训机构为依托，以就业技能培训、岗位技能提升培训和创业培训为主要形式，覆盖城乡全体劳动者、贯穿劳动者学习工作终身、适应劳动者需求的培养培训体系。2017年全国各级各类非学历教育岗位证书培训共计1375.2万人次，其中高等教育248.53万人次，中等教育1126.67万人次。启动实施"农民工学历与能力提升行动计划——求学圆梦行动"，旨在提升农民工学历层次、技术技能及文化素质，畅通其发展上升通道，更好地服务"脱贫攻坚""大众创业、万众创新"等重大发展战略。

五、脱贫攻坚的组织保障

党的十八大以来，以习近平总书记关于扶贫工作的重要论述为指引，中共中央、国务院陆续颁布了《关于打赢脱贫攻坚战的决定》《"十三五"脱贫攻坚规划》《关于支持深度贫困地区脱贫攻坚的实施意见》《关于打赢脱贫攻坚战三年行动的指导意见》等纲领性文件，对脱贫攻坚总体思路、目标任务、实现路径进行了决策部署，制定实施了一系列超常规政策措施，形成广泛的政策合力。内容涉及产业扶贫、易地扶贫搬迁、劳务输出扶贫、交通扶贫、水利扶贫、教育扶贫、健康扶贫、金融扶贫、农村危房改造、土地增减挂钩、资产收益扶贫等，瞄准贫困人口，因地制宜，分类施策。这些政策部署，共同构成了新时期脱贫攻坚战的组织保障。

（一）建立责任体系

脱贫攻坚的责任体系体现在"中央统筹、省负总责、市县抓落实"的扶贫开发管理体制，"五级书记一起抓扶贫"的领导责任制，以及各参与主体合力攻坚的帮扶责任体制三个方面。

2015年6月，习近平总书记要求要强化扶贫开发工作领导责任制，把中央统筹、省负总责、市（地）县抓落实的管理体制落到实处；2015年11月《中共中央 国务院关于打赢脱贫攻坚战的决定》要求"强化脱贫攻坚领导责任制"。2016年10月中共中央办公厅、国务院办公厅印发了《脱贫攻坚责任制实施办法》。按照"中央统筹、省负总责、市县抓落实"体制机制，出台脱贫攻坚责任制实施办法，构建各负其责、合力攻坚的责任体系，明确中央国家机关76个有关部门任务分工。2015年中央扶贫开发工作会议以来，各地党政主要负责同志担任扶贫开发领导小组组长，中西部22个省份党委和政府向中央签订责任书，立下军令状。省、市、县、乡、村层层签订脱贫攻坚责任书，压实责任、传导动力，将中央的决策部署与地方的工作落实有效连接，保障了脱贫攻坚决策部署在不同层级、不同环节的充分联动。2016年4月，中共中央组织部、国务院扶贫办发布《关于脱贫攻坚期内保持贫困县党政正职稳定的通知》，要求"贫困县党政正职在完成脱贫任务前原则上不得调离""脱贫攻坚期间，表现特别优秀、实绩特别突出的贫困县党政正职，可提拔担任上一级领导职务"。

按照中央要求，各省自上而下地形成了"五级书记一起抓扶贫"的领导责任体制，脱贫攻坚任务重的省份，将打赢脱贫攻坚战作为"第一民生工程"和"头等大事"来抓，以脱贫攻坚统揽经济社会发展全局，各级党委作为脱贫攻坚的第一责任主体，为赢得脱贫攻坚战的胜利奠定了政治基础和组织基础。

《脱贫攻坚责任制实施办法》要求：东西部扶贫协作和对口支援双方各级党政主要负责人必须亲力亲为，推动建立精准对接机制，聚焦脱贫攻坚，注重帮扶成效，加强产业带动、劳务协作、人才交流等方面的合作。东部地区应当根据财力增长情况，逐步增加帮扶投入；西部地区应当主动对接，整合用好资源。各定点扶贫单位应当紧盯建档立卡贫困人口，细化实化帮扶措施，督促政策落实和工作到位，切实做到扶真贫、真扶贫，不脱贫不脱钩。军队和武警部队应当发挥组织严密、突击力强等优势，积极参与地方脱贫攻坚，有条件的应当承担定点帮扶任务。各民主党派应当充分发挥在人才和智力扶贫上的优势和作用，做好脱贫攻坚民主监督工作。民营企业、社会组织和公民个人应当积极履行社会责任，主动支持和参与脱贫攻坚。

（二）建立政策体系

2015年，中共中央、国务院联合印发《关于打赢脱贫攻坚战的决定》，进一步明确了实施精准扶贫方略、加快贫困人口精准脱贫的政策举措，包括健全精准扶贫工作机制、发展特色产业脱贫、引导劳务输出脱贫、实施异地搬迁脱贫、结合生态保护脱贫、加强教育脱贫、开展医疗保险和医疗救助脱贫、实行农村最低生活保障制度兜底脱贫、探索资产收益扶贫、健全特殊人群关爱服务体系等，成为指导当前和今后一个时期脱贫攻坚的纲要性文件。按照习近平总书记关于扶贫开发的重要论述的指引，国家陆续提出"六个精准""五个一批""六项行动""十项扶贫工程"等，具体部署和落实精准扶贫精准脱贫的基本方略。2016年，国务院印发《"十三五"脱贫攻坚规划》，继续提出有关产业发展脱贫、转移就业脱贫、异地搬迁脱贫、教育扶贫、健康扶贫、生态保护扶贫、兜底保障等方面的政策规划。截至 2017 年 8 月，中共中央办公厅、国务院办公厅出台 12 个《关于打赢脱贫攻坚战决定》配套文件，各部门出台 173 个政策文件或实施方案，各地也相继出台和完善"1+N"的脱贫攻坚系列文件，涉及产业扶贫、易地扶贫搬迁、劳务输出扶贫、交通扶贫、水利扶贫、教育扶贫、健康扶贫、金融扶贫、农村危房改造、土地增减挂钩指标、资产收益扶贫等，很多"老大难"问题都有了针对性措施。

为了保障脱贫攻坚各项决策部署落到实处，党的十八大以来各领域启动了多项重大配套改革举措，以全面深化改革的思维为脱贫攻坚保驾护航。这些改革举措，直面基层推进扶贫开发工作深入开展中遇到的问题，为充分释放活力，促进精准扶贫精准脱贫基本方略落地提供了有力支撑。

（三）建立投入体系

在脱贫攻坚的进程中，投入保障是脱贫攻坚保障体系的重要方面，中央财政持续加大投入力度，逐步构建起了较为健全的财政扶贫投入体系，不断鼓励和引导各类金融机构加大对扶贫开发的金融支持，建立了全覆盖的金融组织体系，适度调整完善土地利用总体规划，优先保障扶贫开发用地需要，形成了比较完善的扶贫开发土地投入体系。

政府在扶贫开发中的财政投入中发挥主体和主导作用，大幅增加一般性转移支付和专项转移支付规模，积极开辟扶贫开发的资金渠道，确保政府扶贫投入力度与脱贫攻坚任务相适应，构建起了涵盖资金的投入主体、投入的工作机制、资金的精准使用等扶贫开发投入各个环节的财政投入体系。2013—2017年，中央财政安排专项扶贫资金从394亿元增加到861亿元，累计投入2822亿元；省级及以下财政扶贫资金投入也大幅度增长。安排地方政府债务1200亿元，用于改善贫困地区生产生活条件。

党的十八大以来，金融领域支持脱贫攻坚推出了一系列重大举措，银行、货币、保险、资本市场助力脱贫攻坚的投入力度不断加大，实现形式不断丰富。政策性、开发性、商业性、合作性以及新型金融机构，不断完善内部机构与网点的设置，不断提升贫困地区的金融服务能力。综合运用货币政策工具，加强资金筹集使用管理，不断扩大深度贫困地区信贷投放。发展多层次资本市场，拓宽贫困地区直接融资渠道。创新发展保险产品，提高贫困地区保险密度和深度。截至2017年6月底，扶贫小额信贷累计发放3381亿元，共支持了855万贫困户，贫困户获贷率由2014年底的2%提高到2016年底的29%。安排地方政府债务994亿元和专项建设基金500亿元用于易地扶贫搬迁。金融扶贫力度明显增大，"十三五"期间，将发放易地扶贫搬迁专项贷款超过3500亿元。国家还出台了扶贫再贷款政策，证券业、保险业助力脱贫攻坚的力度都在明显加强。

为保障脱贫攻坚的土地供给，国土资源相关部门创新国土资源管理政策，调整完善土地利用总体规划与设计管理，在新增建设用地指标中优先保障扶贫开发用地需要，专项安排国家扶贫开发重点县年度新增建设用地指标，土地整治项目及资金补助向贫困地区倾斜，拓展城乡建设用地增加挂钩政策，允许贫困地区将城乡建设用地增减挂钩指标在省域范围内使用，形成了与打赢脱贫攻坚战相适应的用地政策体系。调整完善土地利用总体规划，贫困地区所在的省（自治区、直辖市），充分考虑各地区扶贫开发，尤其是易地搬迁需要，优先安排脱贫攻坚中的民生用地，为扶贫开发提供落地空间。拓展城乡建设用地增减挂钩政策。新增建设用地计划、增减挂钩节余指标调剂计划、工矿废弃地复垦利用计划向贫困地区倾斜。脱贫攻坚期内，国家每年对集中连片特困地区、国家扶贫开发工作重点县专项安排一定数量新增建设用地计划。贫困地区建设用地节余指标，允许在省域内调剂使用，省级国土资源主管部门建立台账，对全省节余指标进行统一管理。建立土地整治和高标准农田建设等新增耕地指标跨省域调剂机制。优先安排贫困地区土地整治项目和高标准农田建设补助资金，指导和督促贫困地区完善县级土地整治规划。创新土地利用政策，探索盘活贫困村空闲住房及宅基地的经营方式，实施用地审批特殊政策，涉及农地转用或土地征收的，可边建边批，难以避免占用农田的纳入重大建设项目。贫困地区申报世界地质公园、国家地质公园，可不受单位命名年限等限制。

（四）建立动员体系

党的十八大以来，社会扶贫领域聚焦精准，优化工作机制和模式，经历着密集的创新，中央先后出台《关于进一步加强东西部扶贫协作工作的指导意见》《中央单位定点扶贫工作的指导意见》等指导性文件，细化实化帮扶任务和工作要求，东西部协作和定点扶贫等领域工作以精准扶贫精准脱贫的理念为指引不断深入。加大东西部扶贫协作力度，调整完善结对关系，实现对全国30个民族自治州帮扶全覆盖，明确京津冀协同发展中京津两市与河北省张家口、承德和保定三市的扶贫协作任务，实施东部267个经济较发达县（市、区）结对帮扶西部434个贫困县的"携手奔小康"行动。加强定点扶贫工作，320个中央单位定点帮扶592个贫困县，军队和武警部队定点帮扶3500多个贫困村。同时，健全社会力量参与机制，通过开展扶贫志愿活动、打造扶贫公益品牌、构建信息服务平台、推进政府购买服务等创新扶贫参与方式，构建社会扶贫"人人皆愿为、人人皆可为、人人皆能为"的参与机制。动员中央企业设立贫困地区产业投资基金、开展"百县万村"扶贫行动。动员2.6万家民营企业开展"万企帮万村"行动。

2014年，国务院将10月17日确定为全国扶贫日，每年组织开展扶贫日系列活动。建立扶贫荣誉制度，设立全国脱贫攻坚奖，表彰脱贫攻坚模范，激发全社会参与脱贫攻坚的积极性。通过系统研究习近平总书记关于扶贫工作重要论述，和新时期脱贫攻坚的基本方略与政策部署，并组织形式多样的宣讲和培训活动，增进了党政干部和社会各界对于脱贫攻坚重大战略意义、理论方法的认识；通过总结和宣传典型案例、典型经验，推进了各地的经验交流和创新模式扩散；通过形式多样的评比和宣传活动，营造全社会共同参与扶贫开发的社会氛围。

（五）建立监督体系

党的十八大以来，围绕着脱贫攻坚目标的落实，2016年，中共中央办公厅、国务院办公厅联合印发《脱贫攻坚督查巡查工作办法》，对中西部22个省（自治区、直辖市）党委和政府、中央和国家机关有关单位脱贫攻坚工作开展督查和巡查。由国务院扶贫开发领导小组根据当年脱贫攻坚目标任务，制定年度督查计划，督查内容涉及脱贫攻坚责任落实情况，专项规划和重大政策措施落实情况，减贫任务完成情况以及特困群体脱贫情况，精准识别、精准退出情况，行业扶贫、专项扶贫、东西部扶贫协作、定点扶贫、重点扶贫项目实施、财政涉农资金整合等情况，督查结果向党中央、国务院反馈。督查坚持目标导向，着力推动工作落实。同时，国务院扶贫开发领导小组根据掌握的情况报经党中央、国务院批准，组建巡查组，不定期开展巡查工作。巡查坚持问题导向，着力解决突出问题，巡查的重点问题包括：干部在落实脱贫攻坚目标任务方面存在失职渎职，不作为、假作为、慢作为，贪占挪用扶贫资金，违规安排扶贫项目，贫困识别、退出严重失实，弄虚作假搞"数字脱贫"，以及违反贫困县党政正职领导稳定纪律要求和贫困县约束机制等。

中央纪委坚决贯彻落实党中央关于打赢脱贫攻坚战的决策部署，强化扶贫领域监督执纪问责，以严明的纪律为打赢脱贫攻坚战提供保障。十八届中央纪委六次、七次全会先后作出部署，要求各级纪检监察机关落实中央要求，严肃查处扶贫领域虚报冒领、截留私分、挥霍浪费，开展扶贫领域专项整治，对那些胆敢向扶贫等民生款物伸手的要坚决查处。中央纪委机关与财政部、审计署和国务院扶贫办等部门加强联系，建立扶贫领域党员干部违纪违规问题线索及时移送机制。针对扶贫领域腐败问题多发生于基层这一现状，督促县、乡纪委主动进村入户，在最基层、第一线直接听取群众意见，及时发现和掌握问题线索。压实县乡党委、纪委责任。层层传导压力，督促县乡党委、纪委切实承担起整治和查处扶贫领域不正之风和腐败问题的责任，开展扶贫领域专项整治，把贫困县乡作为巡察的重点。

中央统战部和国务院扶贫办联合印发《关于支持各民主党派中央开展脱贫攻坚民主监督工作的实施方案》，明确脱贫攻坚民主监督的工作原则、重点内容、主要形式和保障机制。各民主党派中央分别对口 8 个全国贫困人口多、贫困发生率高的中西部省区，开展脱贫攻坚民主监督。分别是民革中央对口贵州、民盟中央对口河南、民建中央对口广西、民进中央对口湖南、农工党中央对口云南、致公党中央对口四川、九三学社中央对口陕西、台盟中央对口甘肃。各民主党派中央结合各自特色优势，有针对性地确定相关扶贫脱贫监督内容。各民主党派中央每年在对口省份就脱贫攻坚重点问题开展深入调研，领导同志带队的重点调研一般每年应有一次。考察调研中既听取地方党委和政府及有关部门的工作汇报，也深入基层、深入群众，走村入户实地考察，发现了解存在的问题和困难，就其中的重点问题深入研究分析，提出对策建议，并向地方党委和政府反馈调研情况。在对口省份就脱贫攻坚情况开展调研后形成报告送中共中央、国务院。

扶贫部门加强与审计、财政等部门和媒体、社会等监督力量的全方位合作，综合运用各方面监督结果，加强对各地工作指导。设立"12317"扶贫监督举报电话，畅通群众反映问题渠道，接受全社会监督。

国家审计署深入贯彻中共中央精准扶贫精准脱贫决策部署，坚持全国扶贫审计"一盘棋"，统筹谋划扶贫审计全覆盖。2016年，审计署印发《"十三五"国家审计工作发展规划》《关于进一步加强扶贫审计促进精准扶贫精准脱贫政策落实的意见》等多个文件，对加强扶贫审计工作做出部署，要求各级审计机关坚持"依法审计、客观求实、鼓励创新、推动改革"的工作原则，沿着"政策"和"资金"两条主线，聚焦精准、安全、绩效，把推动扶贫政策落实、规范扶贫资金管理、维护扶贫资金安全、提高扶贫资金绩效作为工作着力点，持续跟踪审计扶贫政策落实和扶贫资金管理使用情况。严肃查处骗取套取、贪污挪用、挥霍浪费扶贫资金，侵害贫困群众利益以及假脱贫、数字脱贫等违纪违法问题。坚持审计结果公开，定期公告扶贫工作审计结果，通过公开促进审计整改，并进一步加强与扶贫、财政、纪检、检察等部门的协作配合，及时依法移送问题线索，形成监管合力，推动严肃问责和制度完善，共同营造扶贫领域惩治腐败的高压态势，在打赢脱贫攻坚战过程中充分发挥审计监督和保障作用。

从2016年开始，全国检察机关和扶贫部门共同开展为期5年的集中整治和加强预防扶贫领域职务犯罪专项工作，依法严肃惩治和预防扶贫领域职务犯罪。2016年，全国检察机关聚焦重点领域、重点环节、重点案件、重点地区，严肃查办发生在"五个一批"工程实施、扶贫资金项目关键环节和革命老区、民族地区、边疆地区的职务犯罪案件。

（六）建立考核体系

党的十八大以来，为确保到2020年现行标准下农村贫困人口实现脱贫，贫困县全部摘帽，中共中央办公厅、国务院办公厅先后印发《省级党委和政府扶贫开发工作成效考核办法》《关于建立贫困退出机制的意见》《脱贫攻坚责任制实施办法》等考核评估政策文件。2016年2月，中共中央办公厅、国务院办公厅印发《省级党委和政府扶贫开发工作成效考核办法》，对开展省级党委和政府扶贫开发工作成效考核作出了具体安排。2017年，国务院扶贫办依据相关规定，又印发了《中央单位定点扶贫工作考核办法（试行）》《东西部扶贫协作考核办法（试行）》两个办法，进一步完善了脱贫攻坚的考核体系。

根据党中央国务院决策部署和《省级党委和政府扶贫开发工作成效考核办法》有关规定，国务院扶贫开发领导小组先后组织实施了2015年、2016年和2017年省级党委和政府扶贫开发工作成效考核，对各地脱贫攻坚进展与成效进行了全面检验，并通过严格的执纪问责督促各地对考核发现问题进行深入整改，有力地推动了脱贫攻坚政策措施的落实和重点工作的推进。在内容指标方面，考核紧扣党中央国务院脱贫攻坚决策部署，坚持精准扶贫精准脱贫方略，围绕"减贫成效""精准识别""精准帮扶""扶贫资金"等四项内容9项指标进行考核，突出帮扶成效和脱贫质量，重点核查脱贫攻坚责任落实、政策落实和工作落实情况。在方式方法上，考核坚持年终集中考核与平时掌握情况相结合，对各省区市年度减贫成效进行综合分析评价。年终考核包括省际交叉考核、第三方评估和媒体暗访考核等形式，平时掌握情况包括行业部门专项检查、监督执纪和统计监测情况及数据。在实施过程中，考核充分利用了扶贫领域大数据信息平台建设成果。同时，通过核查精准识别退出准确度和脱贫攻坚责任、政策、工作落实到户情况，倒逼各地持续加强大数据信息平台建设、行业部门数据比对和信息共享等工作，推动各地扶贫领域大数据信息平台的逐步完善。

六、建档立卡

2013年11月,习近平总书记在湖南省花垣县十八洞村考察时,首提"精准扶贫"。2015年11月,习近平总书记在中央扶贫开发工作会议上指出,"解决好'扶持谁'的问题。扶贫必先识贫。建档立卡在一定程度上摸清了贫困人口底数,但这项工作要进一步做实做细,确保把真正的贫困人口弄清楚。只有这样,才能做到扶真贫、真扶贫"。精准扶贫首要的是扶贫对象精准,解决的是"扶持谁"这一根本问题,其实质是贫困瞄准问题,其实现机制是建档立卡。

(一)精准识别贫困人口

自20世纪80年代中期以来,经过30多年的不懈努力,我国扶贫开发工作取得了举世公认的成就。但是,长期以来贫困人口底数不清、情况不明的问题较为突出。实际工作中,贫困户应扶未扶、非贫困户被错误纳入扶贫对象的情况长期存在。为此,需要探索建立一套行之有效的贫困识别机制,精准识别每一名贫困人口。

贫困人口识别是精准扶贫的第一步工作,也是最重要的一项工作。精准识别是精准扶贫工作的重要基础。党的十八大以来,中央出台一系列政策文件，制定实施了一系列超常规政策措施，对贫困人口的精准识别进行顶层设计。2013年12月，中共中央办公厅、国务院办公厅印发《关于创新机制扎实推进农村扶贫开发工作的意见》，明确提出国家制定统一的扶贫对象识别办法和原则。2014年4月，国务院扶贫办印发《扶贫开发建档立卡工作方案》，对贫困户、贫困村、贫困县、连片特困地区的建档立卡方法和步骤做出了详细的规定。2014年5月，国务院扶贫办等七个部门联合印发《建立精准扶贫工作机制实施方案》。2014年6月，国务院扶贫办制定《扶贫开发建档立卡指标体系》，对《贫困户登记表》《贫困村登记表》《贫困县登记表》的各项指标进行说明，并制定了《扶贫手册》。2014年底，建档立卡数据实现联网运行，全国扶贫信息网络系统初步形成，为精准扶贫工作奠定了良好的基础。

贫困人口精准识别是依托于建档立卡来实现的。建档立卡的基本工作程序是：（1）扶贫对象信息采集。由村"两委"、驻村工作队等进村入户对贫困户进行摸底调查，采集贫困户信息。贫困户的信息主要包括基本情况、生产生活条件、家庭经济状况、帮扶需求、帮扶情况、脱贫计划等。贫困村的信息主要包括村庄基本情况、发展现状、驻村工作队情况、帮扶需求、帮扶情况等。（2）扶贫对象信息录入。由村"两委"、驻村工作队等根据贫困户、贫困村的信息填写完成贫困户《扶贫手册》和贫困村《贫困村登记表》，并录入全国扶贫信息网络系统。

精准扶贫中的贫困识别采取自上而下与自下而上相结合的方法。自上而下的方法是指，国家统计局根据抽样调查测算出中国农村贫困人口的总规模，并根据各省（自治区、直辖市）的贫困发生率等，将贫困人口总规模指标分配到相应的省份。同时，国家制定统一的农村贫困人口规模分解原则和方法，即"县为单位、规模控制、分级负责、精准识别、动态管理"的原则，各地依据国家统计局农村调查总队提供的贫困人口数和低收入人口的贫困发生率，逐级分解到县级。指标分配的主要依据是没有达到"两不愁三保障"的贫困人口数量。自下而上的方法主要是由村民自愿申请，行政村或村民小组召开村民代表大会进行民主评议，经乡、县审核后确定村级指标下的贫困人口名单。由于农户收入精准测算比较困难，各地在自下而上的贫困识别上也探索出了一些创新做法。如贵州省威宁县迤那镇的"四看法"，即"一看房、二看粮、三看劳动力强不强、四看家中有没有读书郎"。

2014年，全国组织80多万人逐村逐户开展贫困识别。对贫困村，按照"一高一低一没有"（贫困发生率高于全省贫困发生率一倍以上、农民人均纯收入低于全省平均水平的60%、没有集体经济收入）的标准和"村申请、乡镇审核、县审定"的程序，以及"一公示一公告"（乡镇审核后公示，县审定后公告）的要求进行识别。对贫困户，按照收入低于国家扶贫标准，综合考虑"两不愁三保障"（不愁吃、不愁穿，义务教育、基本医疗和住房安全有保障）情况，采取"农户申请、民主评议、公示公告、逐级审核"的程序和"两公示一比对一公告"（村里民主评议后公示，乡镇审核后公示，县里进行比对后公告）的要求进行识别。共识别出12.8万个贫困村、2948万贫困户、8962万贫困人口。

在建档立卡工作基本完成后，为保证精准扶贫精准脱贫的制度化、体系化，还必须建立扶贫信息系统，为脱贫攻坚的有序、顺利推进提供信息支持。2014年7月，国务院扶贫办印发《全国扶贫开发信息化建设规划》指出，到2016年底，基本完成扶贫开发信息化工作的"一五六"建设目标。"一"是构建一个全国大集中的扶贫开发信息系统。"五"是实现扶贫开发工作的五大功能，即支撑扶贫开发全过程信息化的业务管理功能；融内部监控和外部监督于一体的扶贫开发资金、项目监管功能；引导社会力量、扶贫对象共同参与扶贫工作的公共服务功能；与扶贫开发工作相关部门的信息共享和业务协作功能；基于数据仓库和数据挖掘技术的决策支持功能。"六"是构建一个覆盖中央、省、市、县、乡镇、行政村的六级业务网。

2014年，通过建档立卡摸准了贫困人口数量、分布、致贫原因、脱贫需求等信息后，我国建立起了全国统一的扶贫信息系统。其中，在贫困户的信息网络系统中，扶贫对象的家庭基本情况、致贫原因、帮扶需求、帮扶措施、帮扶效果、帮扶责任人等基本信息全部录入，并对贫困农户实行一户一本台账、一个脱贫计划、一套帮扶措施。同时，年终根据扶贫对象发展实际，对扶贫对象进行调整，将稳定脱贫的村与户及时退出、应该扶持的对象及时纳入，从而实现扶贫对象有进有出的动态管理。扶贫信息真实、可靠、管用，为精准扶贫、精准脱贫工作提供有力的信息保障和数据支撑。

建档立卡工作及其所建立的扶贫信息系统不仅找准了贫困人口，解决了"扶持谁"的问题，也为解决"谁来扶""怎么扶""如何退"的问题提供了坚实的信息基础和依据。根据国家统计局公布的数据，从建档立卡的数据分析来看，2017 年末，全国农村贫困人口 3046 万，其中因病致贫的占 42.2%，缺资金的占 35.4%，缺技术的占 22.3%，缺劳力的占 16.8%，因学致贫的占 9%，因残致贫的占 5.8%，因灾致贫的占 9.6%（注：致贫原因会重叠，百分比加总超 100%）。这些基本数据为"六个精准""五个一批"的顶层设计和具体实践指明了方向，提供了路径。

（二）定期开展"回头看"

习近平总书记要求，要紧盯扶贫对象，实行动态管理，应该退出的贫困人口要及时对其销号，符合条件的及时纳入，定期开展"回头看"活动，既不要漏掉真正的贫困人口，也不能把非贫困人口纳入扶贫对象。为此，鉴于贫困人口识别、帮扶、退出的递进性和动态性，建档立卡工作和扶贫信息系统也要根据脱贫攻坚工作进展及时进行更新与调整。

2015 年，国务院扶贫办基于全国扶贫开发信息系统开展了跨部门数据比对工作，向教育部、民政部等 6 个部门发函衔接数据比对；与住房和城乡建设部、民政部、国家统计局开展了信息共享与对接工作；会同中国残疾人联合会印发了《中国残联 国务院扶贫办关于抓紧做好残疾人贫困户建档立卡及有关工作事项的通知》，开展数据比对。

与此同时，为进一步提高贫困识别精准度，国务院扶贫办建立了扶贫督查巡查制度，并制定实施全国扶贫开发建档立卡"回头看"工作方案，各地出台扶贫开发建档立卡动态调整和"回头看"政策文件，全面核查建档立卡贫困户、贫困村的贫困现状、准确把握贫困户、贫困村的致贫原因和发展需求，对财政供养人员、家中拥有私家车等不符合条件的在库贫困户进行核查退出，符合条件的返贫及新增贫困户录入数据库。

2015年、2016年，全国动员近200万人开展建档立卡"回头看"，不再分解指标和规模控制，全国补录贫困人口807万，剔除识别不准人口929万。2017—2018年，组织各地对脱贫不实的问题开展自查自纠，并把符合条件遗漏在外的贫困人口和返贫人口纳入进来，确保应扶尽扶，补录贫困人口849万，剔除识别不准人口412万，贫困识别准确率不断提高。

（三）实施贫困识别动态调整

2017年3月31日，习近平总书记主持中共中央政治局会议时明确指出，"精准扶贫首先要打牢基础，做实做细建档立卡，实现动态管理"。对扶贫对象开展动态调整，不仅符合贫困产生、发展的基本规律，而且也是打赢打好脱贫攻坚战的内在需要和有力保证。

贫困人口动态调整是指按规定程序，将符合条件的贫困人口（包括返贫、新识别人口）纳入建档立卡范围，对达到脱贫标准的贫困人口按程序退出，对贫困人口自然增减进行调整，并及时采集、更新、录入贫困人口信息。贫困人口动态调整和信息采集录入工作于每年第四季度开展，收录及相关信息认定周期为上年度10

月 1 日至本年度 9 月 30 日。

在实际工作中，还存在一些特殊情况。因病、因灾等特殊原因而出现的临时性、突发性贫困人口，经本人申请，相关部门核实认定后，由乡（镇）扶贫办建立台账管理，按照有关政策及时帮扶，年度动态调整时符合贫困人口认定标准的，按照程序纳入建档立卡范围。

除了贫困人口的动态调整之外，还要开展贫困村的动态调整。贫困村动态调整以贫困发生率为主要衡量标准，原则上贫困村贫困发生率降至 2% 以下，统筹考虑村内基础设施、基本公共服务、产业发展、集体经济收入等综合因素；在此基础上做到村村有集体经济收入、有硬化路、有卫生室、有文化室、有通信网络。

为做好贫困人口动态调整的工作，各地区详细制定了工作程序、工作步骤以及时间安排表，严格遵循实事求是的基本原则，根据实际情况，结合中央和地方对贫困人口动态调整的相关要求，凡符合扶贫标准的农户全部纳入扶贫对象并及时予以帮扶，凡识别不准的建档立卡户均予以剔除，凡脱贫不稳的退出户均予以返贫，切实做到有进有出、动态管理。

在动态调整工作中，也要突出重点。对新识别贫困户，要重点关注非贫困村、深度贫困地区等区域，重点瞄准上年年底精准识别时未建档立卡的困难"临界户"，精准识别因灾、因残、因病、因学等陷入贫困的农户，以及精准识别时未提出书面申请但家庭确实困难的农户。

在工作程序上，严格遵守相关要求。对"应纳尽纳"贫困户和返贫贫困户以及剔除错评贫困户实行差异化的调整程序。对"应纳尽纳"贫困户，在农户申请的基础上，进行入户调查和财产检索，经过村民小组和村"两委"两级评议后，进入公示阶段，基于汇总核实，最终审核确定贫困户的名单。对返贫贫困户，经过农户申请、入户核验、村级评议、乡镇审核公示、县级审定公告程序进行认定。对剔除错评贫困户，按照核实信息、入户告知、村级评议、村级公示、乡镇审核、县级审定程序进行剔除，确保剔除结果的正确性和行为的严肃性。

在贫困人口动态调整的关键环节上，为确保结果经得起检验，各地区强化各级联动，逐户核实信息。因新识别和清退工作需要了解贫困户是否有享受财政供给人员、是否购买小轿车、是否购买商品房、是否办理过营业执照等情况以及各类情况具体的发生时间，各基层扶贫办及时与财政、交管、不动产登记中心、市场监督等相关单位对接，详细了解掌握这些贫困户的真实信息，为下一步评议程序提供事实依据。各地还对所有建档立卡贫困户逐户摸排，全面掌握因新出生、嫁入、户籍迁入、共同生活等家庭成员增加和因死亡、嫁出、户籍迁出、不再共同生活等家庭成员减少信息，切实做到发现一条记录一条。

各地按照中央的要求，及时、有效地开展贫困人口的动态调整和管理工作，取得了显著的成效。如广西在全国率先出台扶贫对象动态管理试行办法，2017年进一步调整完善了贫困户"八有一超"（有稳定收入来源且吃穿不愁、有住房保障、有基本医疗保障、有义务教育保障、有安全饮水、有路通村屯、有电用、有电视看，年人均纯收入稳定超过国家扶贫标准）以及贫困村"十一有一低于"和贫困县"九有一低于"脱贫摘帽标准及认定程序。2017年11—12月，1372人组成35个考核组，到14个设区市和105个县对脱贫对象进行现场核查。经严格认定及核查，全区新增贫困人口22.8万人，贫困人口识别准确率100%。

通过贫困人口动态调整工作，夯实了脱贫攻坚的基础，为2020年全面打赢脱贫攻坚战提供了有力的保障。

一是夯实了脱贫攻坚的数据基础。个别地方开展了多次的"回头看"工作，通过明察暗访、交叉检查、专项巡查、问题核查等方式，及时发现不准不实的问题，并从内容、程序、方式、责任等方面完善落实措施办法，层层压实识贫、校贫、定贫等各个环节，持续弄准弄清建档立卡工作底数。

二是做到"精准扶贫、不落一人"。全国各省、市、县、乡四级干部深入村组农户，对建档立卡贫困人口进行了全覆盖、地毯式、无遗漏的摸排核查，贫困识别更加精准、贫困退出更加真实、脱贫攻坚工作基础更加坚实，建档立卡由基本精准到比较精准转向更加精准。

三是动态调整的依据更加真实可靠。在县级层面开展与教育、人力资源和社会保障、民政等有关部门的数据比对工作。按照法定程序对脱贫农户予以销号，对因病因灾因学等各类原因新纳入、返贫的农户重新纳入，不仅使贫困户的纳入、剔除和退出更加有据可依，还提高了精准扶贫工作的全社会参与度。

七、驻村帮扶

驻村帮扶是精准扶贫精准脱贫的一项重要制度创新，是如期完成脱贫攻坚任务和目标的重要保证，也充分体现了我国扶贫工作的制度优势。各级党政机关、人民团体、民主党派、企事业单位选派工作干部到贫困村开展帮扶工作，可以发挥其政策、资金、项目、人才、信息等优势，帮助贫困村改变落后面貌，引领贫困人口脱贫致富，推动农村发展，建强村级基层组织，提高基层治理能力和治理水平，同时也有助于锻炼和培养干部。以因村派人精准为导向的驻村帮扶成为短期内优化贫困村治理体系和治理能力的重要依托，着力解决的是"谁来扶"的问题，直接影响到扶贫措施和资源进村入户"最后一公里"的进展和成效。驻村帮扶工作主要包括选派、管理、培训、考核等层面，逐步形成了制度化、规范化的运行体系。

（一）驻村帮扶选派全覆盖

2013年12月，中共中央办公厅、国务院办公厅印发《关于创新机制扎实推进农村扶贫开发工作的意见》，将健全干部驻村机制作为六项扶贫开发工作机制创新之一，要求"各省（自治区、直辖市）现有工作基础上，普遍建立驻村工作队（组）制度……确保每个贫困村都有驻村工作队（组），每个贫困户都有帮扶责任人"。2014年5月，国务院扶贫办、中央农村工作领导小组办公室（中央农办）等七部委联合印发《建立精准扶贫工作机制实施方案》提出，从党政机关、人民团体、民主党派、企事业单位中，选派有较高政治素质、能力较强特别是有培养前途的中青年干部参加驻村帮扶工作。2015年4月，中共中央组织部、中央农村工作领导小组办公室、国务院扶贫开发领导小组办公室联合发布《关于做好选派机关优秀干部到村任第一书记工作的通知》，要求选派驻村第一书记对党组织软弱涣散村和建档立卡贫困村（重点区域是14个连片特困地区和国家扶贫开发工作重点县）实现全覆盖，对革命老区、边疆民族地区以及灾后重建地区要做到应派尽派，对其他类型村根据实际选派，同时还明确提出了第一书记人选的基本条件。2015年11月，中共中央、国务院印发《关于打赢脱贫攻坚战的决定》，进一步强调了驻村帮扶的工作要求："注重选派思想好、作风正、能力强的优秀年轻干部到贫困地区驻村，选聘高校毕业生到贫困村工作。根据贫困村的实际需求，精准选配第一书记，精准选派驻村工作队，提高县以上机关派出干部比例。加大驻村干部考核力度，不稳定脱贫不撤队伍。对在基层一线干出成绩、群众欢迎的驻村干部，要重点培养使用。"2017年12月，中共中央办公厅、国务院办公厅印发《关于加强贫困村驻村工作队选派管理工作的指导意见》，进一步明确了驻村干部选派的要求。坚持因村选人组队，把熟悉党群工作的干部派到基层组织软弱涣散、战斗力不强的贫困村；优先安排优秀青年干部和后备干部参加驻村帮扶，每个驻村工作队一般不少于 3 人，每期驻村不少于两年，以深度贫困地区的贫困村和脱贫难度大的贫困村作为驻村帮扶工作的重中之重；县级以上各级机关、国有企业、事业单位要选派政治素质好、工作作风实、综合能力强、健康具备履职条件的人员参加驻村帮扶工作。驻村帮扶期间，不承担原单位工作，党员组织关系转接到所驻贫困村，确保全身心专职驻村帮扶。

各地在以前工作基础上，深入推进抓党建促脱贫攻坚，进一步加大驻村干部选派力度，按照因村派人原则，选派政治素质好、工作能力强、工作作风实的干部驻村扶贫。要求驻村干部一般要任满两年。党的十八大以来，截至 2017 年 10 月，全国累计选派驻村干部 277.8 万人，实现了驻村工作队对建档立卡贫困村全覆盖。在脱贫攻坚的过程中，驻村帮扶被纳入顶层设计，并逐渐制度化，受到各级党委政府的高度重视，派驻人员明显增加，而且每个贫困村的驻村工作队都由多名成员乃至多级多个部门的人员组成。全国驻村工作队共有 77.5 万人，覆盖了所有 14.8 万个贫困村，平均每个村超过 5 人。

在驻村帮扶干部和工作队的选派中，各地创新了操作方式和派驻模式。如浙江建立了农村指导员制度，选派机关干部到村庄任指导员，帮助选育培养致富带头人，带领农民增收，指导农村发展。甘肃实施了"双联活动"，即"单位联系贫困村、干部联系特困户"，落实贫困村和贫困户的帮扶责任。河北省滦平县推行"54321"驻村结对帮扶模式，即县领导联系 1 个乡镇、包扶 1 个贫困村、结对帮扶 5 户建档立卡贫困户,正科级领导结对帮扶 4 户建档立卡贫困户,副科级领导(含享受正科、副科待遇人员)结对帮扶 3 户建档立卡贫困户,股级干部结对帮扶 2 户建档立卡贫困户,一般干部结对帮扶 1 户建档立卡贫困户。

(二)瞄准问题规范管理

在驻村帮扶选派工作过程中,必须明确驻村干部和工作队的工作职责和要求,真正实现打通扶贫"最后一公里"的目标。为此,中央层面对驻村帮扶工作提出了一系列的要求。《关于创新机制扎实推进农村扶贫开发工作的意见》指出,"驻村工作队(组)要协助基层组织贯彻落实党和政府各项强农惠农富农政策,积极参与扶贫开发各项工作,帮助贫困村、贫困户脱贫致富。"《关于做好选派机关优秀干部到村任第一书记工作的通知》明确了第一书记推动精准扶贫的工作职责,"重点是大力宣传党的扶贫开发和强农惠农富农政策,深入推动政策落实;带领派驻村开展贫困户识别和建档立卡工作,帮助村'两委'制定和实施脱贫计划;组织落实扶贫项目,参与整合涉农资金,积极引导社会资金,促进贫困村、贫困户脱贫致富;帮助选准发展路子,培育农民合作社,增加村集体收入,增强'造血'功能。"以中央的要求为依据,各地根据实际情况提出了具体、细化的职责和要求。如宁夏出台了《扶贫开发驻村工作队及农村基层党组织第一书记管理暂行办法》,规定了驻村帮扶的 5 项职责,即理清发展思路、加强基层组织建设、推动精准扶贫、提高服务能力和提升治理水平。

同时，从中央到地方还建立了严格的驻村帮扶干部管理制度。《关于做好选派机关优秀干部到村任第一书记工作的通知》规定，第一书记由县（市、区、旗）党委组织部、乡镇党委和派出单位共同管理。县（市、区、旗）党委组织部和乡镇党委要切实担负起直接管理责任，经常了解驻村工作情况、廉洁自律表现等。派出单位定期听取第一书记工作汇报，适时到村调研，指导促进工作。《关于加强贫困村驻村工作队选派管理工作的指导意见》更进一步明确和强化了驻村工作队的管理要求。由县级党委和政府承担驻村工作队日常管理职责，建立驻村工作领导小组，负责统筹协调、督查考核；建立工作例会制度，驻村工作领导小组每季度至少组织召开1次驻村工作队队长会议，了解工作进展，交流工作经验，协调解决问题；建立考勤管理制度，明确驻村干部请销假报批程序，及时掌握和统计驻村干部在岗情况；建立工作报告制度，驻村工作队每半年向驻村工作领导小组报告思想、工作、学习情况；建立纪律约束制度，促进驻村干部遵规守纪、廉政勤政。要防止形式主义，用制度推动工作落实。

在中央相关要求的指引下，各地进一步细化了具体条款，创新了管理手段和工具。如贵州要求驻村干部与原单位的工作脱钩，驻村干部每个月在贫困村的时间不得少于20天。安徽要求驻村工作队队长要吃住在村，每年在岗时间不少于220天。不少地方都要求驻村工作队每天都要有日志，记录当天的工作和活动。一些地方对驻村干部进行突击式抽查，或者利用网络和大数据监督驻村干部的工作地点和内容等。

（三）精准实训提升实战能力

驻村工作队是一支由上级部门和单位下派到贫困村，并专门从事脱贫攻坚工作的专门队伍。与在原工作单位所从事的工作不同，驻村干部在贫困村所从事的工作在职责、内容、要求、手段等方面都有很大的区别，从而对其业务能力和水平提出了一定的挑战。为此，需要针对驻村干部的工作职责要求、薄弱环节和实际需求，精准开展培训活动，运用理论学习、交流研讨、实地考察等多种方式，提升驻村干部在脱贫攻坚一线中的实战能力。

《关于做好选派机关优秀干部到村任第一书记工作的通知》要求，农办、扶贫部门要开展涉农、扶贫等政策和技能培训，加强业务指导。《关于加强贫困村驻村工作队选派管理工作的指导意见》提出要加强对驻村工作队的培训，"各地要通过专题轮训、现场观摩、经验交流等方式，加大对脱贫攻坚方针政策、科技知识、市场信息等方面培训力度，帮助驻村干部掌握工作方法，熟悉业务知识，提高工作能力。要注重发现驻村帮扶先进事迹、有效做法和成功经验，加大宣传力度，树立鲜明导向，营造驻村帮扶工作良好氛围。"

自驻村帮扶工作实施以来，截至 2017 年底，全国各地积极开展驻村帮扶干部培训，着力解决部分驻村干部"想干不会干"问题，进一步提升驻村干部实战能力。同时，国务院扶贫办等部门举办了一系列的培训会、交流会和现场会，为驻村帮扶工作有序、高效推进提供有力保障。2015 年 10 月 18 日至 19 日，全国干部驻村帮扶工作现场会在安徽省安庆市潜山县召开，国务院扶贫办主任刘永富提出要实现贫困村干部驻村工作队全覆盖，并对驻村帮扶工作提出一系列新要求，安徽、福建、山西、广西、贵州、甘肃6省（区）作了典型发言，参训人员实地观摩了安徽省潜山县、太湖县、岳西县的干部驻村帮扶工作。2016年9月8日至9日，全国干部驻村帮扶工作培训班在宁夏固原举行，国务院扶贫办副主任郑文凯对做好下一步干部驻村帮扶工作提出了四点要求，宁夏、山东、河南、湖南、四川、云南6省（区）和2名驻村干部代表作了典型发言，参训人员实地观摩了隆德县联财镇赵楼村，原州区张易镇大店村干部驻村帮扶工作情况。

针对驻村帮扶中的突出困难和问题，各级组织和扶贫部门也组织了有针对性的培训，编辑驻村帮扶手册，编印驻村帮扶典型案例，组织开展驻村帮扶干部之间的交流活动，并对优秀开展驻村帮扶干部进行表彰与宣讲，强化了驻村帮扶的能力建设，提高了驻村帮扶的工作水平。

（四）转变作风发挥帮扶实效

驻村帮扶工作在实际运行中也暴露出了一些突出问题，尤其是一些形式主义问题，导致驻村帮扶停留在表面，难以发挥帮扶实效，无法真正推动脱贫攻坚进程。为此，需要建立相应的奖惩制度，对干得好的予以表彰宣传、提拔使用，对不符合要求、不胜任工作的及时召回撤换。2016年10月，国务院扶贫办发布《关于解决扶贫工作中形式主义等问题的通知》，要求"完善驻村帮扶工作。主动沟通协调，会同有关部门整合帮扶力量，加强驻村工作管理。防止'只转转、不用心''只谈谈、不落地'。坚决杜绝'走读式''挂名式'帮扶。普遍建立驻村干部召回制度，对不作为、不务实、不合格的驻村干部坚决撤换。"《关于加强贫困村驻村工作队选派管理工作的指导意见》明确要求要对驻村工作队加强考核激励，其中奖惩机制主要是表彰激励和严肃问责。表彰激励的具体规定是：将考核结果作为驻村干部综合评价、评优评先、提拔使用的重要依据。对成绩突出、群众认可的驻村干部，按照有关规定予以表彰；符合条件的，列为后备干部，注重优先选拔使用。严肃问责的具体规定是：驻村干部不胜任驻村帮扶工作的，驻村工作领导小组提出召回调整意见，派出单位要及时召回调整。对履行职责不力的，给予批评教育；对弄虚作假、失职失责，或者有其他情形、造成恶劣影响的，进行严肃处理；同时，依据有关规定对派出单位和管理单位有关负责人、责任人予以问责。

为切实提高驻村工作队的帮扶实效，除了奖惩机制之外，更需要建立考核体系。《关于做好选派机关优秀干部到村任第一书记工作的通知》规定：第一书记参加派出单位年度考核，由所在县（市、区、旗）党委组织部提出意见。任职期满，派出单位会同县（市、区、旗）党委组织部进行考察，考核结果作为评选先进、提拔使用、晋升职级的重要依据。对任职期间表现优秀的，在同等条件下优先使用。对工作不认真、不负责任的，给予批评教育；造成不良后果的，及时调整和处理。《关于打赢脱贫攻坚战的决定》指出：加大驻村干部考核力度，不稳定脱贫不撤队伍。对在基层一线干出成绩、群众欢迎的驻村干部，要重点培养使用。《关于加强贫困村驻村工作队选派管理工作的指导意见》进一步强化了考核体系，要求"县级党委和政府每年对驻村工作队进行考核检查，确保驻村帮扶工作取得实效。坚持考勤和考绩相结合，平时考核、年度考核与期满考核相结合，工作总结与村民测评、村干部评议相结合，提高考核工作的客观性和公信力。考核具体内容由各地根据实际情况确定。年度考核结果送派出单位备案。"

通过建立并实施有效的奖惩机制和考核体系，驻村工作队的责任感、使命感和工作积极性被充分地调动起来，推动了扶贫政策、措施和资源真正落地，将脱贫攻坚成效真正发挥出来。据不完全统计，2016—2017年，全国共提拔工作业绩突出的第一书记1.2万名，召回调整不胜任的第一书记7200名。第一书记和驻村干部广泛宣传党的政策，落实精准扶贫精准脱贫基本方略，把党的温暖送到千家万户，不仅帮助贫困村贫困户实现脱贫，自己也得到锻炼和提高。在第一书记和驻村工作队的帮助下，农村基层党组织的凝聚力、战斗力得到加强，农村治理水平得到提升。各地也逐步完善了第一书记和驻村工作队的管理体系，严格选派条件，明确职责任务，建立管理制度，强化考核奖惩。如2015年，安徽省扶贫开发领导小组、安徽省委组织部联合印发了《安徽省扶贫开发工作考核实施细则（修订）》，将"单位包村、干部包户"以及驻村扶贫干部派驻落实情况等纳入省直帮扶单位、各市扶贫开发领导小组以及县级党委和政府考核体系之中，进行专项考核。

八、资金管理

（一）加大财政扶贫资金投入

党的十八大以来，在以习近平同志为核心的党中央坚强领导下，各地区各部门切实落实"五个一批"工程，建立和完善中国公共财政框架，逐步形成了专项扶贫和综合扶贫相结合的多渠道财政扶持政策框架体系。

中央和地方财政扶贫资金逐年递增。中央财政扶贫资金的投入由2014年的379.0亿元增加到2016年的627.6亿元，省级财政资金的投入由2014年的125.2亿元增加到2016年的259.7亿元。2016年中央财政累计发放扶贫贴息贷款556.7亿元，全年新增266.6亿元，比上年增长91.9%。此外，随着地方经济实力的增强和社会扶贫意识的提高，非政府资金正越来越多地投入到扶贫活动中，社会扶贫投入的增长速度高于中央扶贫资金的增长速度，大大改善了扶贫资金的投入结构。

2014—2017年中国农村扶贫资金投入情况（单位：亿元）

年份	中央扶贫贴息贷款累计发放额	中央财政扶贫资金	中央专项退耕还林还草工程补贴	中央拨付的低保资金	省级财政资金	国际扶贫资金	其他类型资金	扶贫投入总额
2014	153.3	379.0	66.7	263.7	125.2	3.6	429.5	1421.0
2015	290.1	440.4	102.3	343.9	171.3	2.1	551.5	1901.6
2016	556.7	627.6	107.9	378.0	259.7	3.2	1025.4	2958.5
2017	733.8	832.8	114.1	373.4	332.0	6.9	2027.0	4420.0

数据来源：《中国农村贫困监测报告》（2014—2018），国家统计局农村贫困监测调查。

扶贫资金投入结构不断优化。基础设施建设项目扶贫投入针对性更强，2016年基础设施建设投入810.6亿元，占扶贫资金的27.4%，与2012年相比，投入百分比减少，但投资额增加。其中，用于村路修建和农村中小学学校建设所占比重最大。在农业扶贫投资中，种植业投入所占比例最大，农业扶贫资金分配向种植业倾斜，2016年种植业投入263亿元，占农业扶贫资金的45.6%，与2012年相比，其投入比增长较大。2016年林业投入112.6亿元，占农业扶贫资金的19.5%；2016年农产品加工业投入22.3亿元，占农业扶贫资金的4.1%。在2012—2016年，林业和农产品加工业投入比重呈减少趋势。此外，用于培训及教育项目的资金投入比重减少，但资金投入总额增加。2016年，用于培训及教育的资金投入为121.3亿元，其中，用于中小学营养餐计划的投入比重最大。

2012—2016年中国扶贫资金投向变化情况（单位：%）

指标	2012年	2013年	2014年	2015年	2016年
一、生产项目	23.3	24.7	21	21.3	19.5
1. 种植业占扶贫投资的比重	8.9	10.0	9.2	9.1	8.9
2. 林业占扶贫投资的比重	6.4	5.7	4.9	5.4	3.8
3. 畜牧业占扶贫投资的比重	5.5	6.4	5.3	5.4	6.0
4. 农产品加工业占扶贫投资的比重	2.5	2.6	1.6	1.4	0.8
二、基建项目	35.2	36.3	37.3	37.3	27.4
5. 农村饮水安全工程占扶贫投资的比重	2.7	2.7	2.7	2.7	2.0
6. 小型农田水利及农村水电占扶贫投资的比重	3.3	4.0	4.1	2.6	2.2
7. 病险水库除险加固占扶贫投资的比重	2.2	1.4	0.9	0.8	0.5
8. 村通公路（通畅、通达工程等）占扶贫投资的比重	9.4	11.0	12.8	14.6	10.3
9. 电力设施建设占扶贫投资的比重	3.6	2.5	3.0	3.4	2.8
10. 农村信息化建设占扶贫投资的比重	1.2	1.1	0.9	1.8	1.2
11. 清洁能源建设占扶贫投资的比重	0.9	0.6	0.4	0.3	0.3
12. 卫生室建设及设施占扶贫投资的比重	1.3	1.4	1.2	1.1	0.8
13. 农村中小学建设占扶贫投资的比重	10.6	11.6	11.3	10.0	7.3
三、培训及教育项目	8.5	7.1	6.1	5.2	4.1
14. 卫生室人员培训/劳动力职业技能培训占扶贫投资的比重	0.9	1.2	0.9	0.7	0.6
15. 中小学营养餐计划占扶贫投资的比重	7.6	5.9	5.2	4.5	3.5
四、其他	33	31.9	35.6	36.9	49.0

数据来源：《中国农村贫困监测报告》（2012—2016）得出。

扶贫资金不断向扶贫重点县倾斜。直接投入到老少边地区贫困县和深度贫困县的资金逐年增长。总体来看，老少边区贫困县获得的中央扶贫资金比其他贫困县多。在老少边区内部，边境地区贫困县获得的扶贫资金要多于少数民族贫困县，而少数民族贫困县又多于老区贫困县。如2017年山西拿出中央和省级财政扶贫资金的30.5%，共11.76亿元，支持10个深度贫困县，同时安排扶贫周转金的22.6%，共4.88亿元投入到10个深度贫困县。

（二）深入推进贫困县涉农资金整合试点

2016年4月12日，国务院办公厅印发了《关于支持贫困县开展统筹整合使用财政涉农资金试点的意见》，明确了开展整合试点的政策要求。5月10日，财政部会同国务院扶贫办在北京召开全国支持贫困县开展统筹整合使用财政涉农资金试点电视电话会议，国务院副总理汪洋出席会议并发表重要讲话，标志着这项在中西部22个省（自治区、直辖市）开展的重大改革试点正式启动。2017年，贫困县开展统筹整合使用财政涉农资金试点工作持续推进，主要开展了以下工作：

一是继续部署整合试点工作。从工作机制建立、管理制度建设、资金增幅保障、资金整合进度、资金支出进度等方面分类对各省整合试点推进情况进行了通报，督促各地坚持问题导向，进一步补强薄弱环节。国务院办公厅会同国务院扶贫办印发《关于做好2017年贫困县涉农资金整合试点工作的通知》，部署各地做好2017年贫困县整合试点工作，突出工作重点，明确工作要求，强化针对性指导。要求各地将试点范围扩大到全部贫困县；鼓励试点贫困县尽可能在"大类间打通""跨类别使用"，做到"应整尽整"；要求省级财政、扶贫部门对整合试点工作开展经常性调研和督导，及时发现操作层面遇到的具体问题，分析解决共性问题，为贫困县整合试点进一步明确了政策方向。

二是开展贫困县整合跟踪调研。先后赴湖南、甘肃、四川、贵州、广西、海南等省（区）开展了贫困县整合工作跟踪调研。为确保调研工作质量，调研前及时制定《贫困县涉农资金整合试点跟踪调研工作方案》。实地调研后，对贫困县整合试点情况进行了跟踪分析，梳理形成跟踪调研报告，特别是总结经验、梳理问题，并研究提出完善政策的建议。综合财政部及有关地方上报信息整理形成的《专报信息》，实事求是分析了存在的问题，充分肯定了各地积极推进贫困县涉农资金整合取得的成效。

三是开展贫困县涉农资金整合专项督查。落实国务院扶贫开发领导小组的部署和要求，会同国务院扶贫办等4部门，选择8省份开展了贫困县涉农资金整合专项督查工作，通过召开座谈会、实地查看、访谈等形式，深入了解各地整合试点政策落实情况，督促各地进一步深入推进贫困县涉农资金整合工作。

四是加强贫困县整合跟踪指导。为及时掌握全国贫困县整合试点进展情况，建立了数据上报统计分析机制，编印《贫困县涉农资金整合工作简报》，刊载宣传省级工作亮点和县级整合模式等，供各地学习交流。此外，将2016年贫困县整合试点工作情况纳入2017年财政扶贫资金专项检查范围，重点检查贫困县整合试点的规范性。

五是积极推动中央涉农资金源头整合。探索从预算编制环节对中央涉农资金进行整合归并，着力推动涉农项目审批权限下放，为地方实施整合创造条件。2017年，将支农专项转移支付项目从17个整合为9个，探索试行"大专项+任务清单"管理模式，明确各地在完成约束性任务的前提下，可按规定整合相关涉农资金，支持当地农业农村发展的重点领域和关键环节。

六是加强涉农资金整合顶层设计。在认真总结近年来涉农资金整合实践经验的基础上，财政部牵头起草了《关于探索建立涉农资金统筹整合长效机制的意见》，经中共中央全面深化改革领导小组会议审议通过，以国务院名义印发。该意见对建立行业内资金整合与行业间资金统筹相互衔接配合的长效机制作出了部署，有利于理顺国家涉农资金管理体系，提高财政支农资金供给效率，切实保障党中央、国务院关于实施乡村振兴战略等重大决策部署落实到位。

据统计，2017年全国832个贫困县实际整合各级相关涉农资金规模3293亿元，占计划整合资金规模的98.9%；已完成支出资金规模3167亿元，占实际整合资金规模的96.1%。从投向来看，用于农业生产发展方向994亿元，占已完成支出规模的31%；用于农村基础设施建设方向1827亿元，占比为58%；用于其他方向346亿元，占比为11%。

（三）创新金融扶贫方式方法

根据《关于打赢脱贫攻坚战的决定》和中央扶贫开发工作会议中关于金融扶贫的指示精神，以及七部委联合印发的《关于金融助推脱贫攻坚的实施意见》，中央和全国各地从四个方面创新金融扶贫工作方式：

银行业方面。国务院扶贫办与中国人民银行、银监会进行了4次会商，交换工作意见，共同促进银行业金融机构参与脱贫攻坚进程。国务院扶贫办主任刘永富、副主任洪天云多次出席国家开发银行、中国农业发展银行的会议，指导金融扶贫工作。联合中国农业发展银行召开金融扶贫实验示范区座谈会，全面总结实验区金融扶贫工作经验。联合国家开发银行赴陕西省开展开发性金融支持贫困地区脱贫攻坚的调研，进一步学习和协调开发性金融助力地区脱贫。

证券业方面。国务院扶贫办副主任欧青平、洪天云与证监会两次共商资本市场参与脱贫攻坚工作，推动上市公司支持贫困地区发展。在国务院扶贫办指导下，湖北省郧阳区4家企业发起设立扶贫产业投资基金，并由基金投资拟上市企业设立扶贫公益股，所获收益全部用于扶贫事业。

保险业方面。国务院扶贫办副主任洪天云与原保监会领导会谈，出席中国人民保险集团助推脱贫攻坚暨农村保险工作会议，推动保险扶贫产业发展。会同保监会、中国人民保险集团、中国人寿保险（集团）公司针对"三区三州"保险扶贫工作进行研究，设计研发"深贫保"组合产品。联合保监会开展保险精准统计监测的调研，为下一步保险业精准统计监测做好前期准备。

数据共享方面。国务院扶贫办与中国人民银行、保监会、中国农业发展银行、中国人民保险集团、中国人寿保险（集团）公司等机构实现了数据共享。

开展金融扶贫培训工作是金融扶贫的重心工作。为纠正扶贫小额信贷工作和统计监测中的工作偏差，规范各地扶贫小额信贷工作，2017年4月，国务院扶贫办在河北省石家庄市举办了扶贫小额信贷健康发展与精准统计监测培训班。为搭建培训平台，加强扶贫系统与"一行三会"的互动，推广金融扶贫典型经验，9月，国务院扶贫办举办金融扶贫工作培训班，组织各地"一行三会"和扶贫系统业务骨干参加，第一次实现了"多兵种联合作战"，并观摩湖北郧阳银行、证券、保险"三驾马车"齐头并进金融扶贫模式。2017年11月，国务院扶贫办与中国人民银行、银监会联合在河南省三门峡市召开金融扶贫现场观摩会，推广总结卢氏县扶贫小额信贷"破解五个障碍、建立四个体系、创新四个结合"经验做法。按照分工安排，国务院扶贫办派人参加中共中央组织部、国家开发银行、中国农业发展银行、中国人民保险集团、中国人寿保险（集团）公司等多个单位组织召开的金融扶贫工作会议或培训，讲授金融扶贫相关政策和实践经验。

强化金融扶贫理论研究是金融扶贫持续助力脱贫攻坚的关键。按照地方扶贫融资风险有关问题专题研究会议的部署，国务院扶贫办联合财政部等相关单位开展全国范围内的地方扶贫融资风险排查整改工作。研究财政部《关于坚决制止地方以政府购买服务名义违法违规融资的通知》，了解掌握文件印发后对各地开展基础设施建设、贫困村提升工程等项目的影响，征求相关单位意见，形成分析报告。委托相关高校、科研机构开展特惠金融扶贫、扶贫小额信贷、保险扶贫政策效应等课题研究，以理论研究为牵引，推进金融扶贫实践。河北经贸大学开展的"精准扶贫特惠金融理论与实践"

课题研究、上海国家会计学院"扶贫小额信贷促进农户增收的贡献率"课题研究已完成。

扶贫小额信贷取得重大成效。2017年,扶贫小额信贷新增贷款金额1502亿元,新增贷款户数360万户,历年累计贷款金额4335亿元,累计贷款1100万户(次)。通过向贫困户提供发展资金和技术支持,扶贫小额信贷在激发内生动力、改变精神面貌方面发挥的作用逐渐显现。从2017年2月起,国务院扶贫办建立并执行扶贫小额信贷"月统计、月监测、月通报"制度,通过定期通报进展,点明存在问题,督促整改落实,不断推动扶贫小额信贷精准化、规范化运行。2017年7月,国务院扶贫办与中国银行业监督管理委员会(以下简称"银监会")、财政部、中国人民银行、中国保险监督管理委员会(以下简称"保监会")联合印发《关于促进扶贫小额信贷健康发展的通知》,第一次系统地将政策要点集中表述为"5万元以下、3年期内、免担保免抵押、基准利率放贷、财政贴息、县建风险补偿金",扶贫小额贷款业务的发展政策进一步完善。2017年9月,国务院扶贫办组织人员编写《扶贫小额信贷工作指南》,就户贷企用、贷款操作程序等问题予以明确,促进扶贫小额信贷健康稳定发展。

(四)加强扶贫资金监管力度

国务院扶贫办认真学习贯彻落实中央领导、国务院扶贫开发领导小组的相关指示精神,将加强扶贫资金监管作为重要工作,主要从以下七个方面入手:

一是完善管理制度。会同财政部修订出台财政专项扶贫资金管理、扶贫资金绩效评价、资产收益扶贫等办法和制度，对创新资金使用机制，强化监管措施，完善分配办法，建立奖惩机制，做好资产收益扶贫和扶贫龙头企业管理等工作并做出规范。

二是简政放权推进项目审批权限下放。主动做好"放管服"改革，清理发展资金内部专项和试点。先后取消扶贫贷款贴息资金（含康复扶贫贷款贴息）、科技扶贫、"雨露计划"试点、互助资金试点、预留机动5个专项，以及单独安排的12个试点项目和工作任务，涉及资金51.8亿元。资金项目审批权限原则上下放到县，进一步强化县级权力和责任，增强地方统筹使用资金的自主权。

三是加快资金拨付进度。每年中央财政在10月底前提前下达下一年度资金，提前下达发展资金比例逐年提高，从2013年的72.9%提高到2016年的82.8%，提高了近10个百分点。2017年提前下达比例进一步提高到85.7%。同时，督促各省加快拨付进度，强化通报约谈，对资金闲置问题进行重点核查并督促问责，资金闲置问题得到有效遏制。

四是开展扶贫资金专项检查。第一，与财政部联合开展财政扶贫资金专项检查。2015—2017年连续开展了扶贫资金专项整治和专项检查，对弄虚作假、贪占挪用问题进行了严肃问责。第二，与最高人民检察院联合部署为期5年的集中整治和加强预防扶贫领域职务犯罪专项工作，2017年最高人民检察院、国家发展和改革委员会、国务院扶贫办对第一批重点易地扶贫搬迁预防监督项目挂牌督办。第三，配合审计署开展扶贫审计，督促地方加大整改力度，2017年158

个县扶贫资金审计发现问题已全部整改到位，追究法律责任、党政纪处理处分等严肃问责984人，批评教育、责令书面检查67人。

五是广泛接受社会监督。第一，全面推行扶贫资金项目公告公示，将扶贫资金项目管理使用完全置于群众监督之下，引导贫困群众参与扶贫项目决策、管理和监督，实现阳光化运行、常态化公开，接受各方面监督。第二，充分发挥"12317"扶贫监督举报电话作用，让群众反映的扶贫领域违法违纪问题，事事有回音，件件有着落。2014年12月至2017年底，查实专项扶贫领域违纪违法违规举报件55件，62人受到处理。

六是严格监督考核问责。第一，配合中共中央纪律检查委员会做好扶贫领域监督执纪问责工作，落实有关工作要求，研究提出具体举措，与中央纪委建立了线索移送机制。配合中央纪委开展扶贫领域腐败和作风问题专项治理工作，形成对扶贫领域违纪违法行为的高压态势。第二，与财政部开展财政专项扶贫资金管理使用情况绩效评价，并将考核评价结果纳入省级党委的政府扶贫开发工作成效考核，兑现奖惩措施。第三，加大通报曝光力度。在扶贫办网站建立"曝光台"，对违纪违法问题及典型案例加大曝光通报力度，2017年通报3批31起典型案例。压实各级责任，层层传导压力，对挪用乃至贪污扶贫款项等违规使用资金的行为，发现一起查处一起，绝不姑息。

七是持续开展警示教育。落实全面从严治党主体责任，2017年继续在全国扶贫系统开展警示教育，加强扶贫领域党风廉政建设和反腐倡廉工作。与中国纪检监察报社联合编写《全国扶贫领域贪腐案件警示录》，以案说法，充分发挥案件查处的震慑和教育作用。随着扶贫资金监管机制的不断完善和扶贫领域违纪违法行为高压态势的形成，扶贫资金管理使用状况出现好转趋势，违纪违规问题明显减少。审计查出问题金额占抽查资金的比例，由2013年的36.3%下降到2017年的7.93%。其中，违纪违规问题金额的比例，由2013年的15.7%下降到2017年的1.13%。

（五）积极发挥审计在脱贫攻坚中的监督和保障作用

审计署以习近平新时代中国特色社会主义思想为指导，认真落实习近平总书记对脱贫攻坚工作的重要指示精神和"十三五"脱贫攻坚规划要求，进一步明确任务目标，持续加大扶贫审计力度，聚焦"精准、安全、绩效"，严肃揭露扶贫领域腐败和作风问题，重点关注深度贫困地区和特殊贫困人口，推动扶贫政策措施落实和规范扶贫资金管理使用，积极发挥审计在脱贫攻坚中的监督和保障作用。

2017年，审计署多次召开署党组会议和审计业务会议，学习贯彻党中央精准扶贫精准脱贫决策部署，研究部署扶贫审计工作。审计长胡泽君和其他审计署领导多次到贵州省丹寨县、河北省顺平县、福建省会昌县和扶贫审计工作现场调研考察、指导工作，深入脱贫攻坚一线，看望慰问扶贫干部和贫困群众。同时，通过全国审计工作会议、全国扶贫审计电视电话会议等方式，强调各级审计机关进一步统一思想、提高认识，切实增强历史使命感、政治责任感和职业荣誉感，在坚决打好脱贫攻坚战、决胜全面建成小康社会的历史进程中，积极发挥审计监督和保障作用。

审计署先后印发《审计署办公厅关于"十三五"期间定期报送扶贫审计工作有关情况的通知》《审计署办公厅关于印发贯彻落实"十三五"脱贫攻坚规划具体措施的通知》《审计署关于在打赢脱贫攻坚战中进一步加强扶贫审计的意见》等文件,对"十三五"时期扶贫审计的工作原则、审计重点、工作要求等作出部署,要求全国各级审计机关认真落实脱贫攻坚责任制,坚持依法审计、客观求实、鼓励创新、推动改革的审计工作原则,把推动扶贫政策落实、规范扶贫资金管理、维护扶贫资金安全、提高扶贫资金绩效作为审计工作的着力点,建立脱贫攻坚政策落实和重点资金项目跟踪审计机制,统筹全国扶贫审计资源,逐步实现对832个国家扶贫开发工作重点县、集中连片特困地区县(以下统称贫困县)的扶贫审计全覆盖。此外,审计署编纂了《扶贫和涉农审计案例(2017)》,收录近年来扶贫审计发现的典型案例,为全国审计机关更好开展扶贫审计提供经验借鉴。

审计署加强对地方审计机关的业务指导和领导,坚持立足扶贫审计全国"一盘棋",加大审计资源统筹力度,通过统一组织扶贫资金专项审计和国家重大政策措施落实跟踪审计等,积极推动审计计划统筹、审计资源整合、审计项目融合、审计成果共享,形成全国扶贫审计的强大合力。同时,审计署统筹协调各部门、各类专业审计,并在中央部门预算执行审计、地方财政收支审计、党政领导干部经济责任审计等项目中,将精准扶贫政策措施落实和扶贫资金管理使用情况作为重点内容之一同步部署、同步审计,扩大对各部门、各行业脱贫攻坚政策落实情况的审计覆盖面。

九、五个一批

在通过建档立卡解决了"扶持谁"的问题、通过驻村帮扶解决了"谁来扶"的问题之后,精准扶贫的核心问题就转入到"怎么扶"的问题,其政策依托是"五个一批"的分类施策体系。"五个一批"是一个多元、系统、动态的政策体系,在操作和实践层面可以涵盖多项政策内容和工具。根据上层设计和各地实践,本章着重阐述发展生产脱贫、转移就业脱贫、易地扶贫搬迁、社会保障兜底、教育扶贫、健康扶贫、生态扶贫、资产收益扶贫八个方面。

(一)发展生产脱贫

开发式扶贫是我国扶贫开发的根本方针核心,其要义在于以发展促脱贫,对贫困人群而言就是通过发展生产实现脱贫。

特色产业扶贫。特色产业扶贫是打赢脱贫攻坚战的可靠保障,是稳定脱贫的根本之策。《关于打赢脱贫攻坚战的决定》《"十三五"脱贫攻坚规划》明确提出,通过发展特色产业,实施精准扶贫方略,加快贫困人口精准脱贫,并规定了产业扶贫的基本原则和具体路径。农业部等九部门联合印发的《贫困地区发展特色产业促进精准脱贫指导意见》指出,支持贫困地区发展特色产业促进精准脱贫，指导各地编制省、县两级产业精准扶贫规划。贫困地区因地制宜发展特色农牧业、乡村旅游、电商、光伏、农村小水电等产业，探索产业发展带动脱贫增收的新模式。通过产业扶贫，贫困地区特色优势产业较快发展，贫困地区内生发展活力和动力明显增强。

电商扶贫。电商扶贫是当前精准扶贫精准脱贫的一种创新机制，也是贫困人口稳定脱贫的有效实现形式。《贫困地区发展特色产业促进精准脱贫指导意见》指出，要改善流通基础设施，大力发展电子商务，建立农产品网上销售、流通追溯和运输配送体系。《关于促进电商精准扶贫的指导意见》提出，加快实施电商精准扶贫工程，逐步实现对有条件贫困地区的全覆盖，并规定了九项任务。2014—2015年，中央财政累计安排48亿元，支持256个县开展电子商务进农村综合示范工作，其中贫困县103个，占40%；老区县154个，占60%。2016年，在428个贫困县开展电商扶贫试点，将261个贫困县列为电子商务进农村综合示范县。2017年，电商扶贫已经覆盖了499个国家级贫困县。

光伏扶贫。《关于打赢脱贫攻坚战的决定》提出开展光伏扶贫。2014年，国家能源局、国务院扶贫办印发《实施光伏扶贫工程工作方案》，提出利用6年时间，在全国开展光伏发电产业扶贫工程。同年10月，又出台《关于组织开展光伏扶贫工程试点工作的通知》，提出在6省（区）选择30个县开展首批光伏扶贫试点。2016年3月，国家发展改革委、国务院扶贫办等五部门印发《关于实施光伏发电扶贫工作的意见》，要求在2020年之前，重点在前期开展试点的、光照条件较好的16个省的471个县的约3.5万个贫困村，以整村推进的方式，保障200万无劳动能力贫困户每年每户增加收入3000元以上。经过试点和推广，光伏扶贫取得了阶段性成果，确立了以村级光伏电站为主要模式的发展思路，建成了一批光伏扶贫电站。截至2017年底，共有25个省（自治区、直辖市）、940个县开展了光伏扶贫项目建设，累计建成规模1011万千瓦，直接惠及约3万个贫困村的164.6万户贫困户。

乡村旅游。贫困地区往往是生态旅游资源禀赋较丰富的地区，具有发展生态旅游的有利条件和比较优势。为此，根据脱贫攻坚的因地制宜原则，可以通过发展乡村旅游业来实现脱贫致富的目标。国家发展改革委、财政部、国家旅游局、国务院扶贫办等七部委联合印发《关于实施乡村旅游富民工程推进旅游扶贫工作的通知》，明确到2020年支持6000多个村开展乡村旅游。在2014年首个扶贫日活动期间，国家旅游局和国务院扶贫办商定，共同组织开展贫困村旅游扶贫试点工作，选择500个左右建档立卡贫困村在2015年开展旅游扶贫试点。2015年，国务院扶贫办、国家旅游局印发《关于开展贫困村旅游扶贫试点工作的方案》，计划在全国挑选出6130个具备发展乡村旅游基本条件的行政村作为乡村旅游扶贫工作重点村，其中贫困村有2000多个，实施乡村旅游扶贫重点村村官培训计划。《"十三五"脱贫攻坚规划》明确将旅游扶贫作为产业发展脱贫的重要形式之一，提出了三项举措，设计了六项工程。

国家通过开展乡村旅游与旅游扶贫，统筹协调区域内旅游资源、相关产业、生态环境、公共服务、文明素质等各类要素，以"旅游+"模式推动贫困地区资源优势逐步转变为产业优势。2017

年旅游发展基金安排 4.8 亿元用于补贴地方旅游项目和基础设施建设，其中补贴贫困地区 2.8 亿元。文化旅游提升工程投入 16.1 亿元用于旅游基础设施和公共服务设施，重点支持贫困村附近景区，仅"三区三州"深度贫困地区就有 59 个项目列入项目库。截至 2017 年底，旅游扶贫覆盖全国 2.26 万个贫困村。

（二）转移就业脱贫

转移就业是实现贫困人口脱贫的重要途径，也是打赢脱贫攻坚战的基本举措。《关于打赢脱贫攻坚战的决定》明确要求，将引导劳务输出脱贫作为脱贫攻坚的重要方式之一。为进一步加强就业扶贫的工作成效，人力资源和社会保障部、财政部、国务院扶贫办于 2016 年发布了《关于切实做好就业扶贫工作的指导意见》，要求各地采取多种措施促进贫困劳动力实现就业增收。围绕实现精准对接、促进稳定就业的目标，通过开发岗位、劳务协作、技能培训等措施，帮助一批未就业的贫困劳动力转移就业，帮助一批已就业的贫困劳动力稳定就业，帮助一批贫困家庭未升学的初、高中毕业生就读技工院校毕业后实现技能就业，带动促进 1000 万贫困人口脱贫。并提出了五项具体措施，即摸清基础信息、促进就地、就近、就便、加强劳务协作、加强技能培训、促进稳定就业。

经过几年的努力，转移就业脱贫取得了显著成效。2013—2017 年，就业扶贫累计帮助 600 多万贫困劳动力转移就业，扶贫车间超过 2.2 万个，带动 29.8 万贫困人口实现就地就近就业。一是稳定就业方面。全国工商联、国务院扶贫办和中国光彩会在全国开展了

"万企帮万村"行动,已有2.2万多家民营企业通过投资项目、安置就业等多种形式,与2.1万多个贫困村建立结对帮扶关系,实现了村庄脱贫与企业发展双赢。二是就业培训方面。人力资源和社会保障部门积极开展就业援助月、春风行动、民营企业招聘周、高校毕业生服务月等专项就业服务活动,有针对性地帮助农村贫困劳动力实现就业。如全国妇联大力开展"全国巾帼脱贫示范基地"创建工作,2016年投入项目资金930万元,覆盖国家135个贫困县,直接带动建档立卡贫困妇女6080人。三是就业信息平台建设方面。2016年底,全国社会保障卡持卡人数达9.72亿人,普及率达70.3%,完成"十三五"规划任务的20.6%。全国已有365个地市级以上人力资源和社会保障部门(含省本级)开通"12333"电话咨询服务,开通率达到100%。

(三)易地扶贫搬迁

易地扶贫搬迁是针对居住在"一方水土养不起一方人"地区的贫困人口实现脱贫致富的一项重要措施。《关于打赢脱贫攻坚战的决定》明确提出,将实施易地搬迁脱贫作为脱贫攻坚的重要方式之一。经过扶贫对象的精准识别工作显示,建档立卡贫困人口中有约1000万农村贫困群众仍生活在"一方水土养不起一方人"地区。为此,国家决定用5年时间,把这些贫困群众搬迁出来,彻底摆脱恶劣的生存环境和艰苦的生产生活条件,帮助他们增加就业机会,实现稳定脱贫。国家发展改革委等五部门出台了《"十三五"易地扶贫搬迁工作方案》,编制了《全国"十三五"易地扶贫搬迁规划》,

明确了易地扶贫搬迁工作的总体要求、搬迁对象与安置方式、建设内容与补助标准、资金筹措、职责分工、政策保障等。省、市、县等各级政府也相继出台了易地扶贫搬迁的操作方案和规划，形成了自上而下的政策和规划体系。国家发展改革委、国务院扶贫办、国土资源部、财政部、中国人民银行、国家开发银行、中国农业发展银行等有关机构也陆续出台了安置住房建设面积、信贷资金筹措、土地增减挂钩、工作成效考核、中央预算内投资管理、信贷融资等一系列配套文件，建立起新时期易地扶贫搬迁的政策和制度体系。

"十二五"时期，易地扶贫搬迁政策进一步强化，取得了阶段性成效。截至2015年底，全国已累计搬迁1200万人以上，建设了一大批安置住房、基础设施、教育、卫生、文化等公共服务设施，推动了城镇化进程，产生了良好的经济、社会和生态效益，受到搬迁对象的普遍欢迎。"十三五"时期，易地扶贫搬迁工作不仅力度进一步加大，而且也取得了更大的进展。2016—2017年，顺利完成了全国约589万人的易地扶贫搬迁建设任务，"十三五"时期易地扶贫搬迁建设任务大部分将落地实施。通过实施易地扶贫搬迁，迁出地生态环境逐步好转，搬迁群众的生产生活条件得到改善。

（四）社会保障兜底

保障式扶贫与开发式扶贫，共同构成了我国扶贫开发的两大核心制度体系。当前，我国农村贫困人口仍有较大部分属于完全或部分丧失劳动能力的群体，需要靠兜底保障的手段来解决其基本生活问题。农村最低生活保障制度及其相关的社会保障政策，对于守住民生底线、防控各类社会风险具有至关重要的作用。兜底保障扶贫的功能在于编织一张兜住困难群众基本生活的社会安全网，保障他们的基本生存权利和人格尊严，防止冲击社会道德和心理底线。

社会保障兜底主要包括农村最低生活保障制度和社会救助制度。农村最低生活保障制度是农村居民维持基本生存和生活的最后一道防线，重点针对没有劳动力或者主要劳动力丧失劳动能力的贫困家庭，运用"输血式"方式解决其温饱问题并维持其基本生活。《关于打赢脱贫攻坚战的决定》提出将扶贫开发与社会保障有效衔接。国务院办公厅转发民政部等部门出台的《关于做好农村最低生活保障制度与扶贫开发政策有效衔接指导意见的通知》，指出农村最低生活保障制度与扶贫开发政策衔接工作的重点在于政策、对象、标准和管理四个方面的衔接。

按照2014年5月国务院颁布的《社会救助暂行办法》的规定，社会救助制度涵盖最低生活保障、特困人员供养、受灾人员救助、医疗救助、教育救助、住房救助、就业救助、临时救助八个方面。特困人员供养是指，国家对无劳动能力、无生活来源且无法定赡养、抚养、扶养义务人，或者其法定赡养、抚养、扶养义务人无赡养、抚养、扶养能力的老年人、残疾人以及未满16周岁的未成年人，给予特困人员供养。针对城乡发展不平衡、相关政策不衔接、工作机制不健全、资金渠道不通畅、管理服务不规范等问题，国务院于2016年2月颁布《关于进一步健全特困人员救助供养制度的意见》，进一步明确了特困人员救助的对象范围、办理程序、救助供养内容、救助供养标准、救助供养形式等。受灾人员救助是指，国家建立健全自然灾害救助制度，对基本生活受到自然灾害严重影响的人员，提供生活救助。基本医疗、义务教育和住房安全是脱贫攻坚目标中的"三保障"，是脱贫摘帽的核心指标和脱贫致富的关键标尺，毫无疑问应当纳入社会救助制度之中。医疗救助是指，国家建立健全医疗救助制度，保障医疗救助对象获得基本医疗卫生服务。教育救助是指，国家对在义务教育阶段就学的最低生活保障家庭成员、特困供养人员，给予教育救助。住房救助是指，国家对符合规定标准的住房困难的最低生活保障家庭、分散供养的特困人员，给予住房救助。就业是贫困人口脱贫致富和贫困地区脱贫摘帽的根本之策，也是激发贫困人口内生动力并实现稳定脱贫的基本依托。就业救助是指，国家对最低生活保障家庭中有劳动能力并处于失业状态的成员，通过贷款贴息、社会保险补贴、岗位补贴、培训补贴、费用减免、公益性岗位安置等办法，给予就业救助。临时救助是指，国家对因火灾、交通事故等意外事件，家庭成员突发重大疾病等原因，导致基本生活暂时出现严重困难的家庭，或者因生活必需支出突然增加超出家庭承受能力，导致基本生活暂时出现严重困难的最低生活保障家庭，以及遭遇其他特殊困难的家庭，给予临时救助。临时救助制度的建立，对填补社会救助体系空白，补"短板"、扫"盲区"，编实织密群众基本生活安全网，具有重要意义。

2013年以来，兜底保障政策基本按"体系化、多层次、广覆盖、保基本"的原则进一步完善，覆盖面不断扩大。强化农村社会救助机构建设，提高农村社会救助规范化管理水平，确保农村救助对象精准认定和精准救助。全国31个省（自治区、直辖市）和

97.9%的地市级、83.6%的县级建立了社会救助家庭经济状况核对机构，查实了一些隐瞒收入财产、提供虚假证明、不如实申报经济状况等情况，大幅减少了骗保、错保等问题的发生。截至2017年底，全国有农村低保对象2249.3万户、4045.2万人，其中约600万人属于建档立卡贫困人口。兜底保障支出迅速增长，全年各级财政共支出农村低保资金1051.8亿元，5年来农村低保财政资金投入的增长率均在50%以上。2017年全国农村低保平均标准每人每年4300.7元。截至2017年底，全国共有农村特困人员466.9万人，全年各级财政共支出农村特困人员救助供养资金269.4亿元。

（五）教育扶贫

教育扶贫是阻断贫困代际传递的根本途径，其本质体现了社会公平正义的价值追求。2013年9月，国务院办公厅转发教育部等七部门联合发布的《关于实施教育扶贫工程的意见》，这是党的十八大以来第一个聚焦教育扶贫的政策文件，确立了提高基础教育的普及程度和办学质量、提高职业教育促进脱贫致富的能力、提高高等教育服务区域经济社会发展的能力、提高继续教育服务劳动者就业创业的能力四个具体目标。2016年，教育部等六部门印发了《教育脱贫攻坚"十三五"规划》，提出从夯实教育脱贫根基、提升教育脱贫能力、拓宽教育脱贫通道、拓展教育脱贫空间、集聚教育脱贫力量五个方面入手，精确瞄准教育最薄弱领域和最贫困群体，为实现"人人有学上、个个有技能、家家有希望、县县有帮扶"的目标提出了详细具体的任务举措。各地积极响应国家教育扶贫的政策方针，结合本地区特点分别出台了因地制宜的教育扶贫方案，形成了教育扶贫的政策体系。

2013年以来，教育扶贫工作成效显著。一方面，贫困地区义务教育薄弱学校基本办学条件得到全面改善。2017年，中央财政安排补助资金358亿元，带动地方财政投入700多亿元，中央财政安排近600亿元学生资助补助经费，资助困难学生1亿人次。农村义务教育阶段学生营养改善计划稳步实施。自2011年起，国家按照每人每天3元（2014年11月提高到4元）标准为片区农村义务教育阶段学生提供营养膳食补助。截至2017年底，中央和地方已累计安排资金1248亿元，全国超过1631个县实施了营养改善计划。监测表明，贫困地区6—15岁男、女生各年龄段平均身高、平均体重、平均成绩都有不同程度提高。农村义务教育学生营养餐改善计划得到进一步实施，让3700万名农村学生吃上免费营养餐，营养健康状况得到显著改善，身体素质明显提升，2017年营养餐计划试点地区男、女生各年龄段的平均身高比2012年高1.9厘米和2.0厘米。

另一方面，实施乡村教师支持计划。"国培计划"累计培训乡村教师和校（园）长540万余人次，2017年集中连片特困地区乡村教师生活补助实现全覆盖，有效缓解了贫困地区教师"下不去、留不住、教不好"的问题。三期学前教育行动计划连续实施。贫困地区适龄幼儿接受学前教育权利得到了更好的保障。建立健全从学前教育到研究生教育的贫困学生资助政策体系，不让每一个孩子因贫失学。《中国学生资助发展报告》显示，我国资助贫困学生的资助金额从2012年的1126.08亿元，增长到2017年的1882.14亿元，增长 67.14%；资助人次从 2012 年的 8413.84 万人次，增长到 2017 年的 9590.41 万人次，增长 13.98%。

（六）健康扶贫

健康扶贫不仅是推进健康中国建设的战略目标，也是打赢脱贫攻坚战的关键之举。健康扶贫的政策指向是贫困人口的基本医疗保障问题和健康需求问题，着力应对因病致贫、因病返贫突出问题，确保贫困人口看得上病、看得起病、看得好病，为其稳定脱贫提供基本保障。根据建档立卡数据，截至 2013 年底，我国农村贫困人口中因病致贫、因病返贫的贫困户有 1256 万户，占贫困户总数的 42.4%，成为占比最高的因素。同时，医疗卫生服务体系不健全和能力不足是贫困地区最大的短板之一，也是制约其脱贫与发展的核心要素。

为此，中共中央、国务院高度重视健康扶贫工作，出台了一系列政策文件保障贫困地区和贫困人口的基本医疗卫生服务。《关于打赢脱贫攻坚战的决定》提出，要开展医疗保险和医疗救助脱贫，实施健康扶贫工程，保障贫困人口享有基本医疗卫生服务，努力防止因病致贫返贫。2016 年 6 月，国家卫生计生委等 15 个部门联合发布《关于实施健康扶贫工程的指导意见》，明确提出了完善医疗保障、推进健康扶贫的要求，提出要针对农村贫困人口因病致贫、因病返贫问题，突出重点地区、重点人群、重点病种，进一步加强统筹协调和资源整合，采取有效措施提升农村贫困人口医疗保障水平和贫困地区医疗卫生服务能力，全面提高农村贫困人口的健康水平，为农村贫困人口与全国人民一道迈入全面小康社会提供健康保障。2017年，国家卫生计生委等6个部门联合印发《健康扶贫工程"三个一批"行动计划》，在因病致贫、因病返贫核准工作的基础上，按照"大病集中救治一批、慢病签约服务管理一批、重病兜底保障一批"的要求，组织对患有大病和长期慢性病的贫困人口实行分类分批救治，将健康扶贫落实到人、精准到病，推动健康扶贫工程深入实施。

国家卫生计生委等部门依据发病率高、致死率高、致残率高、疾病负担高及基层医务人员简便易懂的疾病筛查原则，从30多万种疾病中确定了93种重点病种，组织动员全国80多万基层卫生计生工作人员，逐户、逐人、逐病核实，摸清了734万贫困患者的基本情况，建成了健康扶贫工作数据库，开发了健康扶贫动态监测信息系统，为每一位贫困患者建立了工作台账，全过程跟踪分类救治进展。同时，对不同的贫困患者分类施治：优先对儿童先天性心脏病、部分癌症等9种大病开展了集中救治；对高血压、糖尿病等慢性病患者开展了规范治疗和健康管理；对重病患者加大救助力度。截至2017年底，已经分类救治了超过420万贫困患者。2017年，贫困家庭的个人医疗费用负担比例下降到20%左右。

（七）生态扶贫

生态扶贫是生态文明建设与脱贫攻坚有机衔接和良性互动的重要纽带，旨在通过发展环境友好型、资源节约型的可持续扶贫项目，合理、有序利用贫困地区的生态资源，实现脱贫致富与生态保护双赢目标。生态扶贫能够打破贫困地区粗放式发展的不良循环，在生态保护的基础上为脱贫攻坚提供支持，保证经济的可持续健康发展，达到生态保护与经济社会的可持续发展。

习近平总书记明确指出，"我们既要绿水青山，也要金山银山。宁要绿水青山，不要金山银山，而且绿水青山就是金山银山。"基于此，在《关于打赢脱贫攻坚战的决定》和《"十三五"脱贫攻坚规划》中都明确要求我国的扶贫工作要与生态发展紧密结合，指出扶贫开发不能以牺牲生态为代价，探索生态脱贫新路子，让贫困人口从生态建设与修复中得到更多实惠，并做出了结合生态保护脱贫的具体安排。2015年9月，中共中央、国务院印发《生态文明体制改革总体方案》，这是自党的十八大重点提及生态文明建设内容后，中央全面专题部署生态文明建设的第一个文件。具体而言，生态扶贫的主要举措有：一是加强贫困地区生态保护与修复，在重大生态工程项目和资金安排上向贫困地区双倾斜。二是不断完善转移支付制度，探索建立多元化生态保护补偿机制，逐步扩大贫困地区和贫困人口生态补偿受益程度。三是开展生态搬迁试点，探索碳交易补偿方式，创新对贫困地区的支持方式。

2013—2017年，生态扶贫取得了明显的成效。其一，国家重点生态工程建设减贫效果显著。新增退耕还林任务和资金支持不断向贫困地区倾斜，2016年，将新增退耕还林任务1335万亩中的80%重点安排到贫困人口多的贵州、甘肃、云南、新疆、重庆等省（自治区、直辖市），全国共安排72.9万贫困户退耕还林任务414万亩，每亩可得中央补助资金1500元。在13个省（区）牧区半牧区县实施草原生态补助奖励措施，政策覆盖 229 个贫困县，仅 2016 年即下达奖励资金 187.6 亿元，14 个片区牧民政策性补助户均增收近 1500 元。其二，生态补偿标准明显提升，生态补偿方式更为多样。2012—2017 年，中央财政对地方重点生态功能区转移支付资金累计已达 2980 亿元，年度执行资金从 2012 年的 371 亿元一路攀升至 2017 年的 627 亿元。从 2016 年起，国家启动实施了新一轮草原补奖政策，进一步加大资金支持力度，将禁牧补助标准由 6 元 / 亩提高到 7.5 元 / 亩，草畜平衡奖励标准由 1.5 元 / 亩提高到 2.5 元 / 亩。森林生态效益补偿标准和国有国家级公益林补偿标准不断提高，补偿方式也由实物补偿、货币补偿扩展到生态岗位补偿等。其三，生态移民试点工作稳步推进。贫困地区脆弱的生态环境得到了切实保护，群众生产和生活条件获得了极大改善。如滇桂黔石漠化片区，通过生态保护修复和石漠化综合治理，仅 2016 年就完成造林 562 万亩，森林抚育 313 万亩，片区森林覆盖率达 57.6%。

（八）资产收益扶贫

自"资源变资产、资金变股金、农民变股东"的"三变"模式试点推行以来，资产收益扶贫方式发展迅猛，各地出台一揽子管理办法来推广这种扶贫方式。资产收益扶贫是指帮助贫困户通过资产入股、租赁或托管等方式获得资产性收入，进而增收脱贫的扶贫方式。从实践来看，资产收益扶贫主要有"企业＋贫困户""企业＋合作社＋贫困户""合作社＋贫困户""能人＋贫困户"等形式。

在国家政策层面，《中共中央关于制定国民经济和社会发展第十三个五年规划的建议》提出"探索对贫困人口实行资产收益扶持制度"。这是从中央层面首次提出"资产收益扶贫"。《中共中央 国务院关于打赢脱贫攻坚战的决定》《"十三五"脱贫攻坚规划》将资产收益扶贫作为实施精准扶贫方略、加快贫困人口精准脱贫的重要举措，纳入"产业发展脱贫一批"之中。2016年9月国务院办公厅印发《贫困地区水电矿场资源开发资产收益扶贫改革试点方案》，提出在贫困地区选择一批水电、矿产资源开发项目，用3年左右时间组织开展资产收益扶贫改革试点。2017年5月，财政部、农业部、国务院扶贫办联合印发《关于做好财政支农资金支持资产收益扶贫工作的通知》，要求脱贫攻坚期内，在不改变用途的情况下，各地利用中央财政专项扶贫资金和其他涉农资金投入设施农业、养殖、光伏、乡村旅游等项目形成的资产，具备条件的可用于资产收益扶贫。地方各级财政安排财政专项扶贫资金和其他涉农资金投入相关项目所形成的资产，具备条件的也可用于资产收益扶贫。同时，各省相继出台了资产收益扶贫的实施细则，从而推动这种扶贫方式真正落地。如2017年河北出台《贫困地区水电资源开发资产收益扶贫改革试点实施方案》，湖南采用"公司+基地+贫困户"模式，湖北推行"农村资源变股权、资金变股金、农民变股民"试点改革，等等。

　　资产收益扶贫实施以来，已取得了较明显的阶段性成效。第一，增强了贫困户的脱贫发展能力。资产收益是一种较稳定的收入来源，对无劳动能力或弱劳动能力的贫困户来说可以显著加快其脱贫的步伐，也降低了其返贫风险。第二，激发了贫困户的内生动力。在资产收益扶贫中,贫困户并非都是"不劳而获",而是设定了一定的约束条件,符合条件越多,分红比例越高。这就有利于破解贫困户的"等、靠、要"思想和行为,激发其脱贫致富的积极性、主动性和创造性。第三,调动了基层政府和贫困村的积极性。资产收益扶贫中的大部分受益由地方政府和村集体支配,可以提高其开展扶贫工作的动力和能力。

十、考核评估

精准扶贫是为了精准脱贫,精准脱贫是精准扶贫的最终目的。贫困退出是脱贫攻坚成效的重要体现,是检验脱贫实效的关键标尺。为此,需要建立科学、合理的贫困退出机制,制定脱贫规划和年度计划,并实施最严格的考核评估体系,着力解决"如何退"的问题。

(一)确定贫困退出标准和程序

扶贫对象精准退出是精准扶贫的基本目标,也是脱贫成效的重要体现。科学、合理与有效的贫困退出机制,是脱贫攻坚工作有序、高效和高质量推进的重要保证。《关于打赢脱贫攻坚战的决定》要求,建立贫困户脱贫认定机制,制定严格、规范透明的国家贫困县退出标准、程序、核查办法。2016年,中共中央办公厅、国务院办公厅印发《关于建立贫困退出机制的意见》,对贫困人口、贫困村、贫困县的退出标准和程序以及工作要求做了详细规定。

贫困退出要坚持规范操作原则。严格执行退出标准、规范工作流程,做到程序公开、数据准确、结果公正。贫困人口退出必须实行民主评议,贫困村、贫困县退出必须进行审核审查,退出结果公示公告，让群众参与评价，做到全程透明。同时强化第三方评估，确保脱贫结果真实可信。

贫困人口、贫困村、贫困退出的标准和程序分别为：（1）贫困人口退出以户为单位，主要衡量标准是该户年人均纯收入稳定超过国家扶贫标准且吃穿不愁，义务教育、基本医疗、住房安全有保障。贫困户退出，由村"两委"组织民主评议后提出，经村"两委"和驻村工作队核实、拟退出贫困户认可，在村内公示无异议后，公告退出，并在建档立卡贫困人口中销号。（2）贫困村退出以贫困发生率为主要衡量标准，统筹考虑村内基础设施、基本公共服务、产业发展、集体经济收入等综合因素。原则上贫困村贫困发生率降至2%以下（西部地区降至3%以下），在乡镇内公示无异议后，公告退出。（3）贫困县退出以贫困发生率为主要衡量标准。原则上贫困县贫困发生率降至2%以下（西部地区降至3%以下），由县级扶贫开发领导小组提出退出，市级扶贫开发领导小组初审，省级扶贫开发领导小组核查，确定退出名单后向社会公示征求意见。公示无异议的，由各省（自治区、直辖市）扶贫开发领导小组审定后向国务院扶贫开发领导小组报告。

各地在国家标准和程序的基础上，形成了操作性更强的细化标准和程序。如广西制定"八有一超"贫困人口退出标准、"十一有一低于"贫困村脱贫摘帽标准、"九有一低于"贫困县脱贫摘帽标准，在贫困户退出中创新"双认定"做法，即严格对照脱贫标准，对贫困户统一建立的收支台账中列出的各项脱贫条款，由帮扶干部、贫困户共同对已达标和未达标的内容进行登记，完成一项，双方认定一项，为脱贫验收提供可靠依据。国务院扶贫办按照相关政策要求，加强对各地贫困退出工作的指导，督促各地及时发现并纠正退出机制实施过程中的苗头性、倾向性问题，确保各地贫困退出工作经得起检验。

同时，贫困退出要坚持正向激励原则，建立贫困退出后的扶持制度。贫困人口、贫困村、贫困县退出后，在一定时期内国家原有扶持政策保持不变，支持力度不减，留出缓冲期，确保实现稳定脱贫。对提前退出的贫困县、贫困村、贫困户，各省（自治区、直辖市）可制定相应的奖励政策，鼓励脱贫摘帽。各地认真落实"脱贫不脱政策"的要求，扶上马送一程，在脱贫攻坚期保持政策的稳定性，并加强跟踪监测和检查评估，防止因政策摘除、帮扶脱钩而返贫。另外，针对退出的贫困户，创造了"生产奖补、戴红花、公开表扬"等方式，加强物质和精神激励，增强了贫困户退出积极性，营造了自力更生、脱贫光荣的良好氛围。

（二）科学制定脱贫计划

确保我国现行标准下农村贫困人口实现脱贫，贫困县全部摘帽，解决区域性整体贫困，是全面建成小康社会的底线任务，必须限时、如期完成。习近平总书记2015年在中央扶贫开发工作会议上强调，"要设定时间表，实现有序退出。贫困县摘帽要和全面建成小康社会进程对表，早建机制、早作规划，每年退出多少要心中有数。这件事情，既要防止拖延病，又要防止急躁症。"可见，在贫困退出过程中，需要科学制定脱贫计划，实现贫困户如期脱贫、贫困村有序出列和贫困县全部摘帽。

当然,在脱贫攻坚的实践中,由于各种原因,脱贫计划不科学、不合理等问题也相当突出。2017年3月23日,习近平总书记在中央政治局常委会会议审议《关于二〇一六年省级党委和政府扶贫开发工作成效考核情况的汇报》时提出,这次考核也发现了一些问题。比如,脱贫计划脱离实际随意提前,政策举措不落实,帮扶工作走形式,盲目降低扶贫标准,挖空心思搞数字脱贫、虚假脱贫,违纪违规使用扶贫资金,等等。2017年6月23日,习近平总书记在深度贫困地区脱贫攻坚座谈会上再次强调,脱贫计划不能脱离实际随意提前,扶贫标准不能随意降低,决不能搞数字脱贫、虚假脱贫。针对扶贫工作中的形式主义等倾向性、苗头性问题,国务院扶贫办于2016年10月出台了《关于解决扶贫工作中形式主义等问题的通知》,要求科学调整脱贫规划。贫困识别和退出要全面考虑收入和"两不愁三保障"。建档立卡实行动态管理,防止贫困识别和退出不实不准。认真落实《关于建立贫困退出机制的意见》要求,制定实施细则,精心组织实施。综合考虑贫困人口规模、贫困程度、发展基础、工作和投入力度等因素,坚持时间服从质量,科学调整"十三五"脱贫滚动规划和年度计划。既要防止拖延病,又要防止急躁症。严禁层层加码,搞数字脱贫。

在顶层设计层面,不同层级的党委政府对脱贫计划制定工作承担着不同的职责,建立了贫困退出的分级负责工作机制。中央主要负责制定脱贫攻坚大政方针,协调全局性重大问题、全国性共性问题,指导各地制定脱贫滚动规划和年度计划。省级党委和政府对本地区脱贫攻坚工作负总责，制定本地脱贫规划、年度计划和实施办法，抓好组织实施和监督检查。市（地）县汇总数据，甄别情况，具体落实，确保贫困退出工作有序推进。市级党委和政府负责协调域内跨县扶贫项目，对脱贫目标任务完成等工作进行督促指导和监督检查。县级党委和政府承担脱贫攻坚主体责任，负责制定脱贫攻坚实施规划，优化配置各类资源要素，组织落实各项政策措施。

在中央的要求和指引下，各地根据本地的贫困现状、资源禀赋、经济社会发展情况等因素，分别研究制定了脱贫规划、年度计划和工作方案，明确脱贫摘帽的时间表和路线图，为打赢脱贫攻坚战提供导向。如甘肃省委省政府制定了《关于扎实推进精准扶贫工作的意见》和一揽子专项配套实施方案，力推"联村联户、为民富民"和"1236"扶贫攻坚行动，并明确了"两步走"的路线图——在2017年底以前，实现贫困地区农村群众人均收入达到7000元以上；到2020年全面消除绝对贫困，所有贫困县市区实现脱贫，并基本完成农村小康主要监测指标。2017年，宁夏回族自治区十一届人大第七次会议提出，宁夏决定在全区实施"13项脱贫行动计划"。为实施好该年的脱贫攻坚计划，宁夏将运用科技、金融、教育、医疗、文化、互联网等手段，有针对性地解决贫困群众的长远生计问题。

（三）较真碰硬从严考核

坚持精准扶贫精准脱贫重在提高脱贫攻坚成效，脱贫成效精准是脱贫攻坚工作的基本靶向和检验标尺。为此，要实施最严格的考核评估，坚持问题导向，敢于较真碰硬，发挥指挥棒的作用，为打赢脱贫攻坚战提供制度保障。在党中央、国务院的直接部署推动和各地各部门的共同努力下，目前已初步建立起了比较完善的考核评估体系。

扶贫成效考核具有很强的"指挥棒"和"风向标"的作用，考核结果往往决定着领导干部工作的重心和方向。党的十八大以来，习近平总书记多次强调扶贫成效考核的重要性，连续两年听取省级党委和政府扶贫开发工作成效考核情况的汇报，并作出一系列指示。为确保脱贫成效真实，得到社会和群众认可，经得起历史和实践检验，中共中央、国务院对脱贫攻坚考核评估工作做出了一系列决策部署，国务院扶贫办对考核评估体系进行了细化和落实。

2012年，国务院扶贫开发领导小组印发《扶贫开发工作考核办法（试行）》要求，自2012年开始，对各省（自治区、直辖市）扶贫开发工作进行考核。2015年，《关于打赢脱贫攻坚的决定》明确提出要"严格扶贫考核督查问责，抓紧出台中央对省（自治区、直辖市）党委和政府扶贫开发工作成效考核办法"。2016年，中共中央办公厅、国务院办公厅印发《省级党委和政府扶贫开发工作成效考核办法》，对开展省级党委和政府扶贫开发工作成效考核作出了具体安排。2017年，国务院扶贫办出台《中央单位定点扶贫工作考核办法（试行）》《东西部扶贫协作考核办法（试行）》，进一步完善了脱贫攻坚的考核体系。

经过几年来的探索实践，基本形成了年度考核评估、阶段性评估和脱贫退出后普查相结合的脱贫攻坚考核评估体系。一是年度扶贫成效考核。每年对向党中央签订脱贫攻坚责任书的中西部22个省区市的减贫成效、精准识别、精准帮扶和扶贫资金管理使用等情况开展一次考核。二是贫困县退出专项评估检查。以申请摘帽退出为标志，对贫困县脱贫攻坚以来的成果进行全面评估。

扶贫成效的考核方式。从2016年到2020年，每年开展一次，由国务院扶贫开发领导小组组织进行，具体工作由中央组织部、国务院扶贫办牵头，会同国务院扶贫开发领导小组成员单位组织实施。在考核方法上，力求严谨规范、纪律严明、客观公正，既看数据资料，又开展实地核查，引入第三方评估机制，把组织考核、社会评价、群众参与有机结合起来，以保证考核工作的开放性和权威性。在操作层面，2015年试考核组织实施了第三方评估，2016年增加了省际间交叉考核，2017年增加媒体暗访。在数据采集上，2015年主要分析建档立卡数据、贫困监测数据和财政专项扶贫资金绩效评价结果，2016年增加了纪检机关、审计机关、民主监督、督查巡查等情况，2017年再增加梳理平时情况。

扶贫成效的考核内容。主要包括：（1）减贫成效。考核建档立卡贫困人口数量减少、贫困县退出、贫困地区农村居民收入增长情况。（2）精准识别。考核建档立卡贫困人口识别、退出精准度。（3）精准帮扶。考核对驻村工作队和帮扶责任人帮扶工作的满意度。（4）扶贫资金。考核扶贫资金安排、使用、监管和成效等方面的情况。省级党委和政府扶贫开发工作成效考核指标见下表。在操作层面，2015年、2016年主要考核减贫成效、精准识别、精准帮扶、扶贫资金使用管理，交叉考核和第三方评估都将"两率一度"（贫困人口识别准确率、贫困人口退出准确率和群众满意度）作为重点，2017年增加责任落实、政策落实和工作落实三个落实情况。《中央单位定点扶贫工作考核办法（试行）》和《东西部扶贫协作考核办法（试行）》又根据对应的考核目的和对象进行了调整，如东西部扶贫协作考核就对东部和西部分别设定了相应的考核评价指标。

省级党委和政府扶贫开发工作成效考核指标

考核内容		考核指标	数据来源
减贫成效	1. 建档立卡贫困人口减少	计划完成情况	扶贫开发信息系统
	2. 贫困县退出	计划完成情况	各省提供（退出计划、完成情况）
	3. 贫困地区农村居民收入增长	贫困地区农村居民人均可支配收入增长率（%）	全国农村贫困监测
精准识别	1. 贫困人口识别	准确率（%）	第三方评估
	2. 贫困人口退出		
精准帮扶	因村因户帮扶	群众满意度（%）	第三方评估
帮扶资金	使用管理成效	绩效考评结果	财政部、扶贫办

扶贫成效的考核步骤。主要有：（1）省级总结。各省区市党委和政府，对照年度减贫计划，就工作进展情况和取得成效形成总结报告，报送国务院扶贫开发领导小组。（2）第三方评估。委托有关科研机构和社会组织，采取专项调查、抽样调查和实地核查等方式，对相关考核指标进行评估。（3）数据汇总。对建档立卡动态监测数据、国家农村贫困监测调查数据、第三方评估和财政专项扶贫

资金绩效考评情况等进行汇总整理。(4)综合评价。对汇总整理的数据和各省区市的总结报告进行综合分析,形成考核报告。(5)沟通反馈。向各省区市专题反馈考核结果,并提出改进工作的意见建议。

扶贫成效的考核结果运用。经报党中央、国务院同意,2015年试考核约谈了考核结果较差的两个省的分管领导,2016年考核对综合评价好的8个省通报表扬,并在2017年中央财政专项扶贫资金分配上给予了奖励,国务院扶贫开发领导小组对综合评价好的8个省通报表扬,并在2017年中央财政专项扶贫资金分配上给予奖励;对综合评价较差且发现突出问题的4个省,约谈党政主要负责同志;对综合评价一般或发现某些方面问题突出的4个省,约谈分管负责同志;考核结果送中央组织部,作为对省级党委、政府主要负责人和领导班子综合考核评价的重要依据。在2017年脱贫攻坚督查巡查工作中,对被约谈的8个省份开展巡查,对其他14个中西部省份开展督查。各地高度重视考核发现问题,开展了深入的整改,对照反馈的问题改,举一反三改,建章立制改,成效显著。一些被约谈的省份,工作面貌发生了翻天覆地的变化。国务院扶贫开发领导小组在各地整改后,对被约谈的8个省进行了巡查,对其他省进行了督查,重点查核发现问题整改落实的情况。国务院扶贫办对督查巡查发现整改落实问题较多的7个省区市扶贫办的主任进行了提醒谈话。各地普遍加大了考核督查的问责力度,中西部22个省区市共约谈了4239人,诚勉谈话3078人,责令检查763人,通报批评2449人,党纪政纪处分6724人,移交司法机关651人,发挥了强有力的教育警示和鞭策作用。

除了考核体系之外，督查巡查体系也是脱贫攻坚考核评估体系的重要组成部分。党的十八大以来，脱贫攻坚督查巡查工作紧紧围绕实施精准扶贫精准脱贫基本方略，督促推动责任落实和工作落实，着力查找和解决突出问题，为打赢脱贫攻坚战提供了督查问责的制度保障。习近平总书记指出"要建立年度脱贫攻坚报告和督查制度，加强督查问责，把导向立起来，让规矩严起来"。2016年7月，中共中央办公厅、国务院办公厅印发《脱贫攻坚督查巡查工作办法》，明确脱贫攻坚督查巡查工作要坚持围绕目标、聚焦问题、实事求是、突出重点、群众参与、分级负责的原则，督促各有关地区和单位落实工作责任和政策措施，严格遵守纪律和规定，查找解决问题，改进工作方法，完成减贫任务，确保打赢脱贫攻坚战。督查工作坚持目标导向，着力推动工作落实；巡查工作坚持问题导向，着力解决突出问题，分别对督查、巡查的组织实施、重点内容、结果运用等作出具体安排，要求中西部22个省（自治区、直辖市）参照本办法，结合本地实际制定相关办法，加强对本地区脱贫攻坚工作的督查和巡查。其他省（自治区、直辖市）可以参照实施。

随着脱贫攻坚战的深入，"三督查一评估两监督"的督察问责格局逐步形成。"三督查"：一是扶贫开发领导小组组织开展联合督查，对重点部门、重点地区贯彻《中共中央 国务院关于打赢脱贫攻坚战的决定》、落实减贫目标和责任等情况进行全面督查。二是扶贫开发领导小组成员单位组织行业督查，督促检查本系统、本行业领域落实脱贫攻坚政策措施的情况。三是扶贫、发展改革、财政、监察等部门开展专项督查,审计机关依法对扶贫资金和项目开展审计,主要督促检查扶贫资金项目管理、专项精准扶贫工程实施、干部履职尽责等情况。"一评估":扶贫开发领导小组委托科研机构、社会组织开展第三方评估,重点评估地方开展贫困人口精准识别、驻村帮扶工作等方面的情况。"两监督":一是中央统战部协调各民主党派中央、全国工商联开展多党合作脱贫攻坚行动。二是中央宣传部协调媒体不断加大脱贫攻坚宣传力度,营造良好舆论氛围并开展舆论监督,选择部分贫困地区建立固定观测点,跟踪监督脱贫攻坚的进程。

2016年10月,经中共中央、国务院批准,国务院扶贫开发领导小组组成20个督查组和2个巡查组,对中西部22个省(自治区、直辖市)脱贫攻坚工作进行督查巡查,全面掌握了各地贯彻落实中央脱贫攻坚决策部署进展情况,发现了一些先进典型和成功经验,查找了一些突出问题,提出了加大力度、改进工作、完善政策的意见和建议,达到了预期目的。建立脱贫攻坚督查、巡查制度,抓住关键环节,集中督查力量,持续发力推进,对推动工作责任落实和政策措施落地,深入贯彻实施精准扶贫精准脱贫基本方略,确保如期打赢脱贫攻坚战发挥了重要的制度"利器"作用。

十一、脱贫攻坚的历史性成就

（一）创造了我国减贫史上的最好成绩

党的十八大以来，在以习近平同志为核心的党中央坚强领导下，脱贫攻坚的顶层设计基本形成，精准扶贫精准脱贫思想深入人心，五级书记抓扶贫、全党动员促攻坚的良好态势已经形成，各项决策部署得到较好落实，取得了脱贫攻坚的显著的阶段性成就。

农村贫困人口大幅减少。按现行农村贫困标准，2013—2017年我国农村减贫人数分别为1650万人、1232万人、1442万人、1240万人、1289万人，每年减贫人数均保持在1000万以上。五年来，农村已累计减贫6853万人，年均减贫1370万人，五年累计减贫幅度达到70%，农村贫困发生率也从2012年末的10.2%下降到2017年末的3.1%。10个省份的农村贫困发生率已降至1.0%以下，中华民族千百年来的绝对贫困问题有望得到历史性解决。

贫困地区农村居民收入持续保持较快增长，与全国农村平均水平的差距缩小，生活消费水平明显提高。2017年，贫困地区农村居民人均可支配收入9377元，名义水平是2012年的1.8倍，五年年均增长12.4%。扣除价格因素，实际水平是2012年的1.6倍，年均实际增长 10.4%，比全国农村平均增速快 2.5 个百分点。2017 年贫困地区农村居民人均可支配收入是全国农村平均水平的 69.8%，比 2012 年提高了 7.7 个百分点。

贫困地区农村居民消费支出迅速增长。2017 年，贫困地区农村居民人均消费支出 7998 元，与 2012 年相比，年均名义增长 11.2%，扣除价格因素，年均实际增长 9.3%。其中，集中连片特困地区农村居民人均消费支出 7915 元，年均名义增长 11.2%，扣除价格因素，年均实际增长 9.2%；扶贫开发重点县农村居民人均消费支出 7906 元，年均名义增长 11.3%，扣除价格因素，年均实际增长 9.3%。

（二）促进了贫困地区经济社会发展

党的十八大以来，中央和地方政府不断加大对路、水、电、信等基础设施的投资力度，生产生活条件得到显著改善，医疗、教育、文化、卫生设施配置逐渐齐全，贫困地区的基础设施和公共服务水平得到了显著提升，社会事业全面进步，生产生活条件明显改善。

基础设施条件不断完善。在交通方面，基本上所有的行政村都通了公路，并且延伸到自然村落及村内主干道的道路大部分得到了硬化，客运班车的通达率显著提高。2017 年，贫困地区村内主干道路面经过硬化处理的自然村比重为 81.1%，比 2013 年提高 21.2 个百分点；通客运班车的自然村比重为 51.2%，比 2013 年提高 12.4 个百分点。多数贫困地区农民的交通出行困难问题基本得到了解决。在用电方面，贫困地区农村生活用电已经解决，几乎所有的自然村都通上了电，用电照明基本实现全覆盖。在用水方面，贫困地区的饮水困难基本解决。在通信方面，贫困地区的基本通信条件明显改善。贫困地区群众已经具备对外信息交流的基础硬件设施，为缩小城乡间的数字鸿沟奠定了基本的物质基础。

贫困地区农村居民的生产生活条件不断改善。从居住条件来看，2017年，贫困地区农村居民户均住房面积比2012年增加21.4平方米；居住在钢筋混凝土房或砖混材料房的农户比重为58.1%，比2012年上升18.9个百分点；贫困地区农村居民使用卫生厕所的农户比重为33.2%，比2012年提高7.5个百分点。从消费品来看，2017年，使用清洁能源的农户比重为35.3%，比2012年上升17.6个百分点；2017年贫困地区农村每百户电冰箱、洗衣机、彩色电视机拥有量分别为78.9台、83.5台和108.9台，分别比2012年增加31.4台、31.2台和10.6台；2017年贫困地区农村每百户汽车、计算机拥有量分别为13.1辆、16.8台，分别是2012年的4.9倍和3.1倍。

公共服务水平不断提升。医疗卫生服务水平显著改善，贫困地区农村医疗服务可及性显著提高。2017年，贫困地区所在自然村有卫生站的农户比重占92.2%，比2013年提高7.8个百分点，年均提高1.6个百分点；2017年贫困地区农村拥有合法行医证医生或卫生员的行政村比重为92.0%。农民就近看病难问题已基本解决。此外，通过发展医疗集团、远程医疗协作网等医联体的形式，贫困地区老百姓在家门口就能享受到较高水平的医疗服务，一定程度上实现了贫困地区人人享有基本医疗卫生服务。教育文化水平显著提高，全面改善贫困地区农村义务教育阶段实力薄弱学校基本办学条件，832

个贫困县已基本完成建设任务。实施农村义务教育学生营养改善计划，覆盖所有国家级贫困县，让3700万名农村学生吃上免费营养餐，营养健康状况得到显著改善。实施乡村教师支持计划，"国培计划"累计培训乡村教师和校园长540万余人次。实施农村教师特岗计划，全国28万名农村特岗教师活跃在中西部22个省（自治区、直辖市）1000多个县3万多所农村学校（村小、教学点）。集中连片特困地区乡村教师生活补助实现全覆盖，有效缓解了贫困地区教师"下不来、留不住、教不好"的问题。通过加大贫困地区教育基础设施建设，落实"两免一补""三免一助""雨露计划"等政策，贫困地区的教育水平得到大幅提升。《中国学生资助发展报告》显示，我国资助贫困学生的资助金额从2012年的1126.08亿元，增长到2017年的1882.14亿元，增长67.14%；资助人次从2012年的8413.84万人次，增长到2017年的9590.41万人次，增长13.98%。2017年，84.7%的农户所在自然村上幼儿园便利，比2013年提高17.1个百分点；88.0%的农户所在自然村上小学便利，比2013年提高10.0个百分点。2017年，有文化活动室的行政村比重为89.2%，比2012年提高14.7个百分点，年均提高2.9个百分点。

社会保障水平明显提升。2017年，我国贫困地区基本医疗保险实现全覆盖，所有贫困人口基本医疗保险享受财政补助。尤其是2015年以来实行的健康扶贫系列行动计划，通过大幅度提高建档立卡扶贫对象医疗费报销比例和实行"三个一批"行动计划（大病集中救治一批、慢病签约服务管理一批、重病兜底保障一批），极大地提高了贫困患者的治疗康复水平、降低了其家庭的医疗负担，在较大程度上抑制了因病致贫和因病返贫。除了健全医疗保障制度，建档立卡贫困家庭和农村低保家庭贫困状况评估指标体系日益完善，核查机制日趋成熟，符合条件的群众获得了相应救助帮扶。农村低保、临时救助等社会救助制度和低保五保政策的落实，给予贫困人口更多的保障和实惠。

（三）形成了全社会合力攻坚的良好局面

精准扶贫精准脱贫方略实施以来，各级干部深入贫困地区帮助贫困群众，促进了干群关系融洽，坚实了党的群众基础和执政基础；社会各界互帮互助，改善了社会风气，促进了社会和谐，巩固了社会稳定；贫困群众高度认可扶贫政策，对扶贫成效满意度高，对党和政府满怀感恩之心。在政府主导发挥制度优势，东西部扶贫协作、定点扶贫力度不断加大的同时，民营企业、社会组织和广大公众积极主动参与脱贫攻坚，促进了中华民族扶贫济困传统美德的弘扬，汇聚更大脱贫攻坚合力。截至2017年底，进入"万企帮万村"精准扶贫行动台账管理的民营企业有4.75万家，精准帮扶5.26万个村（其中建档立卡贫困村3.51万个）的623.25万建档立卡贫困人口；产业投入525.94亿元，公益投入75.1亿元，安置就业49.9万人，技能培训54.3万人。大量公益组织积极开展的有关扶贫开发的活动或项目，在生存扶贫、技术扶贫、教育扶贫、幸福工程、人口扶贫、合作扶贫、文化扶贫、实物扶贫以及环境扶贫方面卓有成效。广大公众积极参与慈善事业、实现扶贫济困。

（四）巩固了党在农村的执政基础

脱贫攻坚培养了一批基层干部，丰富和发展了社会治理经验。驻村帮扶、第一书记和东西部扶贫协作等政策措施的落实，使不计其数的干部尤其是基层干部投身其中，每年约有近百万的干部参加帮扶。驻村帮扶干部、第一书记、东西协作干部直接与贫困户、贫困村打交道，帮助参谋和设计扶贫项目和脱贫方式，增强了对贫困地区的了解程度，深入了解群众愿望，积极改进工作方式方法，提升了政策实施中的实践认知和落实能力。同时扶贫干部在帮扶过程中广泛汲取群众智慧，不断丰富实践经验，丰富和发展农村治理和政府社会治理的经验和理论，提高了解决实际问题的组织和协调能力，培养了干部的责任意识和担当精神。此外，扶贫干部扎根基层、求真务实的良好形象，增进了与人民群众的深厚情谊，拉近了干部与群众的距离，改善了干群关系。

脱贫攻坚增强了贫困人口的信心和发展能力，提高了农村人力资本水平。贫困地区教育的发展，提升了贫困人口的文化素质，贫困地区劳动力文盲、半文盲人数占比降低到2017年的5.28%。贫困地区劳动力文化素质的提高，增强了农村贫困人口创造财富的能力。同时，中国在扶贫开发过程中，坚持扶贫与扶志、扶智相结合，注重调动贫困群众的积极性、主动性、创造性，注重培育贫困群众发展生产和务工经商的基本技能，注重激发贫困地区和贫困群众脱贫致富的内在活力，注重提高贫困地区和贫困群众自我发展能力，增强了脱贫的稳定性和可持续性。

（五）为全球减贫事业贡献了中国智慧和中国方案

2013—2017年，中国脱贫攻坚战取得历史性成就，六千多万贫困人口稳定脱贫，中国成为世界上减贫人口最多的国家，中国在减贫方面取得的突出成就，对全球的减贫事业产生了巨大推动作用。联合国《千年发展目标2015年报告》显示，全球极端贫困人口已从1990年的19亿降至2015年的8.36亿，中国在其中的贡献率超过70%，并且中国的进步使得东亚地区的极端贫困率从1990年的61%大幅下降至2015年的4%，中国在全球减贫方面起到了火车头的作用。预计到2020年，我国将在发展中国家率先全部消除绝对贫困人口，提前10年实现联合国2030年可持续发展议程减贫目标，这将直接促进和带动整个发展中国家到2030年实现消除绝对贫困的核心目标。

中国脱贫攻坚为其他国家贫困治理提供了中国方案。中国减贫的历史和事实，向世界上众多的发展中国家雄辩地证明了发展中国家可以依靠自己的不懈努力摆脱贫困，实现国家的振兴。中国的巨大成功和在减贫方面所取得的骄人业绩对全球产生了积极的"溢出效应"，中国的减贫经验具有很强的生命力，通过分享成功经验和失误教训，中国能够帮助其他发展中国家寻找到有效的减贫政策。

开展国际减贫合作和交流实践，携手全世界实现共同繁荣。消除贫困是人类的共同使命。中国在致力于自身消除贫困的同时，始终积极开展国际减贫交流与合作，尽自己所能及向其他发展中国家提供不附加任何政治条件的援助，支持和帮助广大发展中国家特别是最不发达国家消除贫困。中国秉持立己达人、兼善天下的优良传统，率先驰援非洲埃博拉病毒疫区及周边国家，宣布建立10亿美元的中国—联合国和平与发展基金、200亿元人民币的"中国气候变化南南合作基金"，设立"南南合作援助基金"，推动制定2030年可持续发展议程并率先发布落实2030年可持续发展议程国别方案，为促进世界减贫与发展提供更多公共产品。

第二篇

脱贫攻坚战迈入三年行动新阶段
（2018年）

导 论

党的十九大明确把精准脱贫作为决胜全面建成小康社会必须打好的三大攻坚战之一,作出了新的部署。此后,《中共中央 国务院关于打赢脱贫攻坚战三年行动的指导意见》等重要文件出台,打赢脱贫攻坚战进入三年行动新阶段。

2018年2月12日,习近平总书记在四川成都市主持召开打好精准脱贫攻坚战座谈会。习近平总书记指出,要清醒认识把握打赢脱贫攻坚战面临任务的艰巨性,清醒认识把握实践中存在的突出问题和解决这些问题的紧迫性,不放松、不停顿、不懈怠,把提高脱贫质量放在首位,聚焦深度贫困地区,扎实推进各项工作。习近平总书记重要讲话为2018年脱贫攻坚工作确定了基调,也为脱贫攻坚三年行动指明了方向。

本篇共11章。第一章介绍十九大后脱贫攻坚新形势新要求。第二章阐述习近平总书记在打好精准脱贫攻坚战座谈会上重要讲话精神和2018年关于扶贫工作重要指示批示精神。第三至六章概要说明各级党委政府围绕建档立卡、驻村帮扶、精准施策、考核评估等关键环节继续发力,将精准扶贫精准脱贫提升到更高水平的实践进程。第七至十章专门描绘年度重点亮点工作,包括加大深度贫困地区脱贫攻坚力度、提升东西部扶贫协作和定点扶贫精准度与有效性、实现脱贫攻坚专项巡视全覆盖、加强督查巡查与扶贫领域作风建设等。第十一章总结当年脱贫攻坚取得的新进展。

2018年末,全国农村贫困人口1660万人,比上年末减少1386万人;贫困发生率1.7%,比上年下降1.4个百分点。2018年,贫困地区农村居民人均可支配收入10371元,实际增长8.3%,增长速度快于全国农村平均水平。深度贫困地区农村居民人均可支配收入9668元,增长速度快于贫困地区平均水平;其中,"三区三州"农村居民人均可支配收入9796元,增长速度与贫困地区持平。贫困地区生产生活条件不断改善,公共服务水平稳步提升,贫困群众内生动力进一步增强,贫困地区特别是深度贫困地区发展面貌得到明显改变,全国脱贫质量明显提升。

2018年是全面贯彻落实党的十九大精神的开局之年,是打赢脱贫攻坚战三年行动起步之年,在脱贫攻坚战中居于承上启下的重要位置。此前五年(2013—2017年),在党中央、国务院的坚强领导和统一部署下,中国人民众志成城打响脱贫攻坚战,构建了中国特色脱贫攻坚制度体系,取得6853万人脱贫的巨大成就,为如期打赢脱贫攻坚战奠定扎实基础。此后三年(2018—2020年),脱贫攻坚战在继续确保实现数量和进度目标的基础上,将脱贫质量摆在更加突出位置,将补短板和抓薄弱环节摆在突出位置,既要打赢脱贫攻坚战,更要打好脱贫攻坚战。

一、党的十九大召开后脱贫攻坚新形势新要求

党的十八大以来,各地各部门认真贯彻党中央决策部署,脱贫攻坚成为全党全社会的思想共识和行动自觉,精准扶贫精准脱贫深入人心,脱贫攻坚形成良好态势,取得明显成效。与此同时,脱贫攻坚任务依然艰巨,确保到2020年我国现行标准下农村贫困人口实现脱贫,贫困县全部摘帽,解决区域性整体贫困面临诸多挑战,因此聚焦高质量脱贫成为开展2018年脱贫攻坚工作的关键。

(一)脱贫攻坚取得决定性进展

党的十八大以来,我国把扶贫开发摆在更加突出的位置,把精准扶贫精准脱贫作为基本方略,开创了扶贫事业新局面,脱贫攻坚取得了决定性进展,稳步向历史性解决绝对贫困和全面建成小康社会迈进。党的十九大报告充分肯定了脱贫攻坚所取得的巨大成就,做出了"脱贫攻坚取得决定性进展"判断。总体而言脱贫攻坚不仅取得了前所未有的直接减贫成绩,也为经济社会全面发展产生了多重积极影响。

农村贫困人口大幅减少。通过不断强化政策保障,健全脱贫攻

坚支撑体系，加大财政扶贫投入力度，创新减贫机制和方式方法，6000多万贫困群众成功摆脱了贫困，中西部贫困地区、连片特困地区、民族八省地区的贫困人口大幅减少。2013年至2017年，现行标准下的农村贫困人口由9899万人减少至3046万人。农村贫困发生率由10.2%下降至3.1%。

贫困地区经济社会全面发展。贫困地区以脱贫攻坚统揽经济社会发展全局，群众收入实现较快增长，基础设施、社会事业全面进步，生产生活条件明显改善。中央和地方政府不断加大对路、水、电、信等基础设施的投资力度，生产生活条件得到显著改善，医疗、教育、文化、卫生设施配置逐渐齐全，贫困地区的基础设施和公共服务水平得到显著提升。截至2017年，贫困地区农村居民人均收入连续保持两位数增长，年均实际增长12.4%。井冈山、兰考等28个贫困县率先脱贫摘帽，产生了良好的示范带动作用。

贫困地区脱贫能力显著提升。脱贫攻坚既是摆脱物质贫困的实践过程，也是弘扬自强不息精神的实践过程。贫困群众在党和政府、社会各界的大力帮扶下，精神面貌变了，不但有了干劲，而且对未来美好生活充满了信心，脱贫的精神动力更强了。在第一书记和驻村工作队的帮助下，农村基层党组织的凝聚力、战斗力得到加强，农村治理水平得到提升。

贫困地区干部作风明显转变。脱贫攻坚带来了干部作风大转变。精准扶贫精准脱贫政策需要落实到一家一户，脱贫攻坚让各级干部特别是领导干部在一线了解实情，离群众更近了，了解的问题更实了。帮扶干部履行帮扶责任，让干部同困难群众融为一体、打成一片，成了共同脱贫致富一家人，党在人民群众心中威望更高了。

脱贫攻坚为全球减贫事业作出重大贡献。我国是世界上减贫人口最多的国家，也是世界上率先完成联合国千年发展目标的国家，为全球减贫事业作出重大贡献，形成了全球减贫事业可借鉴的"中国方案"。国际社会高度评价中国脱贫攻坚取得的成果，坚信中国能够如期打赢脱贫攻坚战，赞赏中国精准扶贫精准脱贫方略的基层落地经验。联合国秘书长古特雷斯在致 2017 减贫与发展高层论坛贺信中，高度评价中国精准扶贫成就，称赞"精准减贫方略是帮助贫困人口、实现《2030 年可持续发展议程》宏伟目标的唯一途径。中国已实现数亿人脱贫，中国的经验可以为其他发展中国家提供有益借鉴。"

（二）打好脱贫攻坚战对质量提出更高要求

党的十九大明确把精准脱贫作为决胜全面建成小康社会必须打好的三大攻坚战之一，作出了新的部署。从脱贫攻坚任务看，未来3 年，还有 3046 万农村贫困人口需要脱贫，其中因病、因残致贫比例居高不下，在剩余 3 年时间内完成脱贫目标，任务十分艰巨。特别是西藏、四省藏区、南疆四地州和四川凉山州、云南怒江州、甘肃临夏州（简称"三区三州"）等深度贫困地区，不仅贫困发生率高、贫困程度深，而且基础条件薄弱、致贫原因复杂、发展严重滞后、公共服务不足，脱贫难度更大。从脱贫攻坚工作看，形式主义、官僚主义、弄虚作假、急躁和厌战情绪以及消极和腐败现象仍然存在，有的还很严重，影响脱贫攻坚有效推进。

深度贫困地区的发展困境。进入攻克深度贫困堡垒的关键阶段。"两高、一低、一差、三重"是深度贫困地区的重要特征。西藏、四省藏区、南疆四地州和四川凉山州、云南怒江州、甘肃临夏州等深度贫困地区，生存环境恶劣，致贫原因复杂，交通等基础设施和教育、医疗公共服务缺口大。2016年底，全国贫困发生率高于10%的省份有5个，贫困发生率超过20%的贫困县和贫困村分别有近200个和近3万个。

因自然条件差、发展基础薄弱、生态环境脆弱等原因，深度贫困地区成为脱贫攻坚最难啃的"硬骨头"。深度贫困地区呈现出显著的区域性整体贫困特点，农村贫困人口长期处于相对封闭状态，陷入物质资本匮乏、人力资本水平低、社会资本不足的三重叠加的困境之中，扶贫成本高昂，脱贫难度极大。

内生发展动力问题凸显。培育贫困人口自我发展能力一直是开发式扶贫的核心目标。脱贫攻坚战新阶段，政府扶贫投入加大，社会多方力量广泛参与，但脱贫对象内生动力问题却日益凸显。贫困人口内生动力问题的主要表现：一是"等、靠、要"的依赖思想严重。部分贫困对象"靠着墙根晒太阳，等着别人送小康"，对政府等外部帮扶力量形成了严重的依赖思想，失去了通过自身努力实现脱贫和致富的主动性；一些农户看到贫困户得到很多的扶持政策和资源后，不是花更多的精力放到发展产业上，而是挖空心思争当贫困户，通过分户、装穷等投机行为争取扶贫资源，失去了内生发展的动力。二是价值观和行为方式受贫困文化影响较大。习近平总书记在东西部扶贫协作座谈会上指出："还有一种现象就是不在找脱贫门路上动脑筋，却在婚丧嫁娶方面讲排场搞攀比，办一次红白事，花销几万元甚至几十万元，要'随份子'，也要还人情，倒腾几回，钱全花在了场面上。"三是现代性发展意识不足。一些深度贫困地区农村贫困人口因地理和交通条件制约，长期生活于相对封闭的环境，与外部发展的接触交流机会少。久而久之，这些贫困人口主动融入现代化进程的意愿减弱。他们既缺乏融入现代经济社会发展的技能，也缺乏现代性知识和观念。

一些地方短期行为问题较为普遍。为如期实现脱贫攻坚目标，中央坚持精准扶贫、精准脱贫方略，建立起脱贫攻坚责任体系、政策体系、投入体系、监督体系和考核体系等多重制度保障体系，实行最严格的考核评估制度。在这样的环境下，各级地方政府获得的扶贫资源大幅增加的同时，也面临着极大的脱贫攻坚压力。一些政府和部门在重压下，出现了扶贫开发的短期行为，这些短期行为在产业扶贫、健康扶贫等领域较为突出，其实质是采取救济式扶贫方式解决贫困问题。这种方式没有实现贫困人口自我发展能力的提升，贫困人口会在政府"救济"停止后重新返贫，具有明显的不可持续脱贫特点。停止"救济"福利也容易增加脱贫农户对政府不满，对社会稳定带来威胁。

一些地方和领域形式主义问题较为严重。脱贫攻坚中的形式主义问题主要体现在四个方面：一是某些地方和部门片面追求短时间内政绩最大化，急躁冒进，急功近利。二是将大量的时间和精力用于填表、开会，做"表面文章"，展板、表册满天飞，但脱贫攻坚工作却未落到实处。一些基层干部忙于填写各类表格，加班加点，甚至没有时间进村入户调研办实事。三是扶贫产业盲目跟风，产业规划脱离当地实际，搞"一刀切"，甚至强迫命令，违背精准扶贫要义。四是扶贫开发工作中不作为，对脱贫攻坚漠不关心、推诿扯皮，拒不履行职责，甚至弄虚作假。

二、学习贯彻习近平总书记关于扶贫工作的重要论述

"把提高脱贫质量放在首位"是习近平总书记基于脱贫攻坚取得的成就和面临的挑战做出的重要决策部署,是党的十九大以来脱贫攻坚工作的关键。习近平总书记关于扶贫工作的重要论述具有科学丰富的内涵,为打赢脱贫攻坚战、实现深度贫困地区高质量脱贫指明了方向、提供了指南。

(一)学习贯彻习近平总书记在打好精准脱贫攻坚战座谈会上的讲话精神

2018年2月12日,习近平总书记在四川成都市主持召开打好精准脱贫攻坚战座谈会,听取脱贫攻坚进展情况汇报,集中研究打好今后3年脱贫攻坚战之策。这次会议上,习近平总书记就脱贫攻坚战的经验成就、面临的困难挑战以及决策部署发表了重要讲话,为提高脱贫质量、聚焦深贫地区,扎扎实实把脱贫攻坚战推向前进做出了重要指示。

习近平总书记指出,党的十八大以来,党中央从全面建成小康社会要求出发,把扶贫开发工作纳入"五位一体"总体布局、"四

个全面"战略布局,作为实现第一个百年奋斗目标的重点任务,作出一系列重大部署和安排,全面打响脱贫攻坚战。脱贫攻坚力度之大、规模之广、影响之深,前所未有,取得了决定性进展。

习近平总书记强调,我们加强党对脱贫攻坚工作的全面领导,建立各负其责、各司其职的责任体系,精准识别、精准脱贫的工作体系,上下联动、统一协调的政策体系,保障资金、强化人力的投入体系,因地制宜、因村因户因人施策的帮扶体系,广泛参与、合力攻坚的社会动员体系,多渠道全方位的监督体系和最严格的考核评估体系,建立了中国特色脱贫攻坚制度体系,为脱贫攻坚提供了有力制度保障,为全球减贫事业贡献了中国智慧、中国方案。

习近平总书记指出,在脱贫攻坚伟大实践中,我们积累了许多宝贵经验。一是坚持党的领导、强化组织保证,落实脱贫攻坚一把手负责制,省市县乡村五级书记一起抓,为脱贫攻坚提供坚强政治保证。二是坚持精准方略、提高脱贫实效,解决好"扶持谁""谁来扶""怎么扶""如何退"问题,扶贫扶到点上扶到根上。三是坚持加大投入、强化资金支持,发挥政府投入主体和主导作用,吸引社会资金广泛参与脱贫攻坚。四是坚持社会动员、凝聚各方力量,充分发挥政府和社会两方面力量作用,形成全社会广泛参与脱贫攻坚格局。五是坚持从严要求、促进真抓实干,把全面从严治党要求贯穿脱贫攻坚工作全过程和各环节,确保脱贫过程扎实、脱贫结果真实,使脱贫攻坚成效经得起实践和历史检验。六是坚持群众主体、激发内生动力,充分调动贫困群众积极性、主动性、创造性,用人民群众的内生动力支撑脱贫攻坚。这些经验弥足珍贵,要长期坚持并不断完善和发展。

习近平总书记强调，脱贫攻坚面临的困难挑战依然巨大，需要解决的突出问题依然不少。今后三年要实现脱贫3000多万人，压力不小，难度不小，而且越往后遇到的越是难啃的硬骨头。脱贫攻坚工作中的形式主义、官僚主义、弄虚作假、急躁和厌战情绪以及消极腐败现象仍然存在，有的还很严重。行百里者半九十。必须再接再厉，发扬连续作战作风，做好应对和战胜各种困难挑战的准备。

习近平指出，全面打好脱贫攻坚战，要按照党中央统一部署，把提高脱贫质量放在首位，聚焦深度贫困地区，扎实推进各项工作。为此，总书记提出8条要求。

第一，加强组织领导。各级党政干部特别是一把手必须以高度的历史使命感亲力亲为抓脱贫攻坚。贫困县党委和政府对脱贫攻坚负主体责任，党政一把手是第一责任人，要把主要精力用在脱贫攻坚上。中央有关部门要研究制定脱贫攻坚战行动计划，明确三年攻坚战的时间表和路线图，为打好脱贫攻坚战提供导向。

第二，坚持目标标准。确保现行标准下农村贫困人口全部脱贫，消除绝对贫困；确保贫困县全部摘帽，解决区域性整体贫困。稳定实现贫困人口"两不愁三保障"，贫困地区基本公共服务领域主要指标接近全国平均水平。既不能降低标准、影响质量，也不要调高标准、吊高胃口。

第三，强化体制机制。落实好中央统筹、省负总责、市县抓落实的管理体制。中央统筹，就是要做好顶层设计，在政策、资金等方面为地方创造条件，加强脱贫效果监管。省负总责，就是要做到承上启下，把党中央大政方针转化为实施方案，促进工作落地。市县抓落实，就是要因地制宜从当地实际出发，推动脱贫攻坚各项政策措施落地生根。要改进考核评估机制，根据脱贫攻坚进展情况不断完善。

第四，牢牢把握精准。建档立卡要继续完善，精准施策要深入推进，扎实做好产业扶贫、易地扶贫搬迁、就业扶贫、危房改造、教育扶贫、健康扶贫、生态扶贫等重点工作。

第五，完善资金管理。强化监管，做到阳光扶贫、廉洁扶贫。要增加投入，确保扶贫投入同脱贫攻坚目标任务相适应。要加强资金整合，防止资金闲置和损失浪费。要健全公告公示制度，省、市、县扶贫资金分配结果一律公开，乡、村两级扶贫项目安排和资金使用情况一律公告公示，接受群众和社会监督。对脱贫领域腐败问题，发现一起，严肃查处问责一起，绝不姑息迁就。

第六，加强作风建设。党中央已经明确，将2018年作为脱贫攻坚作风建设年。要坚持问题导向，集中力量解决脱贫领域"四个意识"不强、责任落实不到位、工作措施不精准、资金管理使用不规范、工作作风不扎实、考核评估不严格等突出问题。要加强制度建设，扎紧制度笼子。

第七，组织干部轮训。打好脱贫攻坚战，关键在人，在人的观念、能力、干劲。要突出抓好各级扶贫干部学习培训。对县级以上领导干部，重点是提高思想认识，引导树立正确政绩观，掌握精准脱贫方法论，培养研究攻坚问题、解决攻坚难题能力。对基层干部，重点是提高实际能力，培育懂扶贫、会帮扶、作风硬的扶贫干部队伍。要吸引各类人才参与脱贫攻坚和农村发展。要关心爱护基层一线扶贫干部，激励他们为打好脱贫攻坚战努力工作。

第八，注重激发内生动力。贫困群众既是脱贫攻坚的对象，更是脱贫致富的主体。要加强扶贫同扶志、扶智相结合，激发贫困群众积极性和主动性，激励和引导他们靠自己的努力改变命运。改进帮扶方式，提倡多劳多得，营造勤劳致富、光荣脱贫氛围。

（二）学习贯彻习近平总书记关于脱贫攻坚的新批示新指示

2018年，以习近平同志为核心的党中央在脱贫攻坚取得决定性进展后，继续高位推进、响鼓重槌。年内，习近平总书记每月都对脱贫攻坚工作作出重要指批示，不断为打赢打好脱贫攻坚战提供方向指引。

2018年伊始，习近平总书记就在新年贺词中号召全社会行动起来，尽锐出战，精准施策。他指出，到2020年我国现行标准下农村贫困人口实现脱贫，是我们的庄严承诺。一诺千金。到2020年只有三年的时间，全社会要行动起来，尽锐出战，精准施策，不断夺取新胜利。三年后如期打赢脱贫攻坚战，这在中华民族几千年历史发展上将是首次整体消除绝对贫困现象，让我们一起来完成这项对中华民族、对整个人类都具有重大意义的伟业。①

---

① 丁林：《国家主席习近平发表二〇一八年新年贺词》，《人民日报》2018年1月1日。

2018年3月，习近平总书记主持召开中央政治局常委会议和中央政治局会议，审定2017年省级党委和政府扶贫开发工作成效考核结果、东西部扶贫协作和中央单位定点扶贫考核结果。习近平总书记要求，2018年要继续运用好考核成果，发挥考核的指挥棒作用，对考核结果好的，要给予表扬和奖励；对问题突出的要约谈，指出问题，督促整改；对不作为的要问责；对问题严重的、违法违纪的一定要严肃处理。①

2018年4月，主持召开中央财经委员会会议，听取打好精准脱贫攻坚战思路和举措的汇报，并发表重要讲话。此次会议强调，打好精准脱贫攻坚战，要咬定总攻目标，严格坚持现行扶贫标准，不能擅自拔高标准，也不能降低标准。要整合创新扶持政策，引导资源要素向深度贫困地区聚焦，精准施策，有效帮扶特殊贫困群体。产业扶贫要在扶持贫困地区农产品产销对接上拿出管用措施。易地搬迁扶贫要着力加强产业配套和就业安置。就业扶贫要解决劳务组织化程度低的问题。教育扶贫要突出提升义务教育质量。健康扶贫要降低贫困人口就医负担。要形成勤劳致富、脱贫光荣的良好导向。要完善督战机制，压实责任，改进考核监督，整顿脱贫攻坚作风，加强一线力量，做好风险防范。②

2018年5月，主持召开中央政治局常委会议和中央政治局会

---

① 《中共中央政治局召开会议 听取2017年省级党委和政府脱贫攻坚工作成效考核情况汇报》，《人民日报》2018年3月31日。
② 《加强党中央对经济工作的集中统一领导 打好决胜全面建成小康社会三大攻坚战》，《人民日报》2018年4月3日。

议，审议《关于打赢脱贫攻坚战三年行动的指导意见》。此次会议强调，要坚持精准扶贫、精准脱贫基本方略，坚持中央统筹、省负总责、市县抓落实的工作机制，坚持大扶贫工作格局，坚持脱贫攻坚目标和现行扶贫标准，聚焦深度贫困地区和特殊贫困群体，突出问题导向，优化政策供给，下足绣花功夫，着力激发贫困人口内生动力，着力夯实贫困人口稳定脱贫基础，着力加强扶贫领域作风建设，切实提高贫困人口获得感，确保到2020年贫困地区和贫困群众同全国一道进入全面小康社会，为实施乡村振兴战略打好基础。[①]

2018年6月，习近平总书记对打赢脱贫攻坚战三年行动作出长篇重要批示。指出，打赢脱贫攻坚战，对全面建成小康社会、实现"两个一百年"奋斗目标具有十分重要的意义。行百里者半九十。各级党委和政府要把打赢脱贫攻坚战作为重大政治任务，强化中央统筹、省负总责、市县抓落实的管理体制，强化党政一把手负总责的领导责任制，明确责任、尽锐出战、狠抓实效。要坚持党中央确定的脱贫攻坚目标和扶贫标准，贯彻精准扶贫精准脱贫基本方略，既不急躁蛮干，也不消极拖延，既不降低标准，也不吊高胃口，确保焦点不散、靶心不变。要聚焦深度贫困地区和特殊贫困群体，确保不漏一村不落一人。要深化东西部扶贫协作和党政机关定点扶贫，调动社会各界参与脱贫攻坚积极性，实现政府、市场、社会互

---

① 《中共中央政治局召开会议审议〈乡村振兴战略规划（二〇一八—二〇二二年）〉和〈关于打赢脱贫攻坚战三年行动的指导意见〉》，《人民日报》2018年6月1日。

动和行业扶贫、专项扶贫、社会扶贫联动。①

2018年7月，习近平总书记对毕节试验区工作作出重要指示，要求按时打赢脱贫攻坚战，努力建设成为贯彻新发展理念的示范区。习近平总书记强调，现在距2020年全面建成小康社会不到3年时间，要尽锐出战、务求精准，确保毕节试验区按时打赢脱贫攻坚战。同时，要着眼长远、提前谋划，做好同2020年后乡村振兴战略的衔接，着力推动绿色发展、人力资源开发、体制机制创新，努力把毕节试验区建设成为贯彻新发展理念的示范区。②

2018年9月，习近平总书记主持十九届中央政治局第8次集体学习，把听取脱贫攻坚情况汇报作为一个重要内容，强调打好脱贫攻坚战是实施乡村振兴战略的优先任务。贫困村和所在县乡当前的工作重点就是脱贫攻坚，要保持目标不变、靶心不散、频道不换。③

2018年10月，习近平总书记在第五个国家扶贫日来临之际作出重要批示，强调行百里者半九十，脱贫攻坚越到紧要关头，越要坚定必胜的信念，越要有一鼓作气、攻城拔寨的决心。在广东考察脱贫攻坚时再次强调，全面小康路上一个不能少，脱贫致富一个不能落下。④

2018年11月，习近平总书记给改革开放与中国扶贫国际论坛

---

① 《真抓实干埋头苦干万众一心 夺取脱贫攻坚战全面胜利》，《人民日报》2018年6月12日。

② 《确保按时打赢脱贫攻坚战 努力建设贯彻新发展理念示范区》，《人民日报》2018年7月20日。

③ 《把乡村振兴战略作为新时代"三农"工作总抓手 促进农业全面升级农村全面进步农民全面发展》，《人民日报》2018年9月23日。

④ 《咬定目标加油干 如期打赢脱贫攻坚战》，《人民日报》2018年10月18日。

回贺信，强调中国愿同各方一道，为推进世界减贫事业发展、实现联合国 2030 年可持续发展议程确定的减贫目标作出努力。①

2018 年 12 月以来，习近平总书记在中央经济工作会议、中央政治局常委会议审议下一年中央一号文件时，都对脱贫攻坚提出明确要求。

这些重要指示批示是习近平总书记把脱贫攻坚摆在治国理政重要位置的重要体现，是习近平总书记关于扶贫工作的重要论述的不断发展和完善，不仅为打赢脱贫攻坚战提供了根本遵循，也为国际减贫提供了中国经验和中国智慧。我们要深刻领会习近平总书记关于扶贫工作的重要论述和一系列新理念新思想新战略，把思想和行动统一到党中央的决策部署上来，坚定信心，攻坚克难，奋力夺取脱贫攻坚战全面胜利，为决胜全面建成小康社会、促进人类减贫事业发展、共建人类命运共同体不懈奋斗。

---

① 《习近平向改革开放与中国扶贫国际论坛致贺信》，《人民日报》2018 年 11 月 2 日。

三、建档立卡：为打好精准脱贫攻坚战提供有力支撑

2018年是贯彻落实党的十九大精神的开局之年，是打赢脱贫攻坚战三年行动的起步之年。以习近平同志为核心的党中央在脱贫攻坚取得决定性进展后，将提高脱贫质量放在首位，继续高位推进脱贫攻坚工作。2018年，全国建档立卡工作围绕贯彻落实习近平总书记的重要指示精神进一步深化和完善。从总体上看，此项工作在统筹协调、培训督导、完善和优化指标体系、返贫人口纳入管理、新增贫困人口纳入管理、脱贫人口脱贫退出管理等层面深化推进，并在建档立卡专项评估检查、建档立卡信息共享等方面进行了有益探索，为宏观决策和工作指导提供支撑，为打好脱贫攻坚战提供有力支撑。建档立卡已能完整记录贫困人口识别、帮扶、退出的全过程，较好地做到了既能说清楚有多少人脱了贫，也能说清楚怎么脱的贫。

（一）持续完善建档立卡工作

完善和优化指标体系

建档立卡工作的首要目标是精准识别扶贫对象。呈现所有贫困人口的致贫原因和基本情况，反映贫困人口的数量变化，是建档立卡工作在精准扶贫实施前期的重要功能。精准扶贫以来，全国组织开展了多轮建档立卡"回头看"，查漏补缺和"挤水分"，贫困人口识别正确率和精准度显著提高。2018年后，精准扶贫、精准脱贫工作从注重减贫速度向更加注重脱贫质量转变，从更加注重找准帮扶对象向更加注重精准帮扶稳定脱贫转变。相应地，建档立卡工作重心也从注重识别贫困向注重精准帮扶和脱贫质量转变。这就需要巩固和完善建档立卡信息，进一步规范和完善建档立卡指标体系。2018年，国务院扶贫办按照"总体稳定、局部优化"的原则，对原来475项建档立卡的指标进行完善和优化，重点完善和增加了12个方面的脱贫措施指标，其中删除84项指标，修改57项指标，新增226项指标。总体而言，建档立卡指标体系走向进一步规范和完善。

开展建档立卡专项评估检查

2017年，习近平总书记在中央经济工作会议上关于"既要说清楚有多少人脱了贫，也要说清楚怎么脱的贫"的指示精神对建档立卡工作提出了更高要求，建档立卡不仅要摸清贫困底数，更要记录贫困识别、帮扶、退出全过程。2018年6月，《中共中央 国务院关于打赢脱贫攻坚战三年行动的指导意见》中明确提出，要开展建档立卡专项检查评估。2018年国务院扶贫办委托第三方开展全国建档立卡专项评估检查，抽取了22个省的49个县102个村开展专项核查，重点监测贫困发生率高、贫困人口规模大的县和村，了解真实贫困情况；核查未解决"两不愁三保障"的突出问题，防止工作"死角"；开展数据比对，核实家庭有车、有房、有开办企业、有公职人员等疑似情况；核准贫困户和贫困人口基础信息，提高贫困识别准确度和数据质量。

开展建档立卡信息动态调整

2018年，国务院扶贫办组织省、市、县三级扶贫部门开展建档立卡工作干部人员大培训，统一要求、规范操作。动员全国300多万干部进村入户，组织开展年度扶贫对象动态管理和信息采集录入工作，对贫困户进行脱贫、返贫、新识别等动态调整。在各地纠偏补漏、反复核实的基础上，2018年贫困人口动态管理历时3个月顺利完成。截至2018年12月底，全国全年脱贫1524万人，新识别66万人，返贫6.8万人，自然增加55.3万人，自然减少91万人，净减少贫困人口1484万人。剩余建档立卡贫困人口还有1381万人。全国贫困发生率从2017年底的3.3%下降到1.6%，降低1.7个百分点。有3.6万个贫困村脱贫出列，未脱贫出列贫困村还有2.6万个。

探索建档立卡信息共享机制

建档立卡工作的一个重要目的是为扶贫开发提供信息支撑，进而提升扶贫措施的精准性。我国精准扶贫工作强调扶贫措施要与识别结果相衔接。精准扶贫、精准脱贫是多部门共同参与的系统性扶贫工程。这就需要收集信息的扶贫部门将建档立卡信息与实施精准扶贫干预的行业部门之间建立建档立卡信息（包括扶贫对象基本信息、脱贫需求信息、帮扶信息等）共享机制，进而提高脱贫攻坚工作的效率和精准性。《中共中央 国务院关于打赢脱贫攻坚战三年行动的指导意见》，明确提出要强化扶贫开发大数据平台共享使用，拓展扶贫数据系统服务功能，为脱贫攻坚决策和工作指导等提供可靠手段和支撑。2018年，国务院扶贫办与多个行业部门签订数据交换协议，建立共享机制，定期开展交换比对。重点对深度贫困地区、特殊贫困群体、"两不愁三保障"突出问题的数据以及行业比对数据进行深入分析，为宏观决策和工作指导提供支撑。

各省（自治区、直辖市）按照国家相关部门的指示和要求，坚持把精准识别、提升建档立卡数据质量作为脱贫攻坚的基础工作和关键环节来抓，全面完善提升大数据平台功能，强力推进全国脱贫攻坚数据信息一体化。

（二）精准识别返贫人口与新增贫困人口

返贫人口的识别

进入注重脱贫攻坚质量的新阶段，脱贫人口返贫主要有三个方面原因：一是脱贫不实、脱贫质量不高或者本身就没有真脱贫，必然会造成返贫。二是没有建立起稳定脱贫长效机制。如果光靠政府补贴、发钱发物，脱贫不可持续。三是存在一些自然因素，特别是因灾、因病和因残致贫。

2018年9月，国务院扶贫办印发《关于做好2018年度扶贫对象动态管理工作的通知》对返贫人口纳入、贫困户新识别等扶贫对象动态管理工作作出安排部署。返贫人口识别的工作过程包括：2018年9月各省（自治区、直辖市）组织制定方案，进行动员部署并开展相关培训；10月1日至11月10日，各省（自治区、直辖市）指导各县组织开展进村入户动态调整，规范返贫纳入各项工作程序，返贫人口信息采集要补充采集"返贫原因"；11月10日至30日，省（自治区、直辖市）书面申请开通全国扶贫开发信息系统相关功能，完成数据录入工作。为确保各省（自治区、直辖市）返贫人口识别程序规范，国务院扶贫办分期分批组织开展培训工作，并对部分地区进行实地督导，及时发现和纠正标准把握不严、程序履行不规范、工作进度慢等问题。对问题突出的，纳入常态化约谈，并作为考核的依据。2018年，全国共识别出返贫人口为6万，与2017年的20.8万相比，返贫人口减少了14.8万。这也表明，2018年我国防止返贫工作取得了积极成效。

新增贫困人口的识别

新增贫困人口识别工作是扶贫对象识别管理的重要内容，在开展扶贫对象动态管理工作中进行。新增贫困人口识别包括了新识别贫困户和新增贫困户家庭成员识别。根据要求，各地要严格按照贫困识别的标准和程序开展识别工作，通过填写《新识别贫困户信息采集表》完成新识别贫困户、新增贫困户家庭成员的基础信息采集并将其录入扶贫开发信息系统。

新识别贫困户的识别和信息采集包括：(1)基本信息。包括家庭住址、联系电话、贫困户属性等情况。(2)家庭成员信息。包括姓名、性别、年龄、文化程度、在校生、健康状况、劳动技能、务工区域、失学或辍学原因、参加医疗保险、大病保险等情况。(3)致贫原因。包括因病、因残、因学、因灾、因婚、因丧、缺土地、缺水、缺技术、缺劳力、缺资金、交通落后、自身发展能力不足等情况。(4)收入情况。包括生产经营收入、工资收入、财产性收入、转移性收入等。(5)生产生活条件。包括土地资源、交通道路、住房、卫生条件、通水、通电、通广播电视等情况。(6)帮扶责任人。包括姓名、性别、政治面貌、帮扶单位名称、帮扶时间、联系方式等。而贫困户新增家庭成员识别和信息采集包括姓名、性别、年龄、民族、政治面貌、文化程度、健康状况、劳动技能、务工区域、务工时间、失学或辍学原因、基本医疗保险、大病保险，以及新增原因等情况。国务院扶贫办强调贫困户识别要严把标准，把是否解决"两不愁三保障"作为最重要的识别依据，凡符合标准的，要做到"应纳尽纳、应扶尽扶"，识别程序要规范，用好数据对比结果，不走过场。通过精准识别和建档立卡工作，2018年全国共识别并建档立卡新增贫困人口66万。

各地在新增贫困人口识别上也开展了一些积极探索。如重庆市扶贫办印发了《重庆市扶贫对象动态管理办法》，要求采用"四进"的方法识别新增或返贫对象。即规定农户若具备下列条件之一，必须作为新增或返贫对象评定为贫困户：(1)家庭年人均纯收入低于国家当年扶贫标准的农户;(2)因缺资金有子女无法完成九年制义务教育的农户;(3)无房户或唯一住房是危房,且自己无经济能力修建或改造的农户;(4)因家庭成员患重大疾病或长期慢性病等,扣除各类政策救助后,自付医疗费用负担较重,家庭年人均纯收入处于国家扶贫标准以下的农户。

与此同时,不少地方开始探索防贫预警监测机制,采取有效措施应对返贫问题。如河北省印发《关于建立精准防贫机制的指导意见》,在全省范围内建立防贫机制,提出对已脱贫但收入不稳定、持续增收能力不强的脱贫户,不在建档立卡范围内但贫困发生风险较高的农户,特别是非建档立卡低保户、特困户,纳入防贫监测范围,通过实施精准防贫措施,重点解决贫困增量和返贫问题。又如内蒙古自治区呼伦贝尔市鄂温克旗于2018年脱贫摘帽以后,为了进一步巩固脱贫成效,建立了贫困户和边缘户常态化预警监测体系,并筹集了150万元的防返贫基金,防止已脱贫人口返贫和新增贫困人口。

(三)精准退出与建立后续扶持体系

脱贫人口的识别与退出是扶贫对象识别管理的重要内容,并在扶贫对象动态管理工作中进行。2018年的脱贫人口识别与退出,严格按照中共中央办公厅、国务院办公厅印发的《关于建立贫困退出机制的意见》中的相关标准和要求进行。脱贫人口识别的主要衡量标准是该户年人均纯收入稳定超过国家扶贫标准且吃穿不愁,义务教育、基本医疗、住房安全等有保障。贫困户退出以户为单位,由村"两委"组织民主评议后提出，经村"两委"和驻村工作队的核实、拟退出贫困户认可，在村内公示公告无异议后，由村委会宣布退出，并在建档立卡贫困人口中销号。

2018年贫困人口的脱贫工作将脱贫质量放在首要位置，坚持严格的脱贫标准，坚持履行规范程序，切实纠正按指标脱贫的做法，坚决杜绝虚假脱贫、数字脱贫。贫困户脱贫必须得到包括脱贫户在内的群众的广泛认可，稳定脱贫的贫困户，在履行程序无异议后，一律在建档立卡中标注脱贫。国务院扶贫办要求各地方要做好2018年脱贫规模和2019年、2020年滚动规划的平衡与衔接，既防止急躁冒进，也防止消极拖延。经过脱贫人口识别和退出，2018年全国共识别退出贫困人口1524万人。

在贫困退出过程中，后续扶持体系也在探索建立之中。《关于打赢脱贫攻坚战三年行动的指导意见》提出，坚持严格执行现行扶贫标准，坚持把提高脱贫质量放在首位。脱贫攻坚期内扶贫政策保持稳定，贫困县、贫困村、贫困户退出后，相关政策保持一段时间。2018年，各地尤其是脱贫摘帽县（区、市）认真落实"脱贫不脱政策"的要求，扶上马送一程，在脱贫攻坚期保持政策的稳定性，并加强跟踪监测和检查评估，防止政策摘除、帮扶脱钩而返贫，确保稳定脱贫。

四、驻村帮扶：打通脱贫攻坚"最后一公里"

干部驻村帮扶是打通脱贫攻坚"最后一公里"的有效路径。自精准扶贫精准脱贫方略实施以来，党和国家非常重视完善干部驻村帮扶工作机制。《关于创新机制扎实推进农村扶贫开发工作的意见》《中共中央 国务院关于打赢脱贫攻坚战的决定》等政策文件先后就干部驻村帮扶工作进行部署。2015年，中共中央组织部、中央农村工作领导小组办公室、国务院扶贫开发领导小组办公室又印发了《关于做好选派机关优秀干部到村任第一书记工作的通知》，各省、市、县也纷纷出台了相应的政策文件予以响应。在此背景下，驻村帮扶工作队发挥了脱贫攻坚生力军的作用，取得明显的脱贫成效，但同时也存在选人不优、管理不严、作风不实以及保障不力等问题。党的十九大明确指出，精准脱贫是决胜全面建成小康社会必须打好的三大攻坚战之一。脱贫攻坚工作面临从打赢到打好的转变，以提升脱贫质量为目标导向，针对前一阶段驻村帮扶过程中存在的问题，2018年，干部驻村帮扶工作机制实现进一步优化和完善。

（一）执行严格的驻村干部选派标准

精准选派驻村干部是实现精准帮扶的重要保障。2018年各级党委和政府注重制定并执行严格的驻村干部选派标准，结合村庄脱贫需求选派帮扶干部，优化驻村帮扶干部人员结构，配强配实驻村帮扶干部，扩大驻村干部选派覆盖范围，进而从供给侧提升干部驻村帮扶减贫质量。

因村选派驻村帮扶干部

2018年，各级党委和政府认真贯彻落实中共中央办公厅、国务院办公厅联合印发的《关于加强贫困村驻村工作队选派管理工作的指导意见》。在选派干部方面，坚持派需结合、因村组队、精准选派的原则，对基层组织软弱涣散、战斗力不强的贫困村，选派熟悉党群工作的干部；对产业基础薄弱、集体经济脆弱的贫困村，选派熟悉经济工作的干部；对矛盾纠纷突出、社会发育滞后的贫困村，选派熟悉社会工作的干部。与以往相比，2018年驻村干部选派针对性更强，派驻单位和干部的优势得到了充分发挥，贫困村脱贫攻坚面临的突出困难和问题得到了妥善处理和解决。

与此同时，伴随着脱贫攻坚工作向深度贫困地区贫困村和脱贫难度大的贫困村聚焦，相关省区市党委和政府、东西部扶贫协作和对口支援、中央定点帮扶单位在选派驻村帮扶干部方面把这些地区作为重中之重，加大选派干部的力度。例如，新疆维吾尔自治区从区直和中央驻疆单位、兵团选派深度贫困村第一书记1289名，其中厅级干部31名，处级干部869名；海南省要求向贫困发生率高于20%的行政村派驻工作队员要在5人及以上；2018年湖北省向深度贫困村派驻了1649名干部，其中107名处级干部、50名处级后备干部、869 名科级干部、623 名科级后备干部。

优化驻村帮扶干部结构

按照《关于加强贫困村驻村工作队选派管理工作的指导意见》的精神指示，各省注重优先安排优秀年轻干部和后备干部参加驻村帮扶工作，从而优化驻村帮扶干部结构。例如，青海省注重有序轮换、以老带新，在全省各级党政机关、事业单位选出驻村帮扶干部 7030 人，其中 4360 人属于新选派驻村干部，占 62%。与此同时，每个驻村工作队工作人员数量通常不低于 3 人，每期驻村帮扶时间不少于两年，从而保障了驻村帮扶工作的实效性和延续性。

配强配实驻村帮扶干部

在选派驻村帮扶干部过程中，依据《关于加强贫困村驻村工作队选派管理工作的指导意见》的要求，"县级以上各级机关、国有企业、事业单位要选派政治素质好、工作作风实、综合能力强、健康具备履职条件的人员参加驻村帮扶工作。新选派的驻村工作队队长一般应为处科级干部或处科级后备干部"。2018 年相关派出单位严格执行了这一要求，配实配强了驻村帮扶干部。例如，安徽省在村级层面，对所有未出列贫困村，每村派驻一个由县处级干部担任队长的扶贫工作队；湖南省要求新选派的工作队长必须是中共党员，省、市单位选派的干部必须是副处级以上干部，县直单位必须是科级以上或后备干部，年龄原则上不得超过 50 岁，选派后一驻三年，非特殊情况原则上不得更换；四川省 2018 年新增选派各级机关公务员中，处科级（含科级后备干部）占 99.7%。其次，为了保证驻村干部能够全身心地投入帮扶工作中，驻村干部的党员组织关系全部转到所驻行政村，帮扶期内不再承担原单位工作，即使在贫困村退出后，驻村工作队依然驻村，保持原有帮扶力度。最后，通过开展培训提升驻村帮扶干部帮扶能力。2018年，按照"干什么、学什么、缺什么、补什么"的原则，针对驻村帮扶过程中面临的困难和问题，结合驻村干部自身的需求，通过专题轮训、现场观摩、经验交流等方式对驻村干部进行培训，提升了驻村帮扶干部的实务工作能力。

扩大驻村干部派驻范围

除了对建档立卡贫困村进行驻村工作队全覆盖以外，2018年各地还向有扶贫任务的非贫困村派驻了驻村帮扶工作队。例如，湖南省对贫困人口超过100人的非贫困村派出驻村帮扶工作队；四川省向超过20户建档立卡贫困户的非贫困村全部派出"三个一"（选派第一书记、农业技术巡回服务小组和结对帮扶责任人）帮扶力量。

（二）开展务实高效的驻村帮扶工作

2018年，在精准帮扶环节，驻村帮扶工作队更加务实高效，具体表现为：在工作内容方面，驻村帮扶队将贯彻落实政府扶贫政策措施，使政府扶贫政策与社会扶贫更加有机地结合在一起；在工作策略方面，驻村帮扶工作队更加注重发挥村"两委"干部的积极性和激发贫困群众的内生发展动力；在工作效果方面，驻村帮扶工作队推动了精准扶贫政策举措落地，提升了贫困村治理水平，提高了群众尤其是贫困群众的自我发展能力。

工作内容方面，将贯彻落实政府扶贫政策措施与社会扶贫有机结合。按照《关于加强贫困村驻村工作队选派管理工作的指导意见》，驻村帮扶工作的任务有十个方面，具体包括：（1）宣传贯彻党中央、国务院关于脱贫攻坚各项方针政策、决策部署、工作措施。（2）指导开展贫困人口精准识别、精准帮扶、精准退出工作，参与拟定脱贫规划计划。（3）参与实施特色产业扶贫、劳务输出扶贫、易地扶贫搬迁、贫困户危房改造、教育扶贫、科技扶贫、健康扶贫、生态保护扶贫等精准扶贫工作。（4）推动金融、交通、水利、电力、通信、文化、社会保障等行业和专项扶贫政策措施落实到村到户。（5）推动发展村级集体经济，协助管好用好村级集体收入。（6）监管扶贫资金项目，推动落实公示公告制度，做到公开、公平、公正。（7）注重扶贫同扶志、扶智相结合，做好贫困群众思想发动、宣传教育和情感沟通工作，激发摆脱贫困内生动力。（8）加强法治教育，推动移风易俗，指导制定和谐文明的村规民约。（9）积极推广普及普通话，帮助提高国家通用语言文字应用能力。（10）帮助加强基层组织建设，推动落实管党治党政治责任，整顿村级软弱涣散党组织，对整治群众身边的腐败问题提出建议；培养贫困村创业致富带头人，吸引各类人才到村创新创业，打造"不走的工作队"。这是从中央层面政府扶贫对驻村帮扶工作的基本要求和定位，它包括了农村贫困治理的方方面面，也是驻村帮扶承接的行政性的工作和任务。同时，驻村帮扶工作队还发挥社会扶贫的功能，主要是依托驻村帮扶工作队的社会关系网络，尤其是派出单位的资源，开展的一些社会扶贫服务。在2018年驻村帮扶实践中，各地驻村帮扶工作队更加注重将政府扶贫资源与社会扶贫资源有机结合，以期提高脱贫质量。例如，政府扶贫资源往往具有瞄准贫困村、贫困户精准投放的导向性，而社会扶贫资源则可以照顾到一些贫困边缘户或村庄公共设施建设和服务层面。驻村帮扶工作队的统筹协调，有助于提升扶贫资源配置的益贫效益，同时也有利于提升广大群众的获得感。

工作策略方面，更加注重发挥村"两委"干部的积极性和激发贫困群众的内生发展动力。进入脱贫攻坚期以来，尽管各地纷纷选派干部开展驻村帮扶工作，但是在驻村干部参与贫困治理过程中呈现出一种"越俎代庖"或"保姆式"的帮扶工作倾向，对村庄贫困治理事宜大包大揽，忽视了发挥村"两委"干部和广大群众尤其是贫困群众的主体性作用，其实质是一种外源式帮扶方式。这种外源式的帮扶方式尽管具有周期短、见效快的特点，但它未能激发村庄在贫困治理过程中的主体性作用，容易出现脱贫不稳定或返贫风险。之后，各地也在不断探索内源性驻村帮扶的路径和方法，纠正以往驻村帮扶过程中存在的大包大揽或"保姆式"帮扶问题。2018年，各地驻村帮扶工作队更加注重村"两委"组织和群众尤其是贫困群众在脱贫攻坚中的主体性作用。在与村"两委"组织一道工作过程中，驻村帮扶工作队往往与村干部协商，征求村干部意见，注重挖掘村干部所具有的村庄社会资源，从而为顺利开展扶贫工作打下基础，为村干部贫困治理能力提升提供学习和培训机会；在与群众尤其是贫困群众互动过程中，深入了解贫困人口的需求，倾听他们的声音，并且注重宣传国家扶贫政策，发挥国家与贫困人口沟通的桥梁作用。同时，通过"农民讲习所""慈善超市"以及"幸福大讲堂"等多样化的形式，激发贫困人口内生发展动力。

工作效果方面，推动了精准扶贫政策举措落地，提升了贫困村治理水平，提高了群众尤其是贫困群众的自我发展能力。2018年，在驻村帮扶过程中，驻村帮扶工作队发挥了打通脱贫攻坚政策措施落地"最后一公里"的作用，广泛宣传并贯彻落实了脱贫攻坚目标、方略、政策以及路径，使国家脱贫攻坚政策举措在贫困地区落地生根、开花结果。驻村工作队在参与贫困村治理的过程中，通过组织召开基层组织会议、村民代表会议以及村民小组会议等方式，实现与村"两委"组织、广大群众的紧密互动。同时，参与村庄管理和贫困治理事务，增强了农村基层组织的权威性、凝聚力和号召力，使贫困村治理能力和管理水平得到显著提升。最后，在驻村帮扶工作队和村"两委"组织的带领下，部分贫困群众存在的"等、靠、要"的思想观念得到较大改观，脱贫积极性、自信心得到较为明显的提升，自我发展能力不断增强。

（三）加强驻村干部管理与考核力度

依据《关于加强贫困村驻村工作队选派管理工作的指导意见》，2018年从中央到地方进一步加强对驻村干部的管理、考核以及保障等工作，为干部驻村帮扶工作的有序开展提供了重要支持。

加强日常管理

各地继续坚持县级党委和政府对驻村工作队的管理职责，乡镇党委和政府对驻村工作队进行业务指导、支持与帮助。在县级层面，成立驻村工作领导小组，统筹协调、督查考核驻村帮扶工作开展情况；在乡镇层面，安排专人负责为驻村帮扶工作队提供具体指导、支持与帮助。与此同时，在日常工作过程中，各地还不断健全驻村帮扶工作制度，建立了工作例会、考勤管理、工作报告以及纪律约束等制度，使驻村帮扶工作规范有序运行。例如，广西壮族自治区规定了吃住在村、公开承诺、工作纪实、教育培训、工作例会、定期汇报、考勤和请销假、巡回督导、召回撤换9项管理制度，推动驻村帮扶工作落实到位。

加强考核激励

驻村帮扶干部的考核管理由其驻村帮扶的县委和县政府组织实施，具体考核内容依据当地实际情况而定。为了保证考核工作的客观性和公信力，对驻村干部实施的考核将考勤和考绩相结合，平时考核、年度考核与期满考核相结合，工作总结与村民测评、村干部评议相结合。与此同时，各地将表彰激励和严肃问责相结合：对表现优异、群众认可的驻村干部予以表彰，甚至列为后备干部，优先提拔任用；对不能胜任驻村帮扶工作者予以召回；对履职不力、弄虚作假、失职失责甚至造成更恶劣的影响者予以严肃处理，而且对派出单位和管理单位有关负责人予以问责处理。例如，2018年有11名驻村干部获得全国脱贫攻坚奖荣誉；四川省对驻村干部实行提拔任用、交流重用、职级晋升（岗位晋聘）、公务员遴选"四个优先"，全省共2.03万名驻村干部得到提拔重用；2018年，江西省共提拔使用驻村干部561人，召回驻村干部93人。通过实施奖罚分明的制度，驻村帮扶干部的工作责任进一步压实，工作动力得到了有效激发，驻村帮扶工作队战斗力得到增强。

强化驻村工作保障

首先，各地为驻村工作队提供必要的工作经费保障。为了推动驻村帮扶工作的开展，保持驻村帮扶工作有序运行，各地均根据经济社会发展状况安排驻村帮扶专项工作经费，制定驻村帮扶工作经费标准。例如，河北省按照各级财政分级负责的办法，为每个省直单位驻村工作队每年安排工作经费8万元、市县选派的工作队每年工作经费安排3万—5万元；重庆市使用市级单位财政和派出单位相结合的方法，为驻村帮扶工作队提供相应的工作经费；山东省则提升了驻村第一书记工作经费标准，由1万元提升至2万元。

其次，加强了对驻村干部的关心爱护。2018年，各地均为驻村帮扶工作队建立了必要的工作条件和生活条件保障制度，提供相应的生活补贴、通信补贴、交通补贴以及办理人身意外伤害保险等待遇。例如：青海省出台了《关于进一步加强第一书记和扶贫（驻村）干部关爱激励的十条措施》，为驻村帮扶干部解决生活补贴、住宿办公等问题；四川省出台关心激励脱贫攻坚一线干部22条硬措施，为驻村帮扶干部建立生活保障、健康体检以及轮流休假等制度。与此同时，各地还加强了对驻村帮扶干部的心理关怀，县乡"两委"和政府、派出单位负责人经常与驻村干部谈心谈话，了解其思想动态，激发其工作热情。例如，河北省开展了"暖心工程"，落实恳谈交流、亲情关爱以及心理调适等"十项措施"。

五、精准施策：全方位提升脱贫攻坚质量

从扶贫攻坚到脱贫攻坚，从打赢到打好，两次措辞的转变，彰显了党中央和国家对贫困问题和脱贫战略的新认识以及重视程度的再提升。而要想实现上述转变，就需要在脱贫攻坚过程中精准施策。这既需要政策体系的完善性，也需要方法措施的精准性，更需要在脱贫攻坚中调动多方面的积极性，形成合力。

（一）深化"五个一批"分类施策体系

特色产业发展

产业是"五个一批"中的首要内容。产业发展主要关注三点：一是特色。产业选择和规划应结合当地的资源、环境和条件，因地因村因户因人施策，在特色上找突破点。二是多层次。产业发展在县、乡、村、户四个层面应有一定的区分度，产业园区、片区、车间、项目点等应实现合理分工和有效衔接。三是技术手段和实现形式创新。产业发展需要借助和运用新兴技术手段和产供销工具，实现贫困户与市场和现代农业发展的有机对接，并构建贫困地区农业社会化服务体系。

《中共中央 国务院关于打赢脱贫攻坚战三年行动的指导意见》从五个方面提出了特色产业发展的实施路径：

一是深入实施贫困地区特色产业提升工程；二是组织国家级龙头企业与贫困县合作创建绿色食品、有机农产品原料标准化基地；三是加快推进"快递下乡"工程，完善贫困地区农村物流配送体系，加强特色优势农产品生产基地冷链设施建设；四是实施电商扶贫，优先在贫困县建设农村电子商务服务站点；五是积极推动贫困地区农村"三变"改革，制定实施贫困地区集体经济薄弱村发展提升计划，增加村级集体经济收入。

从总体上看，2018年，通过实施特色产业发展，贫困地区农业结构明显优化，贫困人口经营性收入显著增加，乡村旅游带动贫困人口脱贫格局不断优化，电商扶贫发展迅猛，光伏扶贫受益贫困人口快速增加。产业扶贫重点支持贫困地区、贫困农户发展特色种养业，推进扶贫小额信贷、光伏扶贫、电商扶贫、旅游扶贫、消费扶贫，建立完善了带贫减贫机制。

转移就业脱贫

对于贫困地区来说，最大的资源优势就是农村剩余劳动力。当前，非农收入尤其是外出务工的工资性收入已经成为农户收入的主要来源，转移就业是提高农户收入水平的重要路径。对于有劳动能力的贫困农户而言，稳定就业是实现脱贫致富最有效的手段。

《指导意见》对就业脱贫提出六点要求：一是提高劳务组织化程度和就业脱贫覆盖面；二是鼓励贫困地区发展生态友好型、劳动密集型产业，吸纳贫困家庭劳动力就近就业；三是鼓励开发多种形式的公益岗位，吸纳贫困家庭劳动力，增加劳务收入；四是深入推进扶贫劳务协作，加强劳务输出服务工作，在外出劳动力就业较多的城市建立服务机构，提高劳务对接的组织化程度和就业质量；五是实施技能脱贫专项行动，统筹整合各类培训资源，组织有就业培训意愿的贫困家庭劳动力参加劳动培训；六是推进职业教育东西部协作行动，实现东西部职业院校结对帮扶全覆盖。在人口集中和产业发展需要的贫困地区办好一批中等职业学校，建设一批职业技能实习实训基地。

2018 年，新增贫困劳动力转移就业 259 万人，建设了 3 万多个扶贫车间，吸纳了 77 万贫困人口就近就业。国家通过实施转移就业脱贫，促使贫困地区外出农民工数量进一步增加，贫困农户的收入水平明显提高，农民工综合素质较大提升，农民工返乡创业势头较好。

教育脱贫

贫困在代际的传递会导致阶层固化，进而阻碍社会公平正义。在多维贫困的分析框架下，贫困不仅仅是收入贫困，更是能力贫困和权利贫困。而教育是应对能力贫困和权利贫困的重要途径。《指导意见》对教育脱贫提出四点要求：一是以保障义务教育为核心，进一步降低贫困地区特别是深度贫困地区、民族地区义务教育辍学率，稳步提升贫困地区义务教育质量；二是全面推进贫困地区义务教育薄弱学校改造工作，确保所有义务教育学校达到基本办学条件；三是改善贫困地区乡村教师待遇，均衡配置城乡教师资源；四是健全覆盖各级各类教育的资助政策体系，加大贫困地区推广普及国家通用语言文字工作力度。

2018年，国家及有关部门通过实施贫困学生台账化精准控辍保学，强化义务教育联保联控精准控辍保学工作机制，完善和落实行政督促复学机制，贫困地区义务教育薄弱学校基本办学条件得到进一步改善。同时，各地扩大了贫困乡村师资队伍规模，强建了贫困乡村师资队伍力量，进而提升了贫困地区义务教育教学质量。教育部、国务院扶贫开发领导小组办公室联合印发《深度贫困地区教育脱贫攻坚实施方案（2018—2020年）》，为补齐深度贫困地区教育脱贫攻坚短板提供了系统的解决方案，提升了深度贫困地区适龄学生义务教育的质量。凉山"学前学会普通话"试点取得积极进展。

健康扶贫

《指导意见》以及《贫困地区健康促进三年攻坚行动方案》要求"深入实施健康扶贫工程"，并提出六项举措：一是将贫困人口全部纳入城乡居民基本医疗保险、大病保险和医疗救助保障范围。二是全面落实农村贫困人口县域内定点医疗机构住院治疗先诊疗后付费，在定点医院设立综合服务窗口，实现各项医疗保障政策"一站式"信息交换和即时结算。三是深入实施医院对口帮扶，为贫困县医院配置远程医疗设施设备，全面建成从三级医院到县医院互联互通的远程医疗服务网络。四是贫困地区乡镇卫生院设立全科医生特岗。五是全面实施贫困地区县乡村医疗卫生机构一体化管理，构建三级联动的医疗服务和健康管理平台,为贫困群众提供基本健康服务。六是实施贫困地区健康促进三年行动计划。

2018年,健康扶贫专项救治病种扩展到21种,累计救治1000多万贫困人口,贫困患者个人自付比例进一步下降,贫困地区就医条件得到改善。通过实施健康扶贫工程,农村贫困人口医疗兜底保障机制不断健全。

住房安全保障

《指导意见》《农村危房改造脱贫攻坚三年行动方案》等进一步规范了农村危房改造管理工作,提升了贫困人口住房安全保障的制度化水平。2018年,完成了115万户建档立卡贫困户危房改造任务,中央和地方均加大了补助力度。

第一,规范危房改造对象认定程序,实施台账化精准管理。一是根据建档立卡户、低保户和农村分散供养特困人员以及贫困残疾人名单开展危房鉴定工作;二是形成危房改造对象的电子信息档案,将施工过程、补助资金发放以及竣工验收等相关资料录入危房改造信息系统,坚持改造一户、销档一户。

第二,规范管理危房改造方式,严格执行危房改造标准。各地制定本地区农村危房改造的基本安全细化标准,引导改造对象建房量力而行,对拆除重建户建筑面积进行控制;同时,各省进一步明确危房改造的方式、标准与技术规范,促进危房改造工作执行到位。

第三,规范补助资金监督管理,完善危房改造公示制度。一是在补助资金拨付过程中，各省建立了分阶段按比例拨付的资金管理制度，确保督促危房改造进度和施工质量，同时严格确保资金使用规范，通过"一卡通"账户及时足额将补助金发放给农户。二是在危房改造前、中、后三个阶段都要落实县级信息公开主体责任，将相关信息在镇村两级公开，做好政策宣传解释工作，注重发挥广大群众的监督作用，及时解决广大群众反映的问题。

（二）更好发挥市场机制的推动作用

完善新型经营主体和贫困户互利共赢机制

在完善新型经营主体与贫困户的互利共赢机制方面，相关部门发布了包括总体战略部署及具体规划指导在内的政策文件。

第一，在加强培育贫困地区新型农业方面，要推动优势特色农业提质增效行动计划的实施，优先实施贫困地区的特色农业项目，推动特色农业基地建设。

第二，在益贫性利益联结方面，具体举措有：一是通过大力推广股份合作、订单帮扶、生产托管等方式，实现贫困户与现代农业发展有机衔接；二是发展"贫困地区特色产业提升工程"，并且"推动批发市场、电商企业、大型超市等市场主体与贫困村建立长期稳定的产销关系"。

截至 2018 年 9 月底，全国 22 个扶贫任务重的省份发展农业龙头企业 8.8 万家，832 个贫困县发展农民合作社 45 万家，带动农户 1500 多万户。其中，市级以上龙头企业 1.4 万家，与农民合作社共同带动建档立卡贫困户237万户。农民合作社成为带动贫困户脱贫的主要力量之一。截至2018年4月底，全国依法登记的农民合作社达到207.6万家，实有入社农户超过1亿户，约占全国农户总数的48.2%。全国已有联合社7200多家，带动农户超过500万户。在产销对接方面，2018年6月，农业农村部在北京启动了全国贫困地区农产品产销对接行动。来自集中连片贫困地区453个贫困县的1800多名供货商参加了首场对接活动，1370多名采购商进行现场订货，活动现场签约超过54亿份，总采购额127亿元，采购量252.6万吨。

增强信贷、保险和资本市场服务脱贫攻坚能力

第一，通过完善信贷体系和制度助推脱贫攻坚。一是充分考虑贫困户的抵押能力，探索将土地承包经营权、农民住房财产以及集体经营性建设用地使用权列入抵押资产的清单，加强农村信用担保体系建设，防范以小农户为帮扶主体的小额贷款变质，防范市场风险。二是增加乡村振兴的中长期贷款，主要是考虑到农村产业扶贫项目的长期性以及农民的还贷能力，从政策上突破以往小微信贷的贷款期短的阻碍，完善农村信用社省联社的管理。三是推进农村信贷体系建设，规范小额信贷发放的流程，在风险可控的前提下可办理无还本续贷业务。四是监督扶贫资金的使用状况，将信贷的对象及信贷基本状况、贷款企业与合作社的带贫机制透明化，并将贷款前后的具体状况进行公示。截至2018年12月底，全国涉农贷款余额达到32.7万亿元，比2007年末的6.1万亿元增加26.6万亿元，同比增长5.6%。全国银行业金融机构发放扶贫小额信贷余额2488.9亿元，支持建档立卡贫困户641.01万户，为推进产业扶贫工作提供了有力保障。

第二，通过完善保险机制助力脱贫攻坚。一是引导开发多样的保险品种。《指导意见》中强调："在贫困地区探索开发特色农业险种及小额贷款保证保险等业务，探索发展价格保险、产值保险、'保险＋期货'等新型险种，扩大贫困地区涉农保险保障范围。"二是政策支持探索开展新型保险试点。《指导意见》对新型保险试点进行了列举，例如"开展水稻、小麦、玉米三大主粮作物完全成本保险和收入保险试点；鼓励开展天气指数保险、价格指数保险和贷款保证保险等试点；发展农产品期权期货市场，扩大'保险＋期货'试点，探索'订单农业＋保险＋期货（权）'试点"。2018年6月5日，中国保险行业协会面向全社会公开发布首届"全国保险业助推脱贫攻坚十大典型"：四川凉山"惠农保"、甘肃秦安"两保一孤"精准扶贫、河北阜平"政融保"、河北"政银企户保"、河南兰考"脱贫路上零风险"、宁夏"脱贫保"、江苏泗洪"扶贫100"、云南普洱咖啡价格保险、全国7.8公里保险扶贫公益跑、贵州台江"产业扶贫保"。这些典型在打赢脱贫攻坚战中发挥了重要的作用。

第三，资本市场助力脱贫攻坚。2018年基金与债券助力脱贫攻坚的发展不仅成效显著，而且形式也得以创新。在基金助力脱贫的发展中，央企扶贫基金发挥了重要作用。央企扶贫基金是由国家开发投资集团有限公司（简称"国投集团"）全资设立的国投创益产业基金管理有限公司（简称"国投创益"）负责运营管理。连同此前由财政部、中国烟草集团、国投集团出资设立的贫困地区产业发展基金，国投创益负责管理的两只国家产业扶贫基金总规模达到 182 亿元。

截至 2018 年 10 月 16 日，这两只基金已在贫困地区投资共计 95 个项目，投资金额共计 140 亿元，投资项目分布于全国 27 个省（自治区、直辖市），实现 14 个集中连片特殊困难地区全覆盖。2018 年，地方政府共发行专项债券 17491 亿元，其中 9 月是最高值，发行地方专项债券 7389 亿元。

（三）增强贫困人口内生发展动力

开展教育培训

贫困人口内生发展动力问题很大程度上是观念、思想、认识、知识与技能等方面的缺失和不足所导致的。因此，对贫困人口开展相关的教育培训是实现扶贫与扶志、扶智相结合的首要、有效举措之一。

《指导意见》和《关于开展扶贫扶志行动的意见》提出应开展扶志教育和加强技能培训。在开展扶志教育上：一是明确教育内容；二是开展政策宣讲；三是创新教育工具和方式；四是注重贫困地区学校教育。在加强技能培训上，一是侧重于发展产业和就业需要，开展实用技术和劳动技能培训；二是侧重于劳务输出需要，开展与工作岗位相适应的技能培训。

从总体上看，全国各地结合现实状况和实际需求，开展了不同频次、内容丰富、形式多样的扶志教育活动和技能培训，贫困人口的自主脱贫意识得到较大增强，脱贫致富精神和思想初步形成，对脱贫政策的知晓、理解和参与程度都有较大提高，脱贫决心和信心也明显增强。其中，"农民夜校""讲习所"是其中比较有代表性的实现途径和平台。

典型示范引领

榜样的力量是无穷的。在精准扶贫、精准脱贫过程中，要激发贫困群众内生动力，最直接、最有效的方式就是通过身边人的真实鲜活的故事和案例来感染与带动。

《关于开展扶贫扶志行动的意见》要求"加强典型示范"，并提出四条具体的工作举措：一是选树典型，营造氛围；二是评选表彰，激励典型，带动群众；三是创新形式，宣传典型；四是综合施策，明确导向。

全国脱贫攻坚奖评选表彰活动是典型示范工作中最有影响、关注度最高的活动之一。2018年是国务院扶贫开发领导小组连续开展全国脱贫攻坚奖励评选表彰工作的第三年。评选工作于7月21日正式启动，经过报名推荐、资格审核、初次评审、实地考察、征求部门意见、复评审查、报批审定等程序步骤。从2018年起，全国脱贫攻坚奖中的奋进奖、贡献奖、奉献奖、创新奖，每个奖项每年表彰名额从10名增加到25名左右，并增设40个左右名额的组织创新奖用来表彰先进单位。2018年10月17日，全国脱贫攻坚奖表彰大会暨首场脱贫攻坚先进事迹报告会在北京召开，公布了本年度全国脱贫攻坚奖获奖名单，共有 25 人获得奋进奖，24 人获得贡献奖，25 人获得奉献奖，25 人获得创新奖，40 个单位获得组织创新奖。

改进帮扶方式

扶贫政策执行体制、机制和工具等对贫困人口的行为策略和方式都会产生较大的影响，对贫困群众所实施的帮扶方式也是培育与发挥其主体意识和作用的重要影响因素。

《关于开展扶贫扶志行动的意见》主要从四个层面提出了相应的行动方案和实施举措：一是引导贫困群众发展产业和就业；二是加大以工代赈实施力度；三是减少简单发钱发物式帮扶；四是发挥贫困群众主体作用。从以上四点来看，其关键在于，聚焦产业和就业两项与贫困人口增收和稳定脱贫直接相关的脱贫事项，采取产业、劳务、增收等奖补方式，实现正向激励；动员贫困群众参与到扶贫项目的实施过程中来；根据各地的资源禀赋等实际情况，将贫困人口的利益需求、发展意愿、经济收益与扶贫资源、脱贫项目及其运行机制有机结合起来，建立具有可持续性的利益共同体。

推行文化倡导

贫困地区交通闭塞，基础设施落后，地理区位不利，现代文明渗透不足，市场要素和发展资源匮乏，这些会导致民众在思想、观念和认知上的贫乏、落后，甚至形成某种独特的文化观念和生活方式等贫困亚文化，进而导致贫困人群缺乏自我脱贫或抓住脱贫机会的动力和能力。

为此，《关于开展扶贫扶志行动的意见》以"推进移风易俗"

为关键举措，提出了一系列具有较强操作性的政策措施。一是从推进农村精神文明建设，开展文明创建活动，奖励良好公共、家庭和个体行为，开展贫困村人居环境改善以及开展民族团结进步创建活动等层面提升乡风文明水平。二是通过创作文艺影视作品、宣讲自主脱贫故事、改善贫困乡村文化体育设施、组织文化下乡活动等，加大贫困地区文化供给。三是发挥村民治理机制和组织作用。以村规民约为约束，以优良传统为导向，以村民议事会、道德评议会、红白理事会、禁毒禁赌会等自治组织为依托，形成良好乡风和文明生活方式。四是加强不良行为惩戒。针对脱贫攻坚过程中出现的不良行为方式、负面现象和问题，可采取开展专项治理、设立红黑榜、深化法治建设、加强诚信监管和法律惩治、取消获得帮扶和社会救助资格等措施。

六、考核评估：确保脱贫攻坚成果经得起历史实践检验

2018年3月30日，中共中央政治局召开会议。会议强调，实行最严格的考核评估制度是打赢脱贫攻坚战的重要保障。离脱贫攻坚目标实现期限越近，任务越艰巨，越要实行严格的考核评估。要用好考核结果，对好的给予表扬奖励，对差的约谈整改，对违纪违规的严肃查处。要结合脱贫攻坚进展和考核情况，改进完善考核评估机制，通过较真碰硬的考核，促进真抓实干，确保脱贫工作务实，脱贫过程扎实，脱贫结果真实，让脱贫成效真正获得群众认可、经得起实践和历史检验。因此，确保脱贫攻坚成果经得起实践和历史的检验，必须强化以结果为导向的考核评估。

（一）完善贫困退出考核

为了贯彻落实《中共中央 国务院关于打赢脱贫攻坚战的决定》和中央扶贫开发工作会议精神，切实提高扶贫工作的针对性、有效性，2016年4月，中共中央办公厅、国务院办公厅印发《关于建立贫困退出机制的意见》。根据意见要求，2018年6月至8月，国务院扶贫开发领导小组委托第三方机构，对2017年申请摘帽的

20 个省区市 125 个贫困县退出情况进行考核。

贫困退出考核指标

基于发现问题和明确成效的考核评估导向，2018 年开展的贫困退出考核，其主要内容是综合贫困发生率，参考脱贫人口错退率、贫困人口漏评率和群众认可度三项指标，检查脱贫攻坚部署、重大政策措施落实、基础设施和公共服务改善、后续帮扶计划及巩固提升工作安排等情况。具体考核指标、标准如下表所示。

贫困县退出的考核指标和标准

考核指标		考核标准
主要指标	综合贫困发生率	低于 2%（西部地区低于 3%）
参考指标	脱贫人口错退率	低于 2%
	贫困人口漏评率	低于 2%
	群众认可度	原则上应达到 90%

上述指标的具体计算方法如下：

主要指标。综合贫困发生率，即建档立卡未脱贫人口、错退人口、漏评人口三项之和，占申请退出的贫困县的农业户籍人口的比重。综合贫困发生率高于 2%（西部地区高于 3%）的不得退出。

参考指标。（1）脱贫人口错退率，指抽样错退人口数占抽样脱贫人口数的比重；（2）贫困人口漏评率，即调查核实的漏评人口数占抽查村组未建档立卡农业户籍人口的比重；（3）群众认可度，指认可人数占调查总人数的比重。

贫困退出考核组织

2018年6月至8月进行的贫困县退出专项考核，有20个省区市的125个县，由中国人民大学、北京师范大学、华中师范大学等12个单位作为第三方机构牵头对相关省份进行考核。这些牵头单位按照相关要求分别开始组织实施专项考核工作。

具体而言，贫困县退出专项考核由国务院扶贫开发领导小组组织领导，由国务院扶贫办、中共中央组织部、国家发展和改革委员会、民政部、财政部、农业农村部等部门司级联络员组成考核工作组具体组织实施，日常工作由国务院扶贫办承担。实地考核，由国务院扶贫开发领导小组委托第三方机构承担。

贫困退出考核实施

2017年贫困退出考核，采取抽样调查、重点抽查、村组普查、座谈访谈等相结合的方法进行。村组和农户抽样，坚持问题导向，重点关注贫困县退出的薄弱环节和工作的盲区、死角。50%抽查村、抽查户在条件比较差、基础较为薄弱的偏远地区抽选，50%在县内随机抽样。贫困县退出考核县均调查规模约1000户，总规模约12.5万户。漏评户采取村组普查等方式进行，重点调查未纳入建档立卡的低保户、危房户、重病户、残疾人户、无劳力户等，县均普查排查8—12个村组，县均完成疑似漏评户调查约400户，漏评户问卷调查总规模约5万户。按照切实减轻基层负担的要求，此次考核不召开省市两级座谈会，所有数据由调查考核人员自行采集，不要求基层填表报数。

在任务要求方面，退出考核要求制定实施和抽样方案、组建考核队伍、建立工作机制、开展考核培训、组织实地考核、全程督导实地调查、负责考核质量控制、做出考核工作承诺、提交结果报告。

贫困退出考核结果

2017年，全国共有20个省区市125个贫困县申请摘帽。2018年6月至8月，国务院扶贫办委托第三方评估机构分两批开展专项考核。结果显示，125个县符合摘帽条件。

2018年8月17日，国务院扶贫办在北京召开"2017年第一批40个贫困县摘帽退出"专题新闻发布会，宣布第一批11个省区市的40个贫困县达到脱贫摘帽条件。第一批40个县共抽查行政村1158个，其中，贫困村755个，非贫困村403个，县均29个。实地调查农户6.3万户，县均约1580户，其中排查约2万户，问卷调查4.3万户。10月17日，国务院扶贫办宣布第二批评估结果，陕西延长县等85个贫困县达到脱贫标准，摘掉了贫困帽。至此，2018年中西部20个省区市2017年申请退出的125个贫困县，全部摘掉了贫困帽。

（二）统筹扶贫成效考核

省级党委和政府扶贫开发工作成效考核、东西部扶贫协作考核、中央单位定点扶贫工作考核等3项考核是扶贫成效考核最主要的内容，3项考核的主要任务是自上而下系统检查各省、自治区、直辖市扶贫开发与扶贫协作的工作成效。在3项考核中，省级党委和政府扶贫开发工作成效考核和东西部扶贫协作考核的考核内容多、程序复杂、人员规模大、涉及面广。

省级党委和政府扶贫开发工作成效考核

为确保到2020年现行标准下农村贫困人口实现脱贫，贫困县全部摘帽，解决区域性整体贫困，中央制定和实施了《省级党委和政府扶贫开发工作成效考核办法》，对中西部22个省（自治区、直辖市）党委和政府扶贫开发工作成效进行考核。2017年底各省市首先按照本省市制定的扶贫开发工作成效考核办法进行省内脱贫成效交叉考核，2018年1月4日至5日国务院扶贫办启动了2017年脱贫攻坚成效考核工作。

扶贫开发工作成效考核指标。2018年初考核的中西部22个省（自治区、直辖市）党委和政府，依据考核总体方案，主要从脱贫攻坚责任落实、政策落实和工作落实情况三个方面进行核查。首先，在责任落实方面，对照《脱贫攻坚责任制实施办法》，检查"省负总责"和"市县落实"责任体系建设和落实情况，核查脱贫攻坚年度减贫任务完成和取得成效情况。其次，在政策落实方面，对照《中共中央 国务院关于打赢脱贫攻坚战的决定》的决策部署和行业部门政策安排，检查脱贫攻坚政策落实情况、项目实施情况和取得的实际成效。最后，在工作落实方面，检验精准识别、精准退出动态调整是否准确规范，调查因政策落实不到位、帮扶工作不扎实导致脱贫人口返贫情况，评估精准帮扶措施的针对性和实效性，查找扶贫资金安排、拨付、使用和管理方面存在的问题。

扶贫开发工作成效考核实施。为确保工作成效考核客观、公正、真实、有效，在考核的实施上进行了细致的安排。关于考核方式，其具体实施流程是：

第一步是入户调研。对抽样贫困户、脱贫户、非贫困户和返贫户进行走访，填写调查问卷，了解脱贫攻坚与东西部扶贫协作政策措施、重点工作、资金项目与精准帮扶到户等情况。

第二步是交流座谈。听取省县情况介绍，与县乡村干部、东西部扶贫协作挂职干部、驻村工作队员、结对帮扶责任人座谈访谈，了解脱贫攻坚与东西部扶贫协作责任落实、政策落地、项目实施和资金使用管理等方面的情况。

第三步是实地查核。在县乡两级查阅规划计划制定、政策措施落实、项目实施管理、项目受益情况等方面的档案资料，随机抽取考核年度脱贫攻坚与东西部扶贫协作项目进行现场检查，并与入户访谈和交流座谈情况进行比对。

扶贫开发工作成效考核结果。2018年初对2017年省级党委和政府扶贫开发工作的成效考核取得了丰硕的成果。中共中央办公厅、国务院办公厅《关于2017年省级党委和政府扶贫开发工作成效考核情况的通报》系统总结了这次考核的结果。2017年，全国减少贫困人口1289万人，超额完成减贫1000万人以上的目标任务。9个省区市的28个贫困县通过专项考核率先摘帽，20个省区市的120多个贫困县提出摘帽申请，解决区域性整体贫困迈出坚实步伐。

综合年终考核和平时情况，2017年省级党委和政府扶贫开发工作成效综合评价好的省份为四川、江西、安徽、广西、西藏、新疆、湖北、贵州8个省区。综合评价较好的省份为重庆、河南、湖南、宁夏、吉林、山西、云南、青海、山西、黑龙江10个省区市。综合评价一般或发现某些方面有突出问题的省份为海南、甘肃两个省。综合评价较差且发现突出问题的省份为河北、内蒙古两个省区。

东西部扶贫协作考核

东西部扶贫协作考核指标。东西部协作考核内容包括两个部分：一是规定性内容，即扶贫协作协议内容完成情况。其中，东部地区共6项内容20个指标、中西部地区共6项内容19个指标，均涉及组织领导、人才支援（人才交流）、资金支持（资金使用）、产业合作、劳务协作和携手奔小康行动。二是自选性内容，即创新工作情况。包括四项内容，分别是：（1）人才支援、资金支持（使用）、产业合作、劳务协作和携手奔小康行动向深度贫困地区倾斜支持情况；（2）城乡建设用地增减挂钩节余指标跨省域调剂任务完成情况；（3）帮助贫困残疾人脱贫情况；（4）在人才支持、产业合作、劳务协作、动员社会力量参与等方面的创新工作情况。依据工作内容和考核要求，实地核查考核东西部帮扶双方的责任落实和工作落实情况。调查因政策落实不到位、帮扶工作不到位导致帮扶成效不明显，评估精准帮扶措施的针对性和实效性，查找帮扶项目和资金安排、拨付、使用和管理等方面存在的问题。

东西部扶贫协作考核实施。东西部扶贫协作考核程序除了按照扶贫成效考核程序展开外，还需要执行以下程序：

第一，入户调研要了解脱贫攻坚与东西部扶贫协作政策措施、重点工作、资金项目与精准帮扶到户情况；交流座谈要了解脱贫攻坚与东西部扶贫协作责任落实、政策落地、项目实施和资金使用管理等方面的情况；实地查核，随机抽取考核年度脱贫攻坚与东西部扶贫协作项目进行现场检查，并与入户访谈和交流座谈情况进行比对。

第二，在省级考核活动中，要了解东西部扶贫协作双方工作总体部署和各项帮扶措施落实情况，重点了解组织领导、人才支援、资金支持、产业合作、劳务协作和携手奔小康等方面工作落实情况和各项帮扶措施带动贫困户脱贫情况。在县级考核活动中，要了解扶贫协作双方党政主要负责同志互访调研情况和帮扶资金、项目用于贫困村、贫困户情况。座谈交流和干部访谈，还要包括东西扶贫协作挂职干部、东部选派的教师医生等专业技术人才、乡村干部、驻村工作队员、第一书记和结对帮扶责任人等。

第三，东西部扶贫协作入户调研，主要了解贫困家庭的人员构成、教育健康状况、基本生产经营、接受劳务就业和产业帮扶情况；贫困人员接受就业培训、参加专场招聘会等就业服务，到劳务协作企业就业岗位和收入情况；贫困人员接受企业帮扶，到企业务工或通过加入合作社、入股分红等利益联结机制受益情况；贫困人员接受教育、医疗、科技等帮扶情况。

第四，项目核查，县级层面东西部扶贫协作主要抽查人才支援、资金支持、产业合作、劳务协作、教育健康帮扶等方面项目。

乡村层面，在抽查村所在乡镇查阅该村年度东西部扶贫协作项目资料，然后对所有项目进行实地普查，与座谈交流、干部访谈、入户调查情况进行比对。抽样调查，要注意东西部扶贫协作考核每县要根据自查报告，提供帮扶项目受益清单，随机抽取 5 个左右的贫困户，深入开展调查核实。

东西部扶贫协作考核结果。东西部扶贫协作考核的对象较为复杂，既有参加帮扶的省区市，又有被帮扶的省区市；参与帮扶的和被帮扶的既有省级单位，又有地市级单位。在这次东西部扶贫协作考核中，多数单位获得了好评，例如，作为支援方，青岛市崂山区在贵州省安顺市普定县和陇南市礼县开展的六方面扶贫协作工作全部被评为"一类"。扶贫协作工作不好的县市也不少，例如广西壮族自治区龙胜县 2016—2017 年度的东西部扶贫协作和对口支援资金审计就发现了问题，具体表现为农村不稳定住房维修加固项目未向建档立卡贫困户倾斜；陕西省宁强县存在资金下达晚、项目推进慢、携手奔小康推进缓慢，以及项目聚焦精准不够等问题。

（三）用好考核评估结果

考核评估的目的在于监督，一方面要结合脱贫攻坚进展和考核情况，改进完善考核评估机制，确保脱贫工作务实、脱贫过程扎实、脱贫结果真实；另一方面要重视考核结果的运用，通过考核结果对被考核对象进行有效激励或严肃查处。通过实行最严格的考核评估制度实现打赢脱贫攻坚战的最终目标。

确保考核结果的公正性

要用好考核评估结果，其前提是考核评估结果有效公正。2018年，根据习近平总书记关于完善考核评估工作机制的重要指示精神和党的十九大针对脱贫攻坚的新部署新要求，国务院扶贫开发领导小组结合脱贫攻坚新进展新情况，在深入总结近两年考核评估工作、认真研究吸收各方面意见建议的基础上，采取6项举措改进完善2017年脱贫攻坚考核评估工作，其中着重强调了确保考核结果的公正性。

具体而言，首先是建立问题核实机制。省际交叉考核和第三方评估实地调查发现的疑似问题可以及时反馈给地方，地方对这个问题有疑义的可以解释说明。省际交叉考核组和第三方机构按要求进行复核，做到问题发现准确、判断依据扎实、原因分析深入，确保考核评估结果更加真实、可靠、过硬。

其次是要注重年终考核和平时考核的结合。2017年脱贫攻坚成效考核进一步完善了年终考核和平时掌握情况的结合，防止"一考定终身"，年终考核包括省级总结、省际交叉考核和第三方评估等，还有媒体暗访考核。具体考核内容中，把涉及脱贫攻坚主要方面的情况都尽可能纳入考核范围，使考核的结果更加科学，更加公正。

最后是改进综合分析评价办法。采取定量评价与定性分析相结合的方法，综合分析评价各省年度脱贫攻坚成效。加大对薄弱环节和突出问题的考核力度。对考核结果影响最大的是问题的数量和严重的情况，虽然减贫成效明显，但问题多且突出的省份，考评结果等次也会靠后。

用好贫困退出评估结果

2017年贫困县退出评估调查结果显示，36个中部地区贫困县综合贫困发生率全部低于2%，89个西部地区贫困县全部低于3%，均达到脱贫摘帽条件。从区域分布看，实现贫困县脱贫摘帽的省份由2016年的9个，增加到2017年的20个。西部12个省份都有贫困县退出。从摘帽数量看，2017年共125个贫困县脱贫摘帽，是2016年的4.5倍，解决区域性整体贫困的步伐明显加快。从退出质量看，县域整体面貌发生明显变化。贫困村水、电、路、信等突出短板加快补齐，基础设施和公共服务领域主要指标接近或达到全国平均水平。农村居民人均可支配收入增幅处于本省上游。脱贫人口错退率和贫困人口漏评率均较2016年显著下降。从群众认可度看，无论是进村入户调查，还是访谈县乡村干部、县乡人大代表、县政协委员，对脱贫摘帽都给予高度认可。群众认可度全部超过90%。同时，这125个县贫困规模较小、贫困程度不深、基础条件相对较好，也是脱贫摘帽的重要因素。

用好扶贫成效考核结果

2018年3月30日，习近平总书记主持召开中共中央政治局会议，听取2017年省级党委和政府脱贫攻坚工作成效考核情况汇报时指出，要用好考核结果，对好的给予表扬奖励，对差的约谈整改，对违纪违规的严肃查处。针对扶贫成效考核中发现的问题，各省区市均提出了整改工作方案。例如，综合评价较差且发现突出问题的内蒙古自治区，就从制定整改落实方案、抓紧约谈工作、脱贫问题大排查、完善针对性的政策措施、借鉴学习兄弟省份好经验做法、组织干部培训等多项措施入手提出整改工作方案。综合评价好的新疆维吾尔自治区针对考核评估所指出的几类问题，逐项对照自查，认真研究分析，及时梳理汇总，形成了新疆维吾尔自治区《关于2017年省级党委和政府扶贫开发成效考核发现的各类财政资金问题整改工作的报告》，并根据报告加强整改。在东西部扶贫协作考核方面，2018年5月30日，国务院扶贫办召开全国东西部扶贫协作考核整改落实协调会。会议通报了2017年东西部扶贫协作考核情况，分析研究存在的突出问题和薄弱环节，对做好下一步工作提出明确要求。国务院扶贫办党组书记、主任刘永富在会上强调，各地要认真贯彻习近平总书记关于切实做好新形势下东西部扶贫协作工作的重要讲话精神和中央决策部署，进一步提高认识，加强组织领导；东部地区要认真履行帮扶责任，加大工作力度，增强帮扶工作的有效精准度，西部地区要进一步强化主体责任，做好衔接配合，增强工作的主动性、有效性。

七、加大深度贫困地区脱贫攻坚力度

（一）构建和完善深度贫困脱贫攻坚战的政策体系

按照习近平总书记关于深度贫困地区脱贫攻坚重要论述的指引和要求，2017年11月，中共中央办公厅、国务院办公厅印发了《关于支持深度贫困地区脱贫攻坚的实施意见》，对深度贫困地区脱贫攻坚工作作出全面部署。《关于支持深度贫困地区脱贫攻坚的实施意见》指出，西藏、四省藏区、南疆四地州和四川凉山州、云南怒江州、甘肃临夏州（以下简称"三区三州"）等深度贫困地区是脱贫攻坚中的硬骨头，补齐这些短板是脱贫攻坚决战决胜的关键之策。

根据国务院扶贫开发领导小组的统一部署，确定深度贫困地区。中央确定重点支持"三区三州"，相关省份在"三区三州"确立了135个深度贫困县、8700多个深度贫困村，在"三区三州"外确立了199个深度贫困县，21300多个深度贫困村。

经国务院扶贫开发领导小组备案同意，6省区印发"三区三州"脱贫攻坚实施方案并认真组织实施，确定的年度工作任务全部完成。各地对确定的深度贫困地区都制定了针对性举措，加大了工作力度。2018年新增中央财政专项扶贫资金120亿元用于"三区三州",占全国新增资金的60%。国务院扶贫办配合西藏、新疆、青海,指导云南、四川、甘肃召开深度贫困地区脱贫攻坚现场推进会,总结推广经验,研究解决问题,推动政策落实。东西部扶贫协作和中央单位定点扶贫进一步聚焦深度贫困地区。

《中共中央 国务院关于打赢脱贫攻坚战三年行动的指导意见》,突出强调要以"三个着力"集中力量支持深度贫困地区脱贫攻坚,进一步细化和明确了各部门各主体在深度贫困地区脱贫攻坚战中的职责。26个中央部门针对"三区三州"等深度贫困地区,出台27个政策文件。

国家旅游局和国务院扶贫办联合印发了《关于支持深度贫困地区旅游扶贫行动方案》,明确指出支持深度贫困地区旅游扶贫的目标任务。

教育部以"一号文件"形式印发了《深度贫困地区教育脱贫攻坚实施方案(2018—2020年)》,要求以"三区三州"为重点,推动教育新增资金、新增项目、新增举措进一步向"三区三州"倾斜;精准建立"三区三州"教育扶贫台账,稳步提升"三区三州"教育基本公共服务水平,面向"三区三州"实施推普脱贫攻坚行动,多渠道加大"三区三州"教育扶贫投入,加大保障力度。

2018年3月21日,农业农村部召开"三区三州"产业扶贫对接会,专题研究部署"三区三州"产业扶贫工作,强调要进一步增强责任感和使命感,加大倾斜支持力度,优化政策供给,强化措施落地,提升产业扶贫质量,为"三区三州"打好打赢脱贫攻坚战、实施乡村振兴战略、全面建成小康社会提供可靠保障。

民政部出台《关于推进深度贫困地区民政领域脱贫攻坚工作的意见》，多措并举、合力推进民政领域脱贫攻坚工作；人力资源和社会保障部、国务院扶贫办联合印发《关于开展深度贫困地区技能扶贫行动的通知》，要求聚焦深度贫困地区，坚持精准扶贫和就业导向，加大帮扶力度，做到"应培尽培、能培尽培"，努力实现每个有培训需求的贫困劳动力都有机会接受职业技能培训，每个有就读技工院校意愿的建档立卡贫困家庭应往届初高中毕业未能继续升学的学生都有机会接受技工教育。建立完善职业指导、分类培训、技能评价、就业服务协同联动的公共服务体系，提升职业技能培训促进转移就业的脱贫效果。

2018年5月9日，能源局印发《进一步支持贫困地区能源发展助推脱贫攻坚行动方案（2018—2020年）》，提出进一步加大倾斜力度，依据"三区三州"相关能源规划，合理开发利用深度贫困地区能源资源，在深度贫困地区优先布局重大能源投资项目和安排资金，促进资源优势尽快转化为经济发展优势。

2018年8月10日水利部印发《水利扶贫行动三年（2018—2020年）实施方案》，到2020年，贫困地区水利基础设施公共服务能力接近全国平均水平，因水致贫的突出水利问题得到有效解决，支撑贫困地区长远发展的水利保障能力得到较大提升，水利良性发展机制初步建立，基本建成与全面小康社会相适应的水安全保障体系。

2018年10月19日，国家医疗保障局会同财政部、国务院扶贫办印发《医疗保障扶贫三年行动实施方案（2018—2020年）》，提出重点聚焦深度贫困地区和因病致贫返贫等特殊贫困人口，立足现有保障体系、坚持现行制度标准、精准施策、综合保障，细化实化医保扶贫措施，确保到2020年，农村贫困人口全部纳入基本医保、大病保险和医疗救助保障范围，农村贫困人口医疗保障受益水平明显提高。

工业和信息化部颁布《关于推进网络扶贫的实施方案（2018—2020年）》，要求以"三区三州"等深度贫困地区和部系统定点帮扶县、燕山—太行山片区县为重点，以推进网络基础设施建设为突破口，以加快网络扶贫应用为方向，充分调动各方面积极性、主动性和创造性，不断缩小城乡"数字鸿沟"，为打好精准脱贫攻坚战提供坚实的网络支撑。这些政策的"组合拳"为打赢深度贫困地区脱贫攻坚战营造了良好环境，提供了有力保障。

（二）各省市区有力推进深度贫困地区脱贫攻坚

2018年是深度贫困地区脱贫攻坚战的推进之年，各省区市在第一时间衔接和落实好中央层面决策部署的同时，积极结合地方实际，尽锐出战，有力推进深度贫困地区脱贫攻坚。

按照习近平总书记关于深度贫困地区脱贫攻坚工作重要论述的指引，结合本省实际，贵州省委办公厅、省政府办公厅下发《贵州省深度贫困地区脱贫攻坚行动方案》，明确着力打好七大战役，攻克贵州省深度贫困最后堡垒，确保同步实现全面小康。具体包括：(1)实施脱贫攻坚农村公路"组组通"三年大决战，优先支持全省深度贫困地区和当年拟脱贫摘帽县率先实现"组组通"硬化公路；（2）实施产业扶贫三年行动计划，重点推进蔬菜、茶叶、生态家禽、食用菌、中药材短平快优质产业大范围、大规模发展，争取到2019年，重点扶贫产业产值达到2500亿元以上，覆盖66个贫困县和其他县的贫困人口，重点向深度贫困地区倾斜，累计带动300万以上建档立卡贫困人口受益脱贫；（3）加大力度推进易地扶贫搬迁，以深度贫困地区和自然村（寨）整体搬迁为重点，加快推广落实"五个三"经验，切实解决好搬迁群众的生计保障和后续发展；（4）加快推进农村危房改造和住房保障，到2019年底，完成全省51万户左右农村危房改造任务（其中建档立卡贫困户、低保户25万户左右）；（5）全面开展贫困劳动力全员培训促进就业脱贫，对有劳动能力未就业的贫困对象开展全员培训，突出就业技能、实用技术人才、民族特色手工艺、技能教育长期培训等重点，拓宽劳务输出门路，确保每一个农村建档立卡贫困户家庭至少有一人以上实现就业创业；（6）加快推进健康扶贫，全面落实四重医疗保障制度，不断扩大报销范围、提高补偿比例、降低补偿门槛、优化医保经办服务，确保建档立卡贫困人口医疗费用实际补偿比在90%以上；（7）加快推进旅游扶贫，重点对全省深度贫困地区的旅游资源优先开发利用，通过大力实施旅游项目建设、景区带动、旅游资源开发、乡村旅游及其标准化建设、旅游商品开发、"旅游+"多产业融合发展、旅游结对帮扶、教育培训等扶贫工程，"十三五"期间带动全省100万以上建档立卡贫困人口脱贫。

青海省在推动本省深度贫困地区脱贫攻坚工作过程中，紧扣脱贫目标，坚持精准方略，逐级压实攻坚责任，不断完善政策设计，持续加大资金投入，贫困地区基础设施明显改善，公共服务大幅提升，"造血"式扶贫效应日益显现，整体面貌发生了根本性转变。特别是根据本省深度贫困问题实际，陆续制定了一批有针对性的政策举措，如在健康扶贫领域，出台《青海省健康扶贫工程实施方案》《青海省健康扶贫工程"三个一批"行动方案》等多个政策文件，解决好贫困群众因病致贫问题，制定专门深度贫困地区教育脱贫攻坚实施方案，发展好深度贫困地区教育事业等。

云南贫困程度深，脱贫任务艰巨，是我国脱贫攻坚的主战场，如期打赢云南脱贫攻坚战，对全国脱贫攻坚具有重要意义。云南省委省政府坚持习近平总书记关于扶贫工作重要论述的指引，坚决攻克深度贫困堡垒。实践中瞄准靶心、聚焦难点钉钉子，全力打好产业扶贫、就业扶贫、易地扶贫搬迁、生态扶贫、教育医疗住房"三保障"硬仗。其一，坚持精准扶贫与区域发展相结合，统筹衔接脱贫攻坚与乡村振兴，着力改善深度贫困地区发展条件。其二，坚持主动作为、挖掘潜力，统筹用好各方资源，学习践行"闽宁模式"，制定激励政策措施，切实做好服务保障工作，动员全社会力量参与深度贫困地区脱贫攻坚。其三，牢牢抓住人这个关键，加强价值观引导，坚持正向激励和约束并重，扶贫同扶志、扶智相结合，摒弃"等、靠、要"思想，全面激发内生动力。其四，深化各项改革，以体制机制创新和政策创新为突破口，加大对内对外开放力度，激发市场活力和社会创造力，增强深度贫困地区脱贫攻坚动力。其五,未雨绸缪、加强管理,做好风险防范工作。特别是,云南省坚持把新时代党的组织路线落实到脱贫攻坚工作中,切实加大组织领导力度,充分发挥党的组织力量、组织功能、组织优势,压实最严格的攻坚责任,集结最过硬的攻坚队伍,锻造最坚强的攻坚堡垒,树立最鲜明的攻坚导向,为攻克深度贫困堡垒提供坚强组织保证。

为了推动脱贫攻坚工作更加有效开展,云南省委、省政府印发了《关于打赢精准脱贫攻坚战三年行动的实施意见》,并明确了五大保障措施:一是加强组织领导,全面落实"省负总责"要求。省委、省政府领导都挂联深度贫困地区。同时,州(市)、县党委和政府主要领导分别挂联脱贫任务最重的乡镇和贫困程度最深的村,做到人员、责任、工作、效果"四个到位",形成工作聚焦、资源聚集、力量聚合的工作格局。二是配套政策措施,从新增项目、转移支付、资金整合、金融投入、保险扶贫、资本市场、干部人才、社会帮扶、土地政策、兜底保障10个方面加大支持力度。三是动员力量合力攻坚,进一步强化对深度贫困县的帮扶力量。云南省为每个深度贫困县安排了3家省级单位、1家省属企业结对帮扶,1支省级工作队、1个上海或广东经济发达县开展"携手奔小康行动"。每个村派驻1个县以上机关事业单位选派的工作队、安排1家民营企业开展"万企帮万村"精准扶贫行动。动员最广泛的社会力量参与实现有效对接、精准帮扶。今年,上海帮扶深度贫困地区,广东帮扶怒江和昭通的力度都在增大。很多项目都向深度贫困地区倾斜,国家给云南省增加了34.5万人的易地扶贫搬迁任务,89%是在深度贫困地区,增加量最大的是怒江和昭通。四是激发内生动力,通过深入开展"自强、诚信、感恩"主题教育实践活动,建立正向激励机制,培养贫困群众发展生产和务工经商的基本技能,引导贫困群众用自己的双手光荣脱贫、勤劳致富。五是加强检查督查,建立完善考核督查、监管监督、执纪问责多管齐下的工作机制,做到分工明确、责任清晰、任务到人、考核到位。

八、提升东西部扶贫协作和定点扶贫精准度与有效性

作为中国特色社会主义扶贫开发事业的重要组成部分,东西部扶贫协作和定点扶贫在大扶贫开发格局中的独特优势日益彰显。2018年,针对贫困地区现实需求,我国通过进行体制机制创新,不断提升东西部扶贫协作和定点扶贫帮扶的精准度与有效性,有效推动了贫困地区的脱贫攻坚进程。

(一)东西部扶贫协作实现跨越性发展

作为中国特色的区域协调发展和扶贫方式,东西部扶贫协作实施20多年来,取得了丰硕成果。2016年7月21日,习近平总书记在银川主持召开东西部扶贫协作座谈会并发表重要讲话,强调东西部扶贫协作和对口支援,是推动区域协调发展、协同发展、共同发展的大战略,是加强区域合作、优化产业布局、拓展对内对外开放新空间的大布局,是实现先富帮后富、最终实现共同富裕目标的大举措,必须认清形势、聚焦精准、深化帮扶、确保实效,切实提高工作水平,全面打赢脱贫攻坚战。2018年7月4日,国务院扶贫开发领导小组组长胡春华在全国东西部扶贫协作工作推进会上强调,

东西部地区要把扶贫协作作为重大政治任务，健全协作机制，细化协作举措，不折不扣落实好协议。要创造性开展帮扶，做好当前任务与长远目标衔接。要管好用好帮扶资金，集中办一批贫困群众急需的民生实事。要较真碰硬开展考核监督，确保东西部扶贫协作取得实效。总体来看，2018年，各地认真贯彻银川会议和全国东西部扶贫协作工作推进会精神，持续加大东西部扶贫协作和对口支援工作力度，不断加强组织领导，完善扶贫协作机制，狠抓工作举措落实，东西部扶贫协作强力推进，实现了跨越性进展。

组织领导进一步加强。2018年，东部9省市13个城市和中西部地区的12个省区市20个市州党政主要负责同志带队赴对口省区市开展了调研对接，双方开展省级党政负责同志互访352人次，是2017年的1.42倍。

资金投入力度进一步加大。2018年，东部地区向西部地区投入财政援助扶贫资金177.6亿元，是2017年的3.02倍；县均投入财政援助资金3739万元，是2017年的3.02倍；动员社会各界捐助款物47.7亿元，是2017年的1.29倍。

人才交流进一步强化。2018年，东西部扶贫协作双方互派挂职干部4569人次，是2017年的1.77倍；东西部扶贫协作双方互派专业技术人才27874人次，是2017年的1.51倍。

劳务协作力度普遍加大。2018年，帮助贫困人口到东部结对省份就业数、帮助贫困人口省内就业数、帮助贫困人口到其他地区就业数、接受贫困学生就读职业院校并推荐就业数等比2017年均有明显增加。

产业合作成果丰硕。2018年，引导1.5万家企业到西部地区开展产业合作，企业实际投资3646.9亿元，是2017年的2.99倍；通过产业合作带动贫困人口脱贫效果凸显；共援建扶贫车间1363个，吸纳贫困人口就业32649人；促进贫困地区特色农产品销售，助力贫困群众脱贫。

携手奔小康行动实现全覆盖。2018年，携手奔小康行动共安排343个东部强县（市、区）结对帮扶中西部573个贫困县，实现了对扶贫协作地区贫困县结对帮扶全覆盖；东部县（市、区）党委政府主要负责同志到贫困县调研对接人次明显增加；参与结对帮扶的东部经济强镇、村、企业、学校和医院数量也不断增加；全年共实施扶贫协作项目8400个，带动183.4万贫困人口脱贫。

对深度贫困地区和特殊困难群体的帮扶实现突破。2018年，东西部扶贫协作双方按照中央的新部署新要求，进一步加大对深度贫困地区和特殊困难群众的帮扶力度，东部8个省市、中西部13个省区市全面完成土地增加挂钩节余指标跨省调入、调出任务，筹集资金740亿元重点用于深度贫困地区脱贫攻坚；将帮扶残疾人脱贫纳入东西部扶贫协作范围，全年通过特设岗位、技能培训、转移就业等方式帮助8.15万名贫困残疾人实现脱贫。

（二）中央单位定点帮扶迈上新台阶

2015年12月8日，习近平总书记就机关企事业单位做好定点扶贫工作作出重要指示，指出做好新形势下定点扶贫工作，要深入贯彻中央扶贫开发工作会议精神，切实增强责任感、使命感、紧迫感,坚持精准扶贫精准脱贫,坚持发挥单位、行业优势与立足贫困地区实际相结合,健全工作机制,创新帮扶举措,提高扶贫成效,为坚决打赢脱贫攻坚战作出新的更大贡献。

2018年9月17日,国务院扶贫开发领导小组组长胡春华在中央单位定点扶贫工作推进会上强调,中央单位要把定点扶贫作为一项重大政治任务,健全工作机制,不折不扣落实好帮扶承诺,切实发挥示范引领作用。总体来看,2018年中央单位普遍加大定点扶贫力度,形成比学赶超浓厚氛围,明确部门责任,突出脱贫攻坚过程中的重点任务,从而使各自对贫困地区的定点帮扶迈上了新台阶。

2018年,中央定点扶贫单位深入学习习近平总书记关于扶贫工作的重要论述,认真贯彻落实中央脱贫攻坚决策部署,各单位对脱贫攻坚更加重视,工作机制更加健全,帮扶举措更加精准,帮扶力度进一步加大,基本上都超额完成了责任书承诺事项,定点扶贫又有了突破性进展。据统计,2018年,各单位主要负责同志到定点扶贫县调研540人次,其他班子成员1104人次,是上一年的1.34倍;各单位共选派挂职扶贫干部1131名,是上一年的1.73倍,驻村第一书记554名,是上一年的1.49倍,各单位直接投入和帮助引进帮扶资金170.8亿元,完成责任书计划数的139%,是上一年的1.23倍。帮助培训基层干部和技术人员42.3万名,在已经摘帽的153个贫困县中,中央单位定点扶贫县有75个,占49%。2017年,中央单位共有7名先进个人、6个先进集体荣获2018年脱贫攻坚奖。军队也积极参与定点扶贫工作,帮扶了4100多个贫困村,累计帮助43.7万名贫困群众。2018年,动员香港、澳门参加内地脱贫攻坚，香港选择四川南江县、澳门选择贵州从江县作为首个帮扶点，从而实现"一国两制"体制下帮扶工作的全覆盖。国家发改委和各级发改部门加大对口帮扶力度，围绕精准扶贫重心下沉、采取措施。

民营企业、社会组织、公民个人积极参与脱贫攻坚。2018年是"万企帮万村"行动的丰收之年，截至2018年12月底，进入全国"万企帮万村"行动台账管理的民营企业已达7.64万家，帮扶到8.51万个村，其中建档立卡贫困村4.88万个，共带动和惠及973.04万建档立卡贫困人口；产业投入712.46亿元（其中购买农产品52.27亿元），公益投入127.74亿元，安置就业67.97万人，技能培训84.60万人。

九、实现脱贫攻坚专项巡视全覆盖

依据《中国共产党巡视工作条例》和《中国共产党党内监督条例》，经党中央批准，十九届中央第一轮巡视于2018年2月下旬到5月下旬对河北省、山西省、国家统计局、住房和城乡建设部等30个地方、单位党组织开展常规巡视。纳入扶贫考核的22个省（自治区、直辖市）中，黑龙江省、河北省、山西省、河南省、宁夏回族自治区、四川省、贵州省、湖南省和海南省9省区被纳入十九届中央第一轮巡视。巡视结束后，巡视组对所发现的问题进行了反馈。对于中央巡视组的反馈意见，相关省区及时进行了整改。

从十九届中央第一轮巡视和各方面调研的情况看：扶贫领域形式主义、官僚主义、弄虚作假以及消极腐败现象仍然存在；东西部扶贫协作和对口支援存在一些薄弱环节；有些政策性问题涉及多个部门，需要中央层面统筹研究解决。有鉴于此，党中央决定将第二轮巡视确定为脱贫攻坚专项巡视，目的就是集中一段时间、聚焦一个专题，着力发现和推动解决脱贫攻坚过程中人民群众反映强烈的突出问题，影响制约脱贫攻坚目标如期实现的全局性、深层次问题，确保脱贫政策兑现落实、脱贫攻坚工作健康发展、贫困群众真正脱贫，厚植党执政的政治基础、群众基础。

（一）深入开展脱贫攻坚专项巡视

十九届中央第二轮巡视是中央脱贫攻坚专项巡视，同时也是中央巡视组首次围绕一个主题、集中在一个领域开展专项巡视。其主要任务是：发现和推动解决突出问题，促进脱贫攻坚工作健康发展。本轮巡视对象包括：13个省区市（青海省、甘肃省、湖北省、广西壮族自治区、西藏自治区、重庆市、陕西省、新疆维吾尔自治区、内蒙古自治区、吉林省、安徽省、江西省、云南省）以及脱贫攻坚中承担重要职责的11个中央国家机关（教育部党组、国家卫生健康委员会党组、国家发展和改革委员会党组、住房和城乡建设部党组、水利部党组、交通运输部党组、财政部党组、人力资源和社会保障部党组、国务院扶贫开发领导小组办公室党组、农业农村部党组、民政部党组），两个中央金融企业党组织（中国农业发展银行党委和中国农业银行党委）。巡视的主要内容有：对被巡视党组织落实脱贫攻坚政治责任进行监督和督促，紧紧围绕"四个落实"，深入开展监督检查。在"四个落实"中，最关键的是主体责任和监督责任的落实。

具体而言，要做到"八看"：（1）重点从"两个维护"的政治高度，看党委贯彻落实习近平总书记重要讲话、指示、批示精神和党中央脱贫攻坚方针政策情况，督查被巡视党组织把党中央脱贫攻坚决策部署落到实处；（2）看省区市党委履行脱贫攻坚主体责任情况，确保脱贫攻坚工作务实、脱贫过程扎实、脱贫结果真实；（3）看中央单位履行脱贫攻坚责任情况，推动中央脱贫攻坚决策部署精准实施;(4)看纪检监察机关履行脱贫攻坚监督责任情况,把全面从严治党要求贯彻到脱贫攻坚全过程,为如期实现脱贫攻坚目标提供坚强纪律和作风保障;(5)看各类监督检查发现脱贫攻坚过程中问题整改落实情况,进一步巩固深化已有监督检查成果;(6)看扶贫领域干部队伍建设情况,为如期实现脱贫攻坚目标提供坚强组织保障;(7)看抓党建促脱贫攻坚和基层党组织建设情况,推动解决贫困地区一些基层党组织弱化、虚化、边缘化问题,夯实脱贫攻坚工作的组织基础;(8)看东西扶贫协作和中央单位定点扶贫工作开展情况,推动形成全党全社会集中攻坚的强大合力。"八看"明确了专项巡视的监督重点,明确了在专项巡视中须牢固树立"四个意识"。深入开展"八看",每一"看"都要落到政治责任上去分析,精准开展"专项体检",找出病根、分析病因、开出药方,发挥巡视政治监督和政治导向作用。

十九届中央第二轮巡视立足"再监督",避免"重复监督"。巡视作为政治监督、组织监督、纪律监督,要与各领域的业务监督、工作检查区别开来,提高政治站位,做到督促不包揽、监督不替代、到位不越位。与常规巡视相比,这次专项巡视时间缩短了三分之二,现场巡视时间只有1个多月,对巡视组要求更高、挑战更大。

巡视组在专项巡视之前,汇编了习近平总书记关于脱贫攻坚的重要讲话和指示批示以及党中央脱贫攻坚政策文件。梳理已有监督发现问题清单等8类23个方面89条问题,形成了900多份500余万字的材料。本轮巡视的另一大特点是充分利用已有监督成果。比如，对国务院扶贫开发领导小组督查巡查、各级纪检监察机关专项治理、各省区市专项巡视巡查等监督检查成果进行汇总并提供给各巡视组，由各组安排专门力量进行梳理分析，按专题和板块形成问题清单，明确工作重点和主攻方向。

2018年10月9日，中共中央政治局常委、中央巡视工作领导小组组长赵乐际在北京出席十九届中央第二轮巡视工作动员部署会并讲话。他指出，要突出"专"的特点，紧扣监督主题，准确把握工作定位和主要任务，紧紧围绕落实党中央脱贫攻坚方针政策、落实党委（党组）脱贫攻坚主体责任、落实纪委监委（纪检监察组）监督责任和有关职能部门监管责任、落实脱贫攻坚过程中各类监督检查发现问题整改任务，深入开展监督检查。要盯住"关键少数"，聚焦脱贫攻坚重点对象，深入查找脱贫攻坚中普遍性、倾向性问题，充分发挥巡视监督独特作用。

2018年10月下旬，中央脱贫攻坚专项巡视组全部进驻。至此，纳入扶贫考核的22个省（自治区、直辖市）实现了十九届中央巡视全覆盖。

（二）全面整改脱贫攻坚专项巡视发现的问题

2019年1月16日至30日，26个被巡视地区和单位党组织相继召开巡视反馈会议，根据中央巡视工作领导小组部署，中央纪委国家监委、中央组织部有关领导出席反馈会议，对抓好巡视整改工作提出要求。反馈中，巡视组充分肯定被巡视党组织脱贫攻坚工作取得明显成效，广大扶贫干部作出了重要贡献，同时也指出了存在的问题。巡视组发现如下问题：一是有的落实党中央脱贫攻坚方针政策不够精准或存在偏差；二是有的被巡视党组织履行脱贫攻坚主体责任存在偏差或不够到位，部分省区市五级书记责任落实不够扎实；三是有的纪检检查机关履行监督责任不够有力，推进扶贫领域腐败和作风问题专项治理不够到位；四是有的地区和单位扶贫领域形式主义、官僚主义突出；五是有的地区职能部门监管不到位、扶贫资金监管力度不够；六是有的党组织对发现的问题整改不扎实不到位；七是有的中央部门发挥行业扶贫指导和监管力度不够大；八是有的中央部门定点扶贫存在薄弱环节，扶贫干部选派和管理存在短板。

各巡视组组长提出了具体整改意见，要求被巡视党组织进一步提高政治站位，树牢"四个意识"，坚定"四个自信"，做到"两个维护"，深入学习贯彻习近平总书记关于扶贫工作系列重要讲话精神，把脱贫攻坚作为重大政治任务和"不忘初心、牢记使命"主题教育的重要实践载体。强化政治担当，认真履行脱贫攻坚主体责任，中央单位要安排专门力量集中承担脱贫攻坚任务。认真组织召开巡视整改专题民主生活会，对照中央要求查找差距，真改实改、全面整改，形成整改常态化长效化机制。强化纪委监委监督责任和职能部门监管责任。深化扶贫领域腐败和作风问题专项治理，坚决查处群众反映强烈的腐败和作风问题。加大对"三区三州"等深度贫困地区的政策倾斜力度，确保如期高质量完成脱贫攻坚任务。

从 2019 年 5 月 16 日起，中央纪委国家监委网站陆续公布中央脱贫攻坚专项巡视整改进展情况。2019 年 5 月 20 日，中央纪委国家监委网站公布了 15 个单位党组织关于中央脱贫攻坚专项巡视整改进展情况的通报。至此，十九届中央第二轮巡视对 26 个地方、单位党组织开展脱贫攻坚专项巡视的整改进展情况已全部向社会公布。被巡视地方和单位针对巡视反馈中指出的"不足""不够""不到位"等突出问题，靶向发力，抓实各项整改措施。

2019 年 5 月 16 日发布的《中共国务院扶贫开发领导小组办公室党组关于脱贫攻坚专项巡视整改进展情况的通报》显示，国务院扶贫办党组持续加强扶贫领域作风建设，做了以下整改工作：一是认真抓好中共中央办公厅《关于解决形式主义突出问题为基层减负的通知》的贯彻落实，要求地方做到的国务院扶贫办带头做到，当好表率，发挥示范作用。二是深化扶贫领域作风建设专项治理，着力解决政治站位不够高、责任落实不到位、工作措施不精准、资金项目管理使用不规范、工作作风不扎实、考核监督不够严等突出问题，巩固前期作风治理成果。三是规范考核评估，将省级党委和政府扶贫开发成效考核、东西部扶贫协作考核、中央单位定点扶贫考核，整合为脱贫攻坚成效考核，指导督促各地统筹整合省级及以下脱贫攻坚考核，着力解决多头考核、搭车考核、重复检查等问题。四是减少基层填表报数，除根据统一部署填报建档立卡信息系统数据外，任何单位和部门不得以任何理由要求村级填报扶贫数据，切实为基层减负。五是开展常态化约谈。加强暗访督查，及时发现问题，随时约谈、随时纠正。六是加大典型案件的公开曝光力度。对形式主义、官僚主义问题严重和影响恶劣的典型案件，严肃查处，严肃问责。对典型案件及时曝光，发挥警示作用，让各级干部深刻吸取教训，引以为戒。

2019年5月17日发布的《中共江西省委关于脱贫攻坚专项巡视整改进展情况的通报》显示，江西省委针对"落实党中央脱贫攻坚方针政策不够精准"问题，做了以下整改工作。一是出台《江西省2019年农村危房改造实施方案》，明确特困农户界定标准和程序，保障涉及年度脱贫任务的危房改造需要。二是全面排查全省"交钥匙工程"实施情况，对少数地方超量实施空置的问题，做好存量去化，尽早分配入住。三是严格"交钥匙工程"建设标准，对17个县开展暗访调研和实地督导，坚决防止和纠正"交钥匙工程"扩大化、高标准化。四是制定《全省2018年度农村危房改造任务完成情况省级验收方案》，将"交钥匙工程"实施情况列入重点检查暨绩效评价项目。

2019年5月18日发布的《中共重庆市委关于脱贫攻坚专项巡视整改进展情况的通报》显示，重庆市委针对"纪委监委把监督挺在前面的力度不够，推动专项治理工作深化发展仍有距离"问题，做了以下整改工作。一是开展扶贫领域腐败和作风问题专项治理"回头看"。印发《关于深入开展扶贫领域腐败和作风问题专项治理"回头看"扎实抓好中央脱贫攻坚专项巡视反馈意见整改工作的通知》，通过看思想、看学习、看措施、看整改、看效果、看作风，认真反思前一阶段专项治理工作，着力解决建设项目招投标领域乱象丛生、违规使用扶贫资金等问题背后的腐败和作风问题，着力解决一些干部抓脱贫攻坚不在状态、消极厌战、急躁畏难等问题，以精准监督护航精准脱贫。全市共查处扶贫领域腐败和作风问题858件，处理党员干部1234人，其中严肃查处易地扶贫搬迁、项目招投标、资金管理使用等重点领域腐败和作风问题112件。二是集中整治扶贫领域形式主义、官僚主义。切实纠正抓工作浮在表面、不作为、慢作为以及部门之间推诿扯皮等现象，严肃整治搞花拳绣腿、弄虚作假等行为，以务实作风促工作落实。全市查处扶贫领域形式主义、官僚主义问题515件725人。三是深化突出问题集中整治。认真总结武隆区、彭水县试点开展社会经济组织骗取扶贫领域财政补贴专项治理的经验，以点带面深入查纠整改。对部分贫困区县义务教育学生营养改善计划补助工作和农村危旧房屋改造领域突出问题进行集中督查。四是聚集扶贫领域开展"以案四说"警示教育1571次，5.2万名基层干部受到教育。五是加大问题线索核查督办力度。建立问题线索专项台账，狠抓扶贫领域问题线索处置核心环节，坚决查处和纠正贪污侵占、虚报冒领、截留私分、优亲厚友、吃拿卡要以及贯彻落实精准方略不到位、脱贫帮扶走过场等问题。进一步畅通扶贫领域信访举报渠道，充分发挥微信公众号等"互联网"监督渠道，对扶贫领域重点疑难问题线索加强督办，提高扶贫领域问题线索处置质量和效果。六是压实区县纪委监委监督责任。建立纪委监委领导班子包干监督工作机制，健全扶贫领域腐败和作风问题专项治理工作例会制度和对区县纪委监委常态化通报、约谈、考核机制。全市各级纪检监察机关专题研究扶贫领域专项治理工作106次，发出监察建议21份，推动解决问题196个。

十、加强督查巡查与扶贫领域作风建设

2018年是党中央确定的脱贫攻坚作风建设年。习近平总书记对扶贫领域作风建设高度重视，作出一系列重要批示、指示。国务院扶贫开发领导小组认真贯彻落实总书记的重要批示指示精神和党中央、国务院的决策部署，印发《关于开展扶贫领域作风问题专项治理的通知》，对扶贫领域作风专项治理统筹协调、督促推进，国务院扶贫办成立作风治理工作专班，加强督导落实，各地、各部门联系实际、积极行动，扶贫领域作风方面存在的问题得到初步解决，作风专项治理工作取得了阶段性成效。

（一）着力推进脱贫攻坚督查巡查

督查工作坚持目标导向，着力推动工作落实；巡查工作坚持问题导向，着力解决突出问题。督查工作包括综合督查和专项督查。对各有关地区和单位脱贫工作情况进行综合督查，一般每年1次。对脱贫攻坚重点工作进行专项督查，根据需要不定期开展。督查的重点内容有：脱贫攻坚责任落实情况，专项规划和重大政策措施落实情况，减贫任务完成情况以及特困群众脱贫情况，精准识别、精准退出情况，行业扶贫、专项扶贫、东西部扶贫协作、定点扶贫、重点扶贫项目实施及财政涉农资金整合等情况。国务院扶贫开发领导小组根据掌握的情况报经党中央、国务院批准，组建巡查组，不定期开展巡查工作。巡查组实行组长负责制，组长由省部级领导干部担任。巡查组成员根据需要从有关单位和地方抽调。巡查的重点问题有：干部在落实脱贫攻坚目标任务方面存在失职渎职，不作为、假作为、慢作为，贪占挪用扶贫资金，违规安排扶贫项目，贫困识别、退出严重失实，弄虚作假搞"数字脱贫"，以及违反贫困县党政正职领导稳定纪律要求和贫困县约束机制等。中央要求，中西部22个省（自治区、直辖市）应当参照本办法，结合本地实际制定相关办法，加强对本地区脱贫攻坚工作的督查和巡查。

2018年6月，国务院扶贫开发领导小组启动2018年脱贫攻坚督查巡查工作，决定从6月到9月，分三批，每批7天到10天，对中西部22个省（自治区、直辖市）开展督查巡查。其中，对考核约谈4省进行巡查，对其他18个省区市进行督查。22个督查巡查组均由国务院扶贫开发领导小组成员带队，抽调491名干部参加，到22个省区市的140个县695个村，访谈干部3352人，农户5212人。本次巡查督查的主要任务是：对2017年省级党委和政府扶贫开发工作成效考核发现问题整改情况进行督查巡查，指导地方改进推动工作。督查巡查主要采取实地调研、暗访抽查、受理举报等方式进行，要求不提前打招呼，深入一线、直插基层、进村入户，到县随机抽取乡村，察实情、听真话，确保掌握鲜活真实的第一手情况。督查巡查将坚持问题导向，直奔主题、直面问题，把督导问题整改落实作为重中之重，推动整改工作取得实效。

（二）限期整改督查巡查发现的问题

2018年中央脱贫攻坚督查巡查共受理举报电话651个，共发现经验典型146个，指出问题107个，提出建议142条，相比往年，力度更大、成效更明显。2018年9月下旬，国务院扶贫办对8个贫困县违反约束机制、搞形象工程，帮扶工作不扎实、搞形式主义，违反管理规定、套取和闲置扶贫资金等问题，约谈8县（市）主要负责人，提出严肃批评，责令认真整改。8个县（市）存在的主要问题是：湖南省汝城县违反贫困县约束机制，长期大规模举债搞政绩工程，2017年底负债率达到336%。同时发现该县还存在易地扶贫搬迁资金拨付慢、扶贫小额信贷使用不规范等问题。青海省贵德县实施"高原美丽乡村"建设，建牌坊搞形象工程，要求农户自筹资金新建或翻新院墙，贫困户不堪重负。吉林省大安市一些贫困村的驻村工作队挂名走读，有的驻村工作队员没有驻村，仍在原单位工作。吉林省镇赉县有的贫困村第一书记没有脱离原单位工作，有的贫困村驻村工作队员不驻村。黑龙江省汤原县有的驻村工作队员拍照片留痕迹，以应付上级检查，搞形式主义。湖北省来凤县套取危房改造资金用于特色民居建设。广西壮族自治区三江县2.57亿元扶贫资金闲置1年以上，其中1.15亿元闲置两年以上。贵州省关岭县4346万元扶贫资金闲置1年以上，且没有按照限期要求进行整改。

在国家层面的年度督查巡查进行的同时，省（自治区、直辖市）、市、县也开展了相应层面的督查巡查工作。除了国家级和省（自治区、直辖市）层面的督查巡查，市与县级层面的督查巡查工作也在全国陆续展开。至此，一张覆盖中央、省（自治区、直辖市）、市、县四级的督查巡查体系已经建立起来。通过"督查巡查—整改—再督查巡查—再整改"的方式，脱贫攻坚中的新情况、新问题不断暴露，又不断得到解决，从而为营造风清气正的脱贫攻坚环境奠定良好基础。

（三）着力解决扶贫领域形式主义与官僚主义问题

2018年4月27日，中央纪委国家监委网站开通扶贫领域腐败和作风问题曝光专区，集中曝光各级纪检监察机关查处的典型案例，强化压力传导，促进责任落实，持续发挥示范引导和警示震慑作用。专区开通当天，就曝光了24起典型案例。具体包括：易地扶贫搬迁工作中失职问题；骗取扶贫资金问题；截留低保/贫困户资金问题；套取/截留危房改造资金；等等。例如，湖南省纪委监委提交的典型案例中涉及湖南省隆回县政务中心驻滩头镇石门村帮扶工作队队长、第一书记柳红，石门村党支部书记刘云祥在脱贫攻坚工作中不履职、不作为问题。2017年6月，湖南省脱贫攻坚督查组到隆回县滩头镇石门村督查时，发现石门村三年帮扶规划、年度计划、年度总结、贫困户花名册等基础资料缺失；贫困对象动态调整没有进行公示公开；贫困户"一户一档"资料大部分是在省督查组到达前一天临时填写的；帮扶手册在督查当天临时填写，没有发放到贫困户手中；驻村帮扶工作队没有按要求驻村。2017年6月，刘云祥受到党内严重警告处分，柳红受到党内警告处分。

2018年7月12日，中央纪委国家监委网站又通报了20起扶贫领域腐败和作风问题典型案例。从通报的案例来源看，省级纪委监委报送的18起，地州直报的两起；从违纪违法对象看，县职能部门、乡镇党员干部7起，村干部13起；从问题类型看，腐败问题13起，形式主义官僚主义问题7起；从违纪违法情形看，贪污侵占的6起，失职失责、优亲厚友的各4起，截留挪用、虚报冒领、吃拿卡要的各两起。

2018年8月23日，中央纪委国家监委网站又以首页头条的方式公开曝光7起扶贫领域形式主义官僚主义典型案例。从曝光的这7起典型案例看，扶贫领域形式主义、官僚主义作风顽疾犹存，在一些地方和部门还很突出。有的对脱贫攻坚漠不关心、推诿扯皮，甚至拒不履行职责；有的对扶贫资金和项目管理不精细、监管不严格，导致资金滞留或被骗取、项目拖延造成严重损失浪费；有的怕吃苦、图轻松，慵懒懈怠，消极应付甚至弄虚作假。这些问题严重侵害贫困群众切身利益，伤害党和政府公信力，影响脱贫攻坚进程，必须依纪依法严肃查处。

国务院扶贫开发领导小组办公室网站也对扶贫领域违纪违规进行了集中曝光，曝光平台分为"最新通报"和"地方扶贫违纪违规情况通报"。地方扶贫违纪违规情况通报分省列出，并适时更新查处违纪违规的典型案例及其最新进展。各省（自治区、直辖市）、市、县也建立了相应的曝光平台，一个从上到下的曝光网络已经建立起来。例如，2018年10月中下旬，西藏通报4起扶贫领域腐败和作风问题典型案例。又如，2018年12月底，云南省纪委监委通报了 5 起深度贫困地区腐败和作风问题。

山东省纪检监察机关主动担当，强化监督执纪问责。把专项治理作为重要政治任务，仅全省面上 4 个月集中专项治理阶段，组织各种形式察访 1262 次，发现问题线索 4267 条；共查处扶贫领域腐败和作风问题 2257 件，处理 2905 人，党纪政务处分 1411 人，移送司法机关 81 人，问责 572 人。威海市纪委不打招呼，对涉及 67 个贫困村的 56 个扶贫产业项目突击察访，走访贫困群众 400 多户，发现面上问题 5 项，涉及问题线索 20 条。截至 2018 年 11 月，山东各级纪检监察机关共查处扶贫领域不正之风和腐败问题 6486 件，处理 8708 人，党纪政务处分 4527 人，移送司法机关 175 人，问责 1438 人。

各部委也陆续对所在部门发现的扶贫领域作风与腐败问题向社会进行了曝光。例如，审计署于 2018 年 12 月 10 日发布《2018 年第三季度国家重大政策措施落实情况跟踪审计结果》。审计结果显示：部分地区扶贫政策落实不到位，扶贫资金和项目未实现预期效果。2018 年第三季度重点抽查了 31 个贫困县，其中国家扶贫开发工作重点县（含集中连片特殊困难地区县）23 个，抽审资金 121.63 亿元，涉及 964 个项目 384 个单位 214 个乡镇 468 个村，入户走访 740 个贫困家庭。被审计地区持续加大民生投入，加大对残疾、重病等贫困人群的救助力度，发挥产业扶贫对脱贫攻坚的带动作用，但仍有 20 个地区落实产业扶贫、健康扶贫、教育扶贫等 9 项扶贫政策不到位；7 个地区存在扶贫资金闲置、套取扶贫资金、将扶贫资金用于非扶贫领域等问题，涉及金额 1.38 亿元；9 个地区的 26 个扶贫项目存在建成后闲置或无法使用、进展缓慢、管理不规范等问题，涉及金额6834.79万元；7个地区的12510名贫困人口在农村饮水安全、基本医疗和住房安全等"两不愁三保障"不达标情况下"被脱贫"。截至2018年10月底，有关部门、单位和地方整改问题金额2955.58亿元，制定完善相关规章制度2944项，问责处理3299人次。其中在扶贫领域，有关地方已整改154.89亿元，推动落实151项精准扶贫政策措施，完善185项扶贫政策制度，处理处分649人次。

对于脱贫攻坚中的脱贫摘帽工作，国务院扶贫开发领导小组办公室于2018年12月初下发通知要求严格管理贫困县脱贫摘帽主题活动。"贫困县脱贫摘帽后一律不搞摘帽庆祝活动，不拍摄摘帽专题宣传片，不开展以摘帽为主题的相关活动""坚决制止产业扶贫中'人情送礼'行为，在组织扶贫观摩、调研等活动中不能摆放、不得赠送扶贫产品，参加活动的人员不品尝、不收受扶贫产品"。但在政策的具体落实过程中，有的贫困地区领导班子热衷作秀，把多方帮助扶持下成功"摘帽"当作莫大的政绩，大手大脚搞庆祝，可谓劳民伤财。例如，安徽省阜阳市颍州区扶贫办拟花60万元采购"脱贫摘帽专题宣传片"，被媒体曝光后引发舆论哗然。有的贫困地区总喜欢"打肿脸充胖子"，总忘不了迎来送往、"礼多人不怪"那一套。例如，中部某国家级贫困县的一个山区乡镇，产茶量一年在3000斤左右，其中却有将近三分之一被当作"人情"送出去……无论是作秀之举，还是送礼之风，对脱贫攻坚工作都是有害的，必须坚决遏制、严肃整治。

总之，随着脱贫攻坚领域作风建设逐步深入，中央、省（自治区、直辖市）、市、县四级"查处—曝光—震慑"的网络已经建立起来。通过对脱贫攻坚领域的形式主义、官僚主义和腐败问题典型案例进行查处，达到以案促改、举一反三，从典型案例中发现制度漏洞和作风建设盲点。

十一、脱贫攻坚的具体成效

（一）农村贫困人口持续减少

2018年，全国有1386万农村贫困人口摆脱贫困，有280个左右贫困县摘帽，完成280万人易地扶贫搬迁建设任务。2018年末，全国农村贫困人口从2012年末的9899万人减少至1660万人，累计减少8239万人；贫困发生率从2012年的10.2%下降至1.7%，累计下降8.5个百分点。

贫困地区农村居民收入实现快速增长。2018年，贫困地区农村居民人均可支配收入10371元，是2012年的1.99倍，年均增长12.1%；扣除价格因素，年均实际增长10.0%，比全国农村平均增速快2.3个百分点。其中，集中连片特困地区2018年农村居民人均可支配收入10260元，扣除价格因素，实际水平达到2012年的1.77倍，年均实际增长10.0%，比全国农村平均增速快2.3个百分点。扶贫开发工作重点县2018年农村居民人均可支配收入10284元，扣除价格因素，实际水平是2012年的1.81倍，年均实际增长10.4%，比全国农村平均增速快2.7个百分点。2018年贫困地区农村居民人均可支配收入是全国农村平均水平的71.0%，比2012年提高了 8.8 个百分点，与全国农村平均水平的差距进一步缩小。

贫困地区农村居民消费水平不断提升。2018 年贫困地区农村居民人均消费支出 8956 元，与 2012 年相比，年均增长 11.4%，扣除价格因素，年均实际增长 9.3%。其中，集中连片特困地区农村居民人均消费支出 8854 元，年均增长 11.3%，扣除价格因素，年均实际增长 9.3%；扶贫开发工作重点县农村居民人均消费支出 8935 元，年均增长 11.6%，扣除价格因素，年均实际增长 9.5%。2018 年贫困地区农村居民人均消费支出是全国农村平均水平的 73.9%，比 2012 年提高了 3.4 个百分点。

贫困地区农村居民的生活条件不断改善。从居住条件看，2018 年贫困地区居住在钢筋混凝土房或砖混材料房的农户比重为 67.4%，比 2012 年提高了 28.2 个百分点；居住在竹草土坯房的农户比重为 1.9%，比 2012 年下降了 5.9 个百分点；使用卫生厕所的农户比重为 46.1%，比 2012 年提高了 20.4 个百分点；饮水无困难的农户比重为 93.6%，比 2013 年提高了 12.6 个百分点。从家庭耐用消费品情况看，贫困地区农村居民家庭耐用消费品从无到有，产品升级换代。2018 年贫困地区农村每百户拥有电冰箱、洗衣机、彩色电视机等传统耐用消费品分别为 87.1 台、86.9 台和 106.6 台，分别比 2012 年增加 39.6 台、34.6 台和 8.3 台，拥有量持续增加，和全国农村平均水平的差距逐渐缩小；每百户拥有汽车、计算机等现代耐用消费品分别为 19.9 辆、17.1 台，分别是 2012 年的 7.4 倍和 3.2 倍，实现快速增长。

贫困地区基础设施条件不断改善。截至 2018 年末，贫困地区通电的自然村接近全覆盖；通电话、通有线电视信号、通宽带的自然村比重分别达到99.2%、88.1%、81.9%，比2012年分别提高5.9个、19.1个、43.6个百分点。2018年，贫困地区村内主干道路面经过硬化处理的自然村比重为82.6%，比2013年提高了22.7个百分点；通客运班车的自然村比重为54.7%，比2013年提高了15.9个百分点。

贫困地区公共服务水平不断提高。2018年，贫困地区87.1%的农户所在自然村上幼儿园便利，89.8%的农户所在自然村上小学便利，分别比2013年提高15.7个和10.0个百分点；有文化活动室的行政村比重为90.7%，比2012年提高16.2个百分点；贫困地区农村拥有合法行医证医生或卫生员的行政村比重为92.4%，比2012年提高9.0个百分点；93.2%的农户所在自然村有卫生站，比2013年提高8.8个百分点；78.9%的农户所在自然村垃圾能集中处理，比2013年提高49.0个百分点。

区域性整体减贫成效明显。从东中西地区看，东部地区已基本率先脱贫，中西部地区农村贫困人口明显减少。2018年末，东部地区农村贫困人口147万人，比2012年末减少1220万人，六年累计下降89.2%；农村贫困发生率由2012年末的3.9%下降到2018年末的0.4%，累计下降3.5个百分点，已基本率先实现脱贫。中部地区农村贫困人口由2012年末的3446万人减少到2018年末的597万人，累计减少2849万人，下降幅度为82.7%；农村贫困发生率由2012年末的10.5%下降到2018年末的1.8%，累计下降8.7个百分点。西部地区农村贫困人口由2012年末的5086万人减少到2018

年末的 916 万人，累计减少 4170 万人，下降幅度为 82.0%；农村贫困发生率由 2012 年末的 17.6% 下降到 2018 年末的 3.2%，累计下降 14.4 个百分点。

分贫困区域看，贫困地区、集中连片特困地区、国家扶贫开发工作重点县、民族八省区减贫成效明显。2018 年末，贫困地区农村贫困人口 1115 万人，比 2012 年末减少了 4924 万人，六年累计减少 81.5%，减贫规模占全国农村减贫总规模的 59.8%；农村贫困发生率从 2012 年末的 23.2% 下降至 2018 年末的 4.2%，六年累计下降 19.0 个百分点，年均下降 3.2 个百分点。集中连片特困地区农村贫困人口 935 万人，比 2012 年末减少 4132 万人，六年累计减少 81.5%；农村贫困发生率从 2012 年末的 24.4% 下降至 2018 年末的 4.5%，累计下降 19.9 个百分点，年均下降 3.3 个百分点。592 个国家扶贫开发工作重点县农村贫困人口 915 万人，比 2012 年末减少 4190 万人，六年累计减少 82.1%；农村贫困发生率从 2012 年末的 24.4% 下降到 2018 年末的 4.3%，累计下降 20.1 个百分点，年均下降 3.4 个百分点。民族八省区农村贫困人口 602 万人，比 2012 年末减少 2519 万人，六年累计减少 80.7%；农村贫困发生率从 2012 年末的 21.1% 下降至 2018 年末的 4.0%，累计下降 17.1 个百分点，年均下降 2.8 个百分点。

（二）脱贫攻坚质量有效提升

2018 年脱贫攻坚年度任务全面完成，不仅连续 6 年超额完成千万减贫任务，而且质量有了明显提升。贫困发生率降到 2% 以下。

贫困地区生产生活条件明显改善。贫困地区农村基础设施和公共服务条件明显改善，多年困扰贫困地区群众的行路难、吃水难、用电难、通讯难、上学难和就医难等问题在大部分地区得到解决。交通扶贫全年安排贫困地区车购税资金2144亿元，新建改建贫困地区农村公路20.8万公里。水利扶贫全年安排贫困地区水利建设投资980亿元，解决419万贫困人口饮水安全问题。危房改造完成115万户建档立卡贫困户危房改造任务，中央和地方均加大了补助力度。电力扶贫加快贫困地区农网改造升级。贫困村宽带覆盖率超过94%。科技扶贫实现科技特派员对近5万个贫困村科技服务和创业带动全覆盖。文化扶贫支持"三区三州"设立一批非遗扶贫工坊。各行业部门都加大了支持力度，聚焦精准扶贫精准脱贫。

脱贫攻坚资金保障力度空前。资金规模明显加大。扶贫资金全年投入第一次超过万亿元，中央财政专项扶贫资金投入1061亿元，省和市县财政专项扶贫资金分别超过1000亿元，贫困县实际整合财政涉农资金3000多亿元，政府专项债务投入1200亿元，金融扶贫投入和社会帮扶资金大幅增长，易地扶贫搬迁专项贷款、扶贫小额贷款不断增加，证券业、保险业、土地政策支持力度也不断加大。深度贫困地区城乡建设用地增减挂钩节余指标跨省交易筹资640亿元。99家证券公司结对帮扶263个贫困县，扶贫专属农业保险产品达74个。资金拨付明显加快。中央财政专项扶贫资金实施上年提前预拨，全国人代会后1个月全部下达到省，比上年提前1个多月。各省1个月下达到县资金占比超过97%，比上年提高15个百分点。项目库建设明显加强。全国有2000多个县完成脱贫攻坚项目库建设，共入库项目 250 多万个，资金需求 2.4 万亿元，实现"钱等项目"向"项目等钱"转变。违纪违规明显减少。完善扶贫资金项目公告公示制度，加强监督检查和绩效评价，审计查出问题资金占抽查资金比例由 2013 年的 36.3% 下降到 2018 年的 6%，其中违纪违规金额由 15.7% 下降到 1%。

资金整合利用机制进一步完善。各地区各部门积极整合财政资金，确保资金精准高效使用。2017 年 12 月，国务院出台了《关于探索建立涉农资金统筹整合长效机制的意见》，就加强涉农资金统筹整合做出了整体部署。2018 年 3 月，财政部下发了《关于做好 2018 年贫困县涉农财政资金整合试点工作的通知》，就做好整合试点工作进行了部署，并将试点范围扩大到所有贫困县。2018 年全国共整合各级财政资金 3064 亿元。2018 年，国务院及其有关部门全面加强了扶贫资金项目使用监管，推动实施扶贫资金预算编制、执行、决算的全过程绩效管理，中央财政专项扶贫资金分配结果已全部公告到县，省级资金分配结果公告比例 90% 以上，清理 1 年以上闲置扶贫资金 198.5 亿元。审计署 2018 年对 382 个贫困县开展了扶贫审计，已累计覆盖 832 个贫困县中的 766 个。

精准扶贫各项举措扎实落地。易地搬迁建设任务进一步加快，建设质量进一步提升，对搬迁分省规模进行了合理调整，其中"三区三州"搬迁对象规模调增 50.7 万人，占全国调增总量的 43.3%。产业扶贫重点支持贫困地区、贫困农户发展特色种养业，推进扶贫小额信贷、光伏扶贫、电商扶贫、旅游扶贫、消费扶贫等，建立完善带贫减贫机制。就业扶贫全年新增贫困劳动力转移就业 259 万人，建设3万多个扶贫车间，吸纳77万贫困人口就近就业。教育扶贫贫困地区义务教育薄弱学校基本办学条件进一步完善，控辍保学力度进一步加大，凉山"学前学会普通话"试点取得积极进展。健康扶贫专项救治病重扩大到21个，累计救治1000多万贫困人口，贫困患者个人自付比例进一步下降，贫困地区就医条件得到改善。生态扶贫累计选聘生态护林员50万人。社会保障进一步加强，2422万贫困老年人享受了居民养老保险待遇，贫困户中靠家庭供养且无法单独立户的重度残疾人、重病患者等贫困人口全部纳入低保范围。

贫困群众内生动力得到激发。各地区各部门高度重视激发和涵养各族贫困群众内生动力，大力破除"等、靠、要"思想和简单依靠给钱给物扶贫的落后观念，激发贫困群众树立自力更生、艰苦奋斗的精神。2018年，国务院有关部门召开了全国脱贫攻坚表彰大会暨首场脱贫攻坚先进事迹报告会，组织25名全国脱贫攻坚奖获奖者组成4个报告团，到21个省区市开展先进事迹巡回报告活动，通过开展示范典型宣传，在全社会营造用勤劳双手和辛勤劳动脱贫的正能量。2018年10月，扶贫办等13个部门印发了《关于开展扶贫扶志行动的意见》，围绕着加强扶志教育、改进帮扶方式、移风易俗等作出了部署安排。各地也制定大量配套措施，通过传授一技之长，提升贫困群众的生产技能和参与意识，通过实施项目带动和农村集体收益分配机制改革，增强贫困群众的切实获得感，通过开展感恩奋进教育，增进贫困群众对党和政府的深层次认同，多管齐下、多措并举，实现了扶贫领域的"志智双扶"，带动了贫困地区基层的移风易俗。

（三）深度贫困地区脱贫攻坚取得突出成绩

2018年，全国深度贫困地区攻坚进程明显加快。中央确定重点支持"三区三州"，相关省（自治区、直辖市）在"三区三州"确定了135个深度贫困县、8700多个深度贫困村。经国务院扶贫开发领导小组备案同意，6省（自治区、直辖市）印发"三区三州"脱贫攻坚实施方案并组织实施，确定的年度工作任务全部完成。各地对确定的深度贫困地区都制定了有针对性的政策，加大了工作力度。26个中央部门针对"三区三州"等深度贫困地区，出台了27个政策文件。2018年新增中央财政专项扶贫资金120亿元用于"三区三州"建设，占全国新增资金的60%。国务院扶贫办配合西藏、新疆、青海，指导云南、四川、甘肃召开深度贫困地区脱贫攻坚现场推进会，现场总结推广经验、现场研究解决问题、现场推动政策落实。

在各项政策的支持下，深度贫困地区脱贫进度明显加快。"三区三州"全年减贫130多万，贫困发生率从2017年底的14.6%降到8.2%，减少了6.4个百分点，降幅高出西部地区平均水平3.3个百分点。334个深度贫困县减贫480多万人，攻克深度贫困堡垒迈出坚实步伐。

西藏深度贫困地区脱贫攻坚取得新进展。2018年，贫困人口由2017年底的33.1万人减少到2018年底的25.1万人，减贫18万人，贫困发生率由12.4%下降到6%以下，下降约6.4个百分点。25个县申请脱贫摘帽。

新疆南疆四地州贫困地区脱贫攻坚取得新进展。2018年，贫困人口由2017年的162.75万人减少到2018年底的114.06万人，减贫48.69万人，贫困发生率由18.3%下降到10.51%，下降7.79个百分点。

云南省深度贫困地区脱贫攻坚取得新进展。2018年，在云南各族干部群众共同努力下，在各方面全力支持帮助下，"三区三州"中的迪庆州、怒江州7个县，贫困人口由2017年底的22万人减少到2018年底的15.36万人，减贫6.64万人，贫困发生率由30.56%下降到21.33%，下降9.23个百分点。香格里拉市、德钦县申请脱贫摘帽。东川区申请脱贫摘帽。

甘肃的临夏州贫困地区脱贫攻坚取得新进展。2018年，贫困人口由2017年底的26.01万人减少到2018年底的16.38万人，减贫9.63万人，贫困发生率由14.82%下降到8.97%，下降5.85个百分点。

四川的凉山州贫困地区脱贫攻坚取得新进展。2018年，贫困人口由2017年底的51.6万人减少到2018年底的31.7万人，减贫19.9万人，贫困发生率由11%下降到7.1%，下降3.9个百分点。

第三篇

脱贫攻坚战决战决胜关键一年
（2019年）

导 论

2019年是新中国成立70周年，是脱贫攻坚战决战决胜关键一年。以习近平同志为核心的党中央对脱贫攻坚持续高位推进、响鼓重锤。习近平总书记多次到地方考察扶贫工作，主持中央政治局常委会和中央政治局会议听取脱贫攻坚专项巡视和成效考核等情况汇报，主持召开解决"两不愁三保障"突出问题座谈会，在中央经济工作会议、中央财经委员会会议、十三届全国人大二次会议甘肃代表团审议等多个重要会议上反复强调脱贫攻坚，作出重要部署。

习近平总书记指出："要切实保障和改善民生，着力解决教育、就业、社保、医疗、住房等各方面存在的突出问题、紧迫问题，坚决打赢三大攻坚战，把脱贫攻坚重心向深度贫困地区聚焦，重点攻克'三保障'面临的难题，确保如期全面建成小康社会。"这为2019年的脱贫攻坚工作确定了基调。各地区各部门坚持以习近平新时代中国特色社会主义思想为指导，认真贯彻落实党中央、国务院决策部署，扎实推进精准扶贫精准脱贫各项工作，脱贫攻坚继续保持正确方向和良好态势。

本篇分为11章。第一章从脱贫攻坚形成决战决胜态势、剩余脱贫任务依然艰巨、巩固脱贫成果提上重要议程等三方面分析2019

年脱贫攻坚新形势新要求。第二章阐述习近平总书记在解决"两不愁三保障"突出问题座谈会上重要讲话精神和2019年有关脱贫攻坚工作指示批示精神。第三至六章分别从精准识别、精准帮扶、建立稳定脱贫长效机制、考核评估等四方面描绘2019年脱贫攻坚工作亮点。第七至十章分专题介绍2019年脱贫攻坚重点任务及其完成情况,包括解决"两不愁三保障"突出问题、攻克深度贫困堡垒、社会扶贫消费扶贫、脱贫攻坚宣传等四项内容。第十一章概略陈述2019年脱贫攻坚取得的新成绩新进展。

本篇揭示,在以习近平同志为核心的党中央坚强领导下,在全党全国各族人民的共同努力下,我国脱贫攻坚事业按预定目标稳步向前推进,一年一个台阶,已经成功走近胜利的终点。

一、脱贫攻坚进入决战决胜期

党的十八大以来的六年中，脱贫攻坚取得了显著成就，现行标准下的农村贫困人口累计减少8000多万人，每年减贫规模都在1000万人以上。2018年是脱贫攻坚三年行动的开局之年，共减少贫困人口1386万人，贫困发生率比上一年下降1.4个百分点。2019年脱贫攻坚战形成决战决胜态势，进入决胜的关键阶段，面临着艰巨的剩余脱贫任务与巩固脱贫成果、防止返贫任务。完成好这些任务不仅是2020年脱贫攻坚收官的重要基础，也是实现脱贫攻坚与乡村振兴有效衔接的关键举措。

（一）脱贫攻坚形成决战决胜态势

经过六年多不懈努力，脱贫攻坚取得决定性进展和重大历史性成就。一是精准扶贫精准脱贫成效显著，农村贫困人口大幅减少，即将消除农村绝对贫困。按照我国农村现行扶贫标准，2013—2018年，我国农村贫困人口累计减少8000多万人，每年减贫人数都保持在1200万以上，贫困发生率从10.2%下降到1.7%。832个贫困县，已脱贫摘帽436个。二是贫困地区以脱贫攻坚统揽经济社会发展全局，贫困地区呈现出新的发展局面。贫困地区基础设施和公共服务投入大量增加，发展能力明显增强，特色优势产业迅速发展，生态环境显著改善，贫困群众生活质量稳步提升。贫困县国内生产总值年均增速高出全国平均水平 2 个多百分点，贫困地区农村居民人均可支配收入年均增速高出全国农村平均水平 2.3 个百分点，发展差距逐步缩小。在精准扶贫精准脱贫伟大实践中，农村基层党组织凝聚力和战斗力显著增强，农村基层治理能力和管理水平明显提高，党群干群关系不断改善，人民群众获得感明显提升，党在农村的执政基础进一步巩固。

脱贫攻坚战即将进入 2020 年全面收官之年，2019 年的工作对于完成脱贫攻坚目标任务尤为关键。备战收官之年既要持续推进各项既定任务，又要巩固脱贫成果防止返贫。一方面，要进一步推进深度贫困地区脱贫攻坚，要加大力度推进东西部扶贫协作和定点扶贫，要加强扶贫干部作风和能力建设，要不断营造脱贫攻坚社会氛围；另一方面，要解决"两不愁三保障"突出问题，要整改脱贫攻坚巡视和考核发现的问题，要处理扶贫领域违纪违规问题，要减轻基层扶贫干部负担。完成好这些任务，解决好这些问题，成为扎实推进精准扶贫精准脱贫各项工作、脱贫攻坚继续保持正确方向和良好态势的关键。

脱贫攻坚战进入决胜的关键阶段，最要紧的是防止松懈、防止滑坡。一些摘帽县 2018 年以来出现松劲懈怠，有的撤摊子、歇歇脚，有的转移重心、更换频道，有的书记、县长希望动一动，一些已脱贫的群众收入不增甚至下降。因此，2019 年的脱贫攻坚工作，要深入学习贯彻习近平总书记关于扶贫工作的重要论述，全面落实三年行动指导意见，坚持脱贫攻坚目标和现行扶贫标准，坚持精准扶贫精准脱贫基本方略，坚持问题导向，坚持大扶贫工作格局，进一步聚焦深度贫困地区、特殊贫困群体和影响"两不愁三保障"的突出问题，强化责任落实，提高脱贫质量，巩固减贫成效与防止返贫摆到更加重要的位置，确保再减少农村贫困人口1000万左右，实现300个左右贫困县摘帽，基本完成"十三五"易地扶贫搬迁规划建设任务，为2020年全面打赢脱贫攻坚战奠定坚实基础。

（二）剩余脱贫任务依然艰巨

一是深度贫困地区脱贫难度大。"三区三州"等深度贫困地区，贫困程度深、贫困规模大、基础条件薄弱、公共服务不足、致贫原因复杂、脱贫难度极大。经过2018年一年的努力，"三区三州"贫困人口共减少了134万人，贫困发生率下降了6.4个百分点，降幅比西部地区平均水平快了3.3个百分点，高于全国平均水平5个百分点。中西部地区169个深度贫困县2018年贫困人口也大幅减少，共有460万贫困人口脱贫，贫困发生率大幅下降。截至2018年底，"三区三州"还有贫困人口172万，贫困发生率8.2%，贫困人口占全国的比重从2017年的10.7%上升到2018年的12.5%。"三区三州"外的169个深度贫困县还有贫困人口467万，贫困发生率5.6%，贫困人口占全国的比重从2017年的29%上升到2018年的33.8%。深度贫困地区贫困人口占到全国贫困人口的47%。全国还有12个地市州贫困人口超过20万，贫困人口390万，占全国贫困人口的28%。虽然剩余贫困人口数量不多，但深度贫困地区攻坚任务依然艰巨。2019年是攻坚克难的关键一年，啃下深度贫困地区的硬骨头，这是最大的任务和挑战。

二是实现"两不愁三保障"存在薄弱环节。到2018年，农村贫困人口不愁吃、不愁穿问题基本得到解决，但有的贫困人口饮水安全问题没有解决，义务教育、基本医疗、住房安全保障还存在薄弱环节。有的贫困家庭义务教育阶段适龄儿童、少年失学辍学，有的乡镇寄宿制学校建设薄弱，一部分贫困家庭留守儿童上学困难。有的贫困人口没有纳入基本医疗保险、大病保险、医疗救助保障范围，有的乡村医疗服务能力薄弱，贫困人口常见病、慢性病得不到及时治疗。有的贫困户仍住危房，有的住房没有进行危房鉴定。这些问题，直接影响脱贫攻坚质量，影响脱贫攻坚目标实现，必须认真加以解决。

此外，一些地方帮扶工作方式方法不够精准，对完成剩余脱贫任务也造成了挑战。一些地方贯彻精准方略存在偏差，有的发钱发物"一发了之"，有的统一入股分红"一股了之"，有的低保兜底"一兜了之"，激发内生动力不够，一些地方陈规陋习严重。形式主义、官僚主义问题屡禁不止，脱贫进度和脱贫标准把握不准，急躁情绪与消极拖延兼有，盲目提高标准和随意降低标准并存，弄虚作假、数字脱贫在一些地方比较突出。扶贫资金使用管理不规范，乡村两级"微腐败"多发，资金闲置浪费、使用不精准、效益不高等问题仍然存在。

（三）巩固脱贫成果防止返贫任务凸显

巩固脱贫攻坚成果任务重。一些脱贫人口存在返贫风险，一些边缘人口存在致贫风险，据各地初步摸底，2018年已脱贫的9300多万建档立卡人口中，近200万人存在返贫风险。另在边缘人口中，有近300万人存在致贫风险。建档立卡数据显示，近几年返贫人数总体上是逐年下降的，2016年返贫60多万人，2017年返贫20多万人，2018年返贫6.8万人。对此，党的十九届四中全会把脱贫攻坚摆到突出位置，作出新的重大部署，明确要求"坚决打赢脱贫攻坚战，巩固脱贫攻坚成果，建立解决相对贫困的长效机制"。

稳定脱贫长效机制有待健全。一些地方产业扶贫基础不扎实，片面追求短期速效，部分产品市场销售困难，影响贫困群众增收。一些地方易地扶贫搬迁配套产业和促进就业跟不上，脱贫缺乏支撑。一些地方对因灾因病返贫问题重视不够，缺乏应有的防范措施。一些地方对贫困户的帮扶缺乏持续性，还没稳定脱贫就停止帮扶政策措施。相关机制的欠缺不仅无助于贫困群众脱贫内生动力的激发，也进一步增加了脱贫群众返贫的风险。

总之，脱贫攻坚战进入2019年，其艰巨性复杂性不断显现，不仅面临直接影响脱贫攻坚目标任务实现的问题，例如"三保障"存在薄弱环节，而且存在需要进一步改进的问题，比如，脱贫攻坚责任不落实、政策不落实、工作不落实等。此外，还存在一些需要长期逐步解决的问题，虽然攻坚期内不能毕其功于一役，但也需要创造条件分阶段逐步加以解决。

二、学习贯彻习近平总书记关于扶贫工作的重要论述

2019年，以习近平同志为核心的党中央对脱贫攻坚持续高位推进、响鼓重锤。习近平总书记多次到地方考察扶贫，主持中央政治局常委会和中央政治局会议听取脱贫攻坚专项巡视和成效考核等情况汇报，主持召开解决"两不愁三保障"突出问题座谈会，在中央经济工作会议、中央财经委员会会议、十三届全国人大二次会议甘肃代表团审议等多个重要会议上反复强调脱贫攻坚，作出重要部署。

（一）学习贯彻习近平总书记在解决"两不愁三保障"突出问题座谈会上的讲话精神

2019年4月15日至17日，习近平总书记在重庆考察，主持召开解决"两不愁三保障"突出问题座谈会并发表重要讲话，对扎实做好2019年、2020年两年脱贫攻坚工作作出重要部署，对着力解决"两不愁三保障"突出问题提出明确要求。习近平总书记的重要讲话为决战决胜脱贫攻坚提供了科学指引，彰显了脱贫攻坚"不获全胜、决不收兵"的坚定信心。

习近平总书记强调，到 2020 年稳定实现农村贫困人口不愁吃、不愁穿，义务教育、基本医疗、住房安全有保障，是贫困人口脱贫的基本要求和核心指标，直接关系攻坚战质量。总的来看，"两不愁"基本解决了，"三保障"还存在不少薄弱环节。各地区各部门要高度重视，统一思想，抓好落实。要摸清底数，聚焦突出问题，明确时间表、路线图，加大工作力度，拿出过硬举措和办法，确保如期完成任务。

习近平总书记强调，脱贫攻坚战进入决胜的关键阶段，务必一鼓作气、顽强作战，不获全胜决不收兵。各省区市党政主要负责同志要增强"四个意识"、坚定"四个自信"、做到"两个维护"，强化政治责任，亲力亲为抓好脱贫攻坚。省级分管扶贫的负责同志要抓好工作落实。各行业部门要围绕脱贫攻坚目标任务，按照尽锐出战要求，切实履职尽责、合力攻坚，对责任不落实、政策不落实、工作不落实影响任务完成的要进行问责。党中央制定了支持深度贫困地区脱贫攻坚的实施意见，各方面都加大了力度，但不能放松。要逐一研究细化实化攻坚举措，攻城拔寨，确保完成脱贫任务。脱贫攻坚专项巡视和成效考核发现了不少突出问题和共性问题。各地区各部门要全面排查梳理，确保各类问题整改到位，为明年工作打下良好基础。

习近平总书记指出，脱贫既要看数量，更要看质量。要严把贫困退出关，严格执行退出的标准和程序，确保脱真贫、真脱贫。要把防止返贫摆在重要位置，适时组织对脱贫人口开展"回头看"。要探索建立稳定脱贫长效机制，强化产业扶贫，组织消费扶贫，加大培训力度，促进转移就业，让贫困群众有稳定的工作岗位。要做好易地扶贫搬迁后续帮扶。要加强扶贫同扶志扶智相结合，让脱贫具有可持续的内生动力。

习近平总书记强调，贫困县摘帽后，要继续完成剩余贫困人口脱贫任务，实现已脱贫人口的稳定脱贫。贫困县党政正职要保持稳定，做到摘帽不摘责任。脱贫攻坚主要政策要继续执行，做到摘帽不摘政策。扶贫工作队不能撤，做到摘帽不摘帮扶。要把防止返贫放在重要位置，做到摘帽不摘监管。要保持政策稳定性、连续性。

习近平总书记指出，要把全面从严治党要求贯穿脱贫攻坚全过程，强化作风建设，完善和落实抓党建促脱贫的体制机制，发挥基层党组织带领群众脱贫致富的战斗堡垒作用，深化扶贫领域腐败和作风问题专项治理，把基层减负各项决策落到实处。对奋战在脱贫攻坚一线的同志要关心他们的生活、健康、安全，对牺牲干部的家属要及时给予抚恤、长期帮扶慰问。对在基层一线干出成绩、群众欢迎的干部，要注意培养使用。对那些畏苦畏难、敷衍了事、弄虚作假的扶贫干部，要加强教育管理，该撤换的要及时撤换，该问责的要坚决问责。

（二）学习贯彻习近平总书记关于脱贫攻坚的新批示新指示

2019年，习近平总书记多次对脱贫攻坚工作作出重要指示批示，指引脱贫攻坚战夺取最终胜利。关键之年，习近平总书记的这些重要部署，意涵丰富，为全面打赢脱贫攻坚战、全面建成小康社会指明了方向，绘就了蓝图。

2019年伊始，习近平总书记就回顾了过去一年脱贫攻坚的重要成就，表达了对奋战在一线的脱贫工作者的牵挂。对于新一年的工作，总书记要求，"咬定目标使劲干"①。

1月，习近平总书记在中共中央政治局第十二次集体学习时的讲话时指出，"脱贫攻坚是一项历史性工程，是中国共产党对人民作出的庄严承诺"。

3月，两会期间，习近平总书记在参加多个代表团审议时，都对脱贫攻坚工作做出重要指示。在甘肃代表团参加审议时强调，"现在距离2020年完成脱贫攻坚目标任务只有两年时间，正是最吃劲的时候，必须坚持不懈做好工作，不获全胜、决不收兵。"②在河南代表团参加审议时强调，"打赢脱贫攻坚战，是今明两年必须完成的硬任务。要再接再厉，咬定目标，精准施策，精准发力，按时按质完成脱贫攻坚任务。"③

4月，习近平总书记在重庆考察石柱土家族自治县脱贫攻坚工作情况时指出，"发展才是社会主义，发展必须致力于共同富裕。国家越发展，越要把贫困群众基本生活保障好。各级党委和政府要把'两不愁三保障'各项措施落实到村、到户、到人。要加强乡村两级基层党组织建设，更好发挥在脱贫攻坚中的战斗堡垒作用，提

---

① 《国家主席习近平发表二〇一九年新年贺词》，《人民日报》2019年1月1日。
② 谢环驰：《习近平李克强栗战书汪洋王沪宁赵乐际韩正分别参加全国人大会议一些代表团审议》，《人民日报》2019年3月8日。
③ 李学仁：《习近平李克强王沪宁韩正分别参加全国人大会议一些代表团审议》，《人民日报》2019年3月9日。

高党在基层的治理能力和服务群众能力。党员干部要到脱贫攻坚的一线、到带领群众脱贫致富的火热实践中历练，经受考验，磨炼党性，增进群众感情，增强做好工作的本领"[1]。

5月，习近平总书记在江西省赣州市于都县梓山镇潭头村考察调研时指出，"脱贫攻坚已经进入决胜的关键阶段，各地区各部门要再加把劲，着力解决好'两不愁三保障'突出问题，让老区人民过上幸福生活。"[2]

8月，习近平总书记在甘肃省武威市古浪县黄花滩生态移民区富民新村考察调研时指出，"贫困乡亲脱贫是第一步，接下来要确保乡亲们稳定脱贫，扶贫政策和扶贫队伍要保留一段时间，从发展产业、壮大集体经济等方面想办法、找出路，让易地搬迁的群众留得住、能就业、有收入，日子越过越好"。在听取甘肃省委和省政府工作汇报时要求，"要深化脱贫攻坚，坚持靶心不偏、焦点不散、标准不变，在普遍实现'两不愁'的基础上，重点攻克'三保障'方面的突出问题，把脱贫攻坚重心向深度贫困地区聚焦，以'两州一县'和18个省定深度贫困县为重点，逐村逐户、逐人逐项去解决问题，坚决攻克最后的贫困堡垒"[3]。

9月，习近平总书记在黄河流域生态保护和高质量发展座谈会

---

[1] 鞠鹏、刘彬、谢环驰：《统一思想一鼓作气顽强作战越战越勇　着力解决"两不愁三保障"突出问题》，《人民日报》2019年4月18日。
[2] 谢环驰、鞠鹏：《贯彻新发展理念推动高质量发展　奋力开创中部地区崛起新局面》，《人民日报》2019年5月23日。
[3] 谢环驰、鞠鹏：《坚定信心开拓创新真抓实干　团结一心开创富民兴陇新局面》，《人民日报》2019年8月23日。

上的讲话要求,"贫困地区要提高基础设施和公共服务水平,全力保障和改善民生"。①

在庆祝中华人民共和国成立70周年招待会上的讲话指出,"70年来,中国人民发愤图强、艰苦创业,创造了'当惊世界殊'的发展成就,千百年来困扰中华民族的绝对贫困问题即将历史性地划上句号,书写了人类发展史上的伟大传奇!"②

10月,习近平总书记对脱贫攻坚工作作出重要指示:

"新中国成立70年来,中国共产党坚持全心全意为人民服务的根本宗旨,坚持以人民为中心的发展思想,带领全国各族人民持续向贫困宣战,取得了显著成就。党的十八大以来,党中央把脱贫攻坚摆到更加突出的位置,打响脱贫攻坚战,全党全国上下同心、顽强奋战,取得了重大进展。困扰中华民族几千年的绝对贫困问题即将历史性地得到解决,这将为全球减贫事业作出重大贡献。"

"当前,脱贫攻坚已到了决战决胜、全面收官的关键阶段。各地区各部门务必咬定目标、一鼓作气,坚决攻克深度贫困堡垒,着力补齐贫困人口义务教育、基本医疗、住房和饮水安全短板,确保农村贫困人口全部脱贫,同全国人民一道迈入小康社会。要采取有效措施,巩固拓展脱贫攻坚成果,确保高质量打赢脱贫攻坚战。"③

---

① 习近平:《在黄河流域生态保护和高质量发展座谈会上的讲话》,《求是》2019年第20期。
② 张烁、黄敬文:《庆祝中华人民共和国成立70周年招待会在京隆重举行》,《人民日报》2019年10月1日。
③ 《咬定目标一鼓作气 确保高质量打赢脱贫攻坚战》,《人民日报》2019年10月18日。

习近平总书记关于脱贫攻坚的最新重要论述，还丰富发展了习近平总书记关于扶贫工作重要论述的思想内涵。在思想深刻、内涵丰富、逻辑严密的习近平总书记关于扶贫工作重要论述科学指引下，新时代脱贫攻坚战一定能够全面打赢，如期全面建成小康社会的底线任务一定能够完成。

三、动态调整和返贫监测

2019年是新中国成立70周年,是打赢脱贫攻坚战攻坚克难之年。2019年,建档立卡信息系统建设进一步完善,力求做到基础数据真实准确,致贫原因真实准确,脱贫措施真实准确,脱贫成效真实准确,为实施精准扶贫政策措施、实行最严格考核评估和提升脱贫质量打下了坚实基础。

(一)优化建档立卡指标体系

持续开展建档立卡信息动态调整

扶贫对象动态管理工作,是检验年度脱贫攻坚成效的收官之举。2019年,国务院扶贫办组织学习习近平总书记关于建档立卡的重要指示批示精神,进一步提高建档立卡工作的政策水平。在该年第二季度,就对建档立卡动态调整工作开展研究,并组建调研组对建档立卡数据进行核实、调研。6月,为了核实全国扶贫开发信息系统中建档立卡相关信息,国务院扶贫办信息中心等组建多个调研组赴10个省(自治区、直辖市)的12个县(市、区、旗),开展脱贫攻坚质量和建档立卡数据核实调研工作。

2019年7月，为应对近年来贫困人口动态管理工作中遇到的新情况和新问题，国务院扶贫办印发《关于进一步完善贫困人口动态管理工作的通知》，重点从贫困人口识别、贫困户脱贫、脱贫户返贫、贫困人口的自然变更、贫困人口动态调整周期等方面，对贫困人口动态管理工作有关内容提出完善举措。该通知明确全国扶贫开发信息系统动态调整周期，每年集中开放两次贫困户新识别和返贫操作功能，贫困户脱贫每年底集中开展，贫困户家庭成员自然增减，经确认后即可录入系统，目前已建立了一套信息精准到户、到人的建档立卡数据库。

2019年9月，国务院扶贫办印发《关于做好2019年度扶贫对象动态管理工作的通知》，对2019年度扶贫对象动态管理工作内容、进展和要求作出安排和部署。按照国务院扶贫办的统一安排部署，2019年度扶贫对象动态管理工作于10月1日开始入户调查，将以脱贫退出和脱贫人口"回头看"为核心，兼顾贫困人口动态变化调整，同步做好遗留问题整改和各类数据信息的核实、核准、采集、更新和录入工作。与往年不同的是，今年扶贫对象动态管理工作增加了"两摸底一核查"，即对非建档立卡农户和脱贫户进行摸底，找出存在返贫致贫风险的农户；核查建档立卡贫困户致贫原因、帮扶措施、脱贫效果等数据信息的准确性、完整性和真实性。

2019年度扶贫对象动态管理工作的进度安排是：（1）动员部署和开展培训。9月下旬，按照全国扶贫对象动态管理工作视频会议精神和本通知的要求，各省（自治区、直辖市）组织制定工作方案，进行动员部署。国务院扶贫办信息中心统一组织培训，各省

（自治区、直辖市）在此基础上组织开展进一步的培训。（2）动态调整和信息采集。10月1日至11月10日，各省（自治区、直辖市）指导各县组织开展进村入户，完成贫困户脱贫退出、新识别和返贫纳入，以及贫困村退出的各项程序；完成扶贫对象各类信息采集和更新；完成贫困户历年帮扶措施采集；完成边缘户和脱贫监测户的摸底及信息采集。（3）数据录入和系统操作。11月11日至30日，各省（自治区、直辖市）在完成进村入户和信息采集工作后，向国务院扶贫办信息中心书面申请开通信息系统相关功能，于11月30日24时前完成全部数据录入和系统操作工作。（4）数据分析和问题梳理。12月1日至10日，开展数据分析，形成到户到人的具体问题清单。（5）问题核查。12月11日至20日，各省（自治区、直辖市）根据问题清单，组织县级扶贫部门开展实地核查，对查实的问题进行整改。（6）完善系统数据。12月21日至31日，以省为单位组织在信息系统中对经核实的问题数据进行修改完善。（7）工作总结。2020年1月1日至15日，各省（自治区、直辖市）对2019年度扶贫对象动态管理工作进行总结，并上报总结报告。

总体上，各地建档立卡动态调整工作全部按时完成，为中央决策提供了数据支撑。建档立卡动态调整与"两摸底一核查"两项工作同步开展，既摸清了底数，又减轻了基层负担。针对2019年1月19日中央第十三巡视组向国务院扶贫办党组反馈的巡视意见，及时对2017年审计发现的少数地方建档立卡基本信息不准确问题进行了专项整改，并督促各地对问题数据核实整改，提升数据质量。

开展建档立卡专项评估检查

2018年，国务院扶贫办委托第三方研究机构开展了全国建档立卡专项评估检查，建档立卡专项评估检查项目组于2018年8月至2019年4月围绕建档立卡工作，对全国25省（自治区、直辖市）143县523村4.2万户的建档立卡情况进行了实地监测调研。2019年1月开始，该项工作继续开展，重点开展了第5—7批次的实地监测调研，并对实地监测数据和资料进行分析。

（二）脱贫人口精准退出

脱贫人口精准退出是扶贫对象动态管理工作的一个重要环节，直接决定着脱贫攻坚的成效和质量。针对贫困退出中的不良现象和突出问题，2019年3月7日，习近平总书记在甘肃代表团参加审议时指出，"脱贫攻坚工作中存在的形式主义、官僚主义现象，影响脱贫攻坚有效推进。对群众反映的'虚假式'脱贫、'算账式'脱贫、'指标式'脱贫、'游走式'脱贫等问题，要高度重视并坚决克服，提高脱贫质量，做到脱真贫、真脱贫。脱贫攻坚越到最后时刻越要响鼓重锤，决不能搞急功近利、虚假政绩的东西。"2019年4月16日，习近平总书记在主持召开解决"两不愁三保障"突出问题座谈会上进一步强调，"脱贫既要看数量，更要看质量。要严把贫困退出关，严格执行退出的标准和程序，确保脱真贫、真脱贫。"

为此，国务院扶贫办发布的《关于做好2019年度扶贫对象动态管理工作的通知》要求严把工作质量，"要严格执行标准，严格履行程序，做到'应退尽退、应纳尽纳'，杜绝虚假脱贫、数字脱贫"，并规定在全国扶贫开发信息系统中对"贫困户脱贫"操作设置限制条件，凡"两不愁三保障"数据显示未解决的贫困户，均无法进行"脱贫"操作。

2019年，在贫困人口的退出工作中将脱贫质量放在更突出的位置，严格执行脱贫标准，严格履行退出程序，切实纠正贫困退出中的问题。经过脱贫人口识别和退出，国家统计局数据显示2019年全国共识别退出贫困人口1109万人。针对2019年1月19日中央第十三巡视组向国务院扶贫办党组反馈的巡视意见，国务院扶贫办编制《脱贫措施指标体系完善和信息采集方案》，召开完善脱贫措施指标体系研讨会，进一步完善脱贫措施指标体系。研究完善建档立卡常态化动态调整机制办法，做到符合条件的及时纳入，符合脱贫标准的应退尽退。与卫生健康委、公安部、教育部、民政部、中国残联、医疗保障局等加强沟通、建立机制，定期或实时对接数据，加强数据交换比对，推动数据共用共享。加强工作力量，国务院扶贫办信息中心招聘6名专业工作人员的工作已经启动。与国家统计局就两项数据衔接工作进行商谈，在6月左右将两套数据衔接情况联合报国务院。

同时，脱贫人口退出后，2019年继续按照"脱贫不脱政策"的要求，保持扶贫政策的连续性和稳定性。2019年中央一号文件《中共中央 国务院关于坚持农业农村优先发展做好"三农"工作的若干意见》提出，攻坚期内贫困县、贫困村、贫困人口退出后，相关扶贫政策保持稳定，减少和防止贫困人口返贫。2019年3月7日，习近平总书记在甘肃代表团参加审议时强调,"贫困县摘帽后,也不能马上撤摊子、甩包袱、歇歇脚,要继续完成剩余贫困人口脱贫问题,做到摘帽不摘责任、摘帽不摘政策、摘帽不摘帮扶、摘帽不摘监管。"为防范贫困县摘帽后出现松劲懈怠,国务院扶贫办组织对贫困县摘帽较真碰硬开展评估检查,确保脱贫摘帽真实有效,质量过硬。同时,贫困县党政正职保持稳定,摘帽不摘责任;脱贫攻坚主要政策继续执行,摘帽不摘政策;扶贫工作队不撤,摘帽不摘帮扶;把防止返贫放到重要位置,摘帽不摘监管。贫困县摘帽后,继续完成剩余贫困人口脱贫任务,确保已脱贫人口稳定脱贫。

(三)加强返贫监测预警及干预

2018年中央经济工作会议指出,减少和防止贫困人口返贫,研究解决那些收入水平略高于建档立卡贫困户的群体缺乏政策支持等新问题。其后,全国扶贫开发工作会议在安排2019年的扶贫工作时进一步指出,2019年要把防止返贫摆到更加重要的位置,并提出开展返贫监测,适时组织对所有建档立卡贫困户开展"回头看",对返贫人口和新发生贫困人口及时纳入建档立卡予以帮扶。

2019年9月,国务院扶贫办印发《关于做好2019年度扶贫对象动态管理工作的通知》,要求对非建档立卡农户中人均纯收入低于5000元且有致贫风险的边缘户进行摸底,采集和录入相关信息;按照"人均纯收入低于5000元且有返贫风险"的标准,对已脱贫户中不稳定户进行摸底监测;同时,将那些因病、因灾和突发事件等导致家庭已陷入经济困难的脱贫户作为返贫户处理,并予以及时帮扶。

据各地初步摸底，已脱贫的9300多万建档立卡人口中，有近200万人存在返贫风险。另外，在边缘人口中，有近300万人存在致贫风险。为此，需要对这些存在返贫风险的近200万已脱贫人口和存在致贫风险的近300万边缘人口进行监测预警，及时提供针对性帮扶，防止脱贫人口返贫，防止边缘人口致贫。

为了加强对返贫的监测，从2019年起国家对所有已经脱贫的贫困人口适时开展"回头看"，考察每个脱贫家庭是不是真正脱贫，还有哪些家庭存在返贫风险，并针对每个贫困家庭不同的困难和问题，采取相应的扶持措施。经过调研发现，返贫原因主要有三个：一是脱贫不实、脱贫质量不高或者没有真脱贫，这必然造成返贫；二是没有建立起稳定脱贫长效机制，光靠政策补贴或发钱发物的脱贫也是不可持续、不可长久的；三是存在一些自然因素，特别是因灾、因病和因残返贫，由于自然灾害可能会导致返贫，因病因残导致家庭主要劳动力丧失和家庭收入急剧下降进而间接造成返贫。

同时，许多省份已经开展了建立返贫监测预警机制的探索，并取得了阶段性的成效。2019年8月，贵州省铜仁市印发《关于建立防贫预警监测机制的意见（试行）》，率先探索建立了将返贫户、重点户、边缘户列为预警户进行重点监测，集监测、预警、保障为一体的防贫工作体系，做到贫困风险早掌握、薄弱环节早发现、突出问题早整改，走出了一条扶贫与防贫相结合的道路，进一步巩固提升了脱贫攻坚成果。四川省北川县则建立了以乡镇为主体、村组为单元的网格化农户临界贫困监测体系，通过重点农户预警监测台账，对有返贫风险的农户实行动态管理，同时建立"帮扶人优先处置—村镇统筹处置—县级综合处置"的分层处置体系，对摸排出的临界贫困预警农户，采取产业就业扶持、医疗救助等措施。

四、精准派人和加强驻村帮扶

开展驻村帮扶是打赢脱贫攻坚战的一项关键举措,是我国政治优势和制度优势的生动体现。在脱贫攻坚进入决战决胜的关键时期,各级各部门认真贯彻落实习近平总书记重要指示精神,按照尽锐出战的要求,推动驻村帮扶实现全覆盖。一是坚持尽锐出战和精准施策相结合,进一步提高驻村帮扶质量;二是坚持依靠组织和发动群众相结合,进一步凝聚驻村帮扶合力;三是坚持提升能力和锤炼作风相结合,进一步提高驻村帮扶本领;四是坚持从严管理和关心关爱相结合,进一步激发驻村帮扶动力。

(一)强化驻村干部选派和管理

随着脱贫攻坚工作进入攻坚克难阶段,驻村帮扶工作也逐步向深层次推进,着力强化驻村干部选派和管理的制度化、科学化水平。各地深刻领会习近平总书记关于干部驻村帮扶工作的重要指示精神,进一步提高政治站位,强化使命担当,提升攻坚本领,巩固驻村力量,强化激励措施,落实待遇保障。

中共中央办公厅、国务院办公厅《关于加强贫困村驻村工作队选派管理工作的指导意见》印发实施以来,各地驻村帮扶工作取得明显成效，但是工作中仍存在一些问题与不足。各地坚持问题导向，重点做好尽锐出战、精准发力、提升能力、加强指导、典型引领、关心关爱六个方面的工作，支持驻村干部用心、用情、用力做好驻村帮扶工作。尤其是，脱贫摘帽县（市、区）切实贯彻落实"四个不摘"要求中的"摘帽不摘帮扶"。

2018年以来，全国各地不断强化实化驻村帮扶工作，驻村帮扶干部选派力度进一步加大，在实现对建档立卡贫困村全覆盖的基础上扩大覆盖范围，向有扶贫任务的非贫困村选派驻村工作队；聚焦深度贫困地区；优化队伍结构，优先安排优秀年轻干部和后备干部参加驻村帮扶。如安徽省绩溪县从明"刻度"、抓"深度"、拓"广度"、调"温度"四个层面，狠抓选派帮扶干部管理，为脱贫攻坚提供坚强的组织保证。即明确工作"刻度"，强化规章制度建设；抓好整改"深度"，找准扶贫领域问题；拓宽宣传"广度"，深入挖掘典型事迹；调高保障"温度"，强化关怀激励。又如为加强驻村帮扶工作队管理，把驻村帮扶工作队培养成"驻得下、放得开、干得实"的群众身边人，河北省故城县2019年着力创新"擂台赛"月考评促激机制，明志向、标进度、比高低、亮成效、评担当，充分调动帮扶干部积极性，紧紧抓住"稳定增收"关键环节，打好产业扶贫、就业扶贫、金融扶贫、科技扶贫、文化扶贫五记"组合拳"，全面提升了帮扶成效。

截至2019年，全国累计选派300多万县级以上机关、国有企事业单位干部参加驻村帮扶，目前在岗的驻村工作队24.2万个、第一书记20.6万人、驻村干部70万人，加上197.4万乡镇扶贫干部和数百万村干部，基层一线扶贫力量明显加强，打通了精准扶贫"最后一公里"，有力推动了扶贫措施落地落实。

（二）提升驻村帮扶工作实效

在决战决胜脱贫攻坚的关键阶段，精准派人以有效解决"谁来扶"的问题，是打通脱贫攻坚"最后一公里"并取得实效的关键。为此，亟须加强脱贫攻坚干部尤其是处于脱贫攻坚一线的驻村干部的能力建设，提升其实战能力和工作实效。

2018年以来，各地贯彻落实习近平总书记关于开展干部大轮训的重要指示，按照中央组织部、国务院扶贫办的安排部署，分级分类培训了1700多万名扶贫干部。这项已经持续3年的培训活动，收到了良好效果。2019年，各级继续开展脱贫攻坚干部培训，初步统计上半年各地已培训1.35万期、402.6万人次。通过培训交流，贫困地区干部和扶贫干部的政绩观进一步树牢，基层扶贫干部的实战能力进一步增强。

各地瞄准实战需求，按照"干什么学什么、缺什么补什么"的原则，通过示范培训和大规模轮训相结合、"请进来"和"走出去"相结合、课堂教学和现场教学相结合等方式，进一步提升驻村干部的实战能力。2018年以来，全国共组织开展驻村干部培训208万人次。2019年，各地继续加大新选派驻村干部和在岗驻村干部培训力度，以脱贫攻坚工作需求为导向，突出"三保障"政策培训和深度贫困地区攻坚培训，并充分运用新媒体开展学习培训。同时，针对一些地方驻村干部不熟悉情况和政策，甚至不知道怎么干的问题，对部分第一书记和驻村工作队员进行了调整轮换。如中共河南省委组织部等部门于 2019 年 12 月先后下发《关于做好全省驻村第一书记轮换工作的通知》和《关于做好新一批省派第一书记选派工作的通知》，对全省驻村第一书记选派和轮换工作作出政策安排。其后，就立马召开全省驻村第一书记轮换工作会议，研究安排新一轮全省驻村第一书记轮换工作。又如重庆市奉节县在驻村工作队和第一书记开展驻村帮扶的过程中，创新实施到户看院子、抬眼看房子、进门开柜子、伸手开管子、走近问身子、坐下问孩子"六个环节"工作法，着力解决"两不愁三保障"突出问题。

针对国务院扶贫开发领导小组巡查组反馈陕西省驻村帮扶方面存在的问题，安康市紧扣全省脱贫攻坚"三比一提升"行动部署，迅速在全市启动以"四查四强化"为主要内容的驻村帮扶问题专项整治行动，着力解决驻村帮扶不实、人员选派不优、队伍整合不力、管理考核不严等突出问题，有力推动了全市驻村帮扶工作提质增效。专项整理行动取得明显成效。一方面，集中整治软弱涣散村级党组织 187 个，完成 1.57 万名村干部大起底，清理 144 名不合格干部，召回第一书记和驻村工作队员 41 名，增派市直部门帮扶干部 14 名；另一方面，先后表彰 50 个脱贫攻坚先进基层党组织、150 名脱贫攻坚优秀党员干部和 185 个社会扶贫先进集体、150 名社会扶贫先进个人，并分期分批提拔重用一批在脱贫攻坚中表现优秀的干部。

（三）提高基层组织扶贫能力

尽管驻村工作队和驻村干部在脱贫攻坚中发挥着不可或缺的作用，但是从长远来看，尤其是立足于2020年后建立健全稳定脱贫长效机制，扶贫工作最终还是有赖于强化基层组织和干部的主体地位与工作能力，通过加强基层组织建设，打造一支"永不走的工作队"，构建解决"谁来扶"问题的制度设计和长效安排。然而，在驻村帮扶的实践过程中，有些地区驻村帮扶干部与乡村干部之间的关系出现了错位，驻村干部帮扶承担了大量的扶贫任务，工作成效也很突出，而本地的乡村干部发挥的作用却很有限，在脱贫攻坚中处于缺位的状态。为此，亟须调适驻村帮扶组织、干部与贫困地区基层组织、干部之间的角色和功能定位，重构基层贫困治理格局，提高基层组织和干部的扶贫能力。

基于中国特色的治理体制和党政结构，农村基层党组织在基层治理体系中处于领导地位。在脱贫攻坚中，农村基层党组织同样发挥着引领作用，为打赢打好脱贫攻坚战提供了坚实的组织保障。2018年11月，在前期试点的基础上，中央组织部、财政部、农业农村部联合印发了《关于坚持和加强农村基层党组织领导扶持壮大村级集体经济的通知》，明确从2018年至2022年，中央财政在全国范围内扶持10万个左右行政村发展壮大集体经济，健全村党组织领导、村集体经济法人治理、经营运行、收益分配和监督管理等机制，示范带动各地进一步加大政策支持、资金扶持和统筹推进力度，增强村级组织自我保障和服务群众能力，提升农村基层党组织的组织力。扶持村数量向革命老区、民族地区、边疆地区、贫困地区尤其是深度贫困地区适当倾斜，并要求各地精心制订方案、分类推进实施。

2019年6月，农业农村部在深入调研、总结各地经验的基础上，制定印发《关于进一步做好贫困地区集体经济薄弱村发展提升工作的通知》，将加强薄弱村人才支撑作为重点工作之一。该文件指出，将薄弱村集体经济组织负责人作为农民教育培训和农村实用人才培训的重点对象，通过就地培养、吸引提升等方式，提高其管理集体资产、对外合作等经营管理能力。各级农业农村部门要鼓励农村致富能手、外出务工返乡农民、大学生村官、机关事业单位离退休干部职工等，参与薄弱村集体经济发展提升；选聘一批特聘农技员为薄弱村提供技术服务。要积极推动各地创新选人用人和人才帮扶机制，优先选派素质好、懂经济、有经验的干部到薄弱村任第一书记，对集体经济发展做出突出贡献的给予表扬和奖励。

在上述政策文件的指引下，各地出台了操作性更强的实施方案，并采取切实行动提高基层组织扶贫能力。2019年4月，中共海南省委组织部、海南省财政厅、海南省农业农村厅出台了《关于坚持和加强农村基层党组织领导扶持壮大村级集体经济的实施方案》，要求由组织部门选好配强村集体经济组织管理层负责人，提升基层党组织战斗力，建立和完善科学的运行机制与基层治理结构。同时，结合海南省农村基层党建"4321"工程，根据全省市县经济社会发展和农村基层党组织建设情况，分为三个档次安排补助资金，第一档是 5 个国定贫困县，第二档是空壳村较多、有"十三五"建档立卡深度贫困村的 7 个市县和洋浦经济开发区，第三档是经济相对较好或脱贫攻坚任务相对较轻的市县。

五、精准施策和探索稳定脱贫长效机制

（一）完善"五个一批"分类施策体系

从总体上看，2019年，各地区各部门认真落实精准扶贫精准脱贫基本方略，扎实推进与完善"五个一批"分类施策体系，精准帮扶举措持续落地见效。

产业扶贫

产业扶贫是稳定脱贫的根本之策。随着贫困地区基础设施的改善和贫困人口素质的提高，产业扶贫工作也进入一个重要的战略机遇期。在脱贫攻坚进入攻坚克难时期，亟须进一步创新与优化产业扶贫带贫减贫机制，提升产业扶贫质量，巩固脱贫攻坚成果。

认真落实农业农村部等九部门联合印发的《贫困地区发展特色产业促进精准脱贫指导意见》《关于实施产业扶贫三年攻坚行动的意见》，努力精准对接贫困村、贫困户产业发展需求，深入实施贫困地区特色产业提升工程，积极培育和推广有市场、有品牌、有效益的特色产品，加强产销对接，解决产业扶贫短平快、盲目跟风同质化等突出问题，巩固贫困地区产业发展的基础。国务院扶贫办会同农业农村部、财政部、科学技术部、国家林业和草原局等部门研究起草《关于加强产业扶贫带贫减贫机制建设的通知》，将扶贫产业风险防范作为一项重要内容，从政策科学决策、技术服务、产销衔接、产业带贫、保险保障、预警机制等方面，指导各地制定防范和处置风险的措施，推动解决部分地方存在的"一股了之""一发了之"等问题，进一步提升风险防范水平。

按照农业农村部、国务院扶贫办《关于建立贫困户产业发展指导员制度的通知》的要求，部署各地建立贫困户产业发展指导员队伍，为贫困户产业发展提供精准指导和服务。如广西全面建立贫困户产业发展指导员制度，基本实现产业发展指导员覆盖所有行政村和所有贫困户，帮助科学选择特色产业，宣传落实产业扶贫政策，完善产业利益联结机制，协调解决生产技术难题，拓宽扶贫产品销售渠道，建立产业发展台账。截至2019年8月，全区已累计开展2万余次技术指导和产业政策宣讲，指导5379个贫困村、100余万户贫困户建立起产业发展台账。

2019年5月，国务院扶贫办发布《关于进一步做好县级脱贫攻坚项目库建设的通知》，重点对提高项目库建设质量、加强项目库全过程管理提出了新要求。按照脱贫规划，国务院扶贫办聚焦致贫原因和脱贫需求，考虑资源禀赋和贫困人口能力，指导各地建立县级脱贫攻坚项目库。2019年，县级脱贫攻坚项目库项目总数新增89万个，其中产业项目27万个。2019年脱贫的363.03万贫困户中，享受产业帮扶措施的有303.85万户，占83.7%。产业带贫效果不断显现。通过发展订单生产、生产托管、土地流转、资产租赁及就业务工等方式，带动越来越多的贫困户参与到特色产业的发展、实现增收脱贫。

从总体上看，2019年，各地各级推动贫困地区加快特色产业发展、提升产业带贫能力，产业扶贫取得重大进展和显著成效，为如期打赢脱贫攻坚战提供了有力支撑。贫困地区特色种养业、加工业和电商、光伏、乡村旅游、民族手工业等产业扶贫新模式快速发展，带贫机制逐步建立，全国92%的贫困户已参与到产业发展当中，72.3%的脱贫户得到了产业扶贫支持，67%的脱贫人口主要通过产业带动实现增收脱贫，产业扶贫已经成为脱贫攻坚"五个一批"中涉及面最广、带动人口最多的脱贫方式。在产业扶贫的有力推动下，贫困地区农民可支配收入保持较快增长。

一是政策支持体系更加完善。中央和各地围绕资金投入、金融扶持、科技服务等方面，出台了一系列切实有效的政策举措。2019年，贫困县实际整合使用的财政涉农资金超过1.1万亿元，支持贫困户发展产业的扶贫小额信贷累计放贷5980亿元，组建产业扶贫技术专家组4100多个，选聘贫困户产业发展指导员26万人，为推进产业扶贫提供了有力保障。

二是扶贫特色产业加快发展。22个扶贫任务重的省（自治区、直辖市）和832个贫困县全部编制产业扶贫规划或方案。在规划引领下，贫困地区累计实施扶贫产业项目98万多个，建成扶贫产业基地近10万个，832个贫困县已初步形成特色主导产业1060个，涵盖特色粮经作物、特色园艺产品、特色畜产品、特色水产品、林特产品5大类28个特色产业，基本形成"一县一特"的产业发展格局。

三是产业带贫成效明显提升。832个贫困县已累计培育市级以上龙头企业1.44万家，平均每个贫困县17家；发展农民合作社68.2万家，直接带动627万贫困户、2198万贫困人口。通过订单生产、土地流转、就地务工、股份合作、资产租赁等方式，已构建以"龙头企业+合作社+贫困户"为基本的多种带贫模式，超过2/3的贫困户实现新型主体带动。

四是产销对接渠道不断拓宽。东西部协作、中央单位定点帮扶等消费扶贫协作机制进一步完善，社会各界参与消费扶贫的良好氛围进一步形成。贫困地区特色产品品牌加快培育，涌现出洛川苹果、赣南脐橙、定西马铃薯等一大批知名品牌。2019年农业农村部共举办10场贫困地区产销对接活动，现场签约超过150亿元，推动批发市场、大型超市和电商平台等与贫困地区建立了长期稳定的产销关系。

就业扶贫

2019年1月，国务院扶贫办召开全国贫困劳动力稳定就业视频会议，部署贫困劳动力稳岗工作。指导贫困县对跨省务工的贫困劳动力进行摸查统计，将统计信息与人力资源社会保障部和东部地区共享，共同推进贫困劳动力稳岗工作。会议要求东部地区要进一步加大东西部扶贫协作工作力度，创新工作机制，将稳定就业作为今年扶贫协作的重点，为新形势下外出务工贫困劳动力的稳岗工作继续创造良好的就业环境。

2019年2月12日至3月15日，人力资源和社会保障部、国务院扶贫办、全国总工会、全国妇联在全国开展"2019年春风行动"，以促进转移就业，助力脱贫攻坚。"春风行动"是就业服务专项活动重点品牌之一，2019年是连续第15年开展。通过开展主题宣传、组织招聘活动、加强就业服务、引导返乡创业、推进就业扶贫、强化权益维护等措施，支持农村劳动力就业创业。2019年的工作重点是强化就业服务，主要包括多渠道搜集岗位，提前发布信息，开展多种形式的招聘活动，做好"面对面"线下现场服务和"点对点"线上信息推送，积极引导市场机构参与。此外，还将强化创业服务和创业培训，加强政策落实，帮助解决实际问题，积极引导返乡下乡创业；发布虚假招聘案例警示信息，加强企业用工指导，积极维护农民工权益；开展各类宣传活动，宣传"劳动最光荣、幸福靠奋斗"，激发劳动致富内生动力。近年来，各地各有关部门将"春风行动"作为做好农村劳动力转移就业和农民工就业创业工作的重要抓手，重点服务有就业创业意愿的农村劳动力、农村建档立卡贫困劳动力和有用工需求的用人单位，积极促进人岗对接，努力满足企业用工和劳动者就业创业需求。如截至2019年底，湖南省建档立卡农村贫困劳动力255.2万人，其中有就业意愿的187.4万人，已转移就业186.4万人，占比99.5%，人均月工资达2635元。

同时，指导各地加强对"扶贫车间"规范管理，通过光伏扶贫等产业项目创设扶贫岗位。通过案例总结、现场观摩和各类培训，培育一批贫困村创业致富带头人。聚焦特殊困难群体，开展技能培训、就业基地建设等，让拥有部分劳动能力的贫困群体掌握相应技能并实现就业，提升自我发展能力。如近年来，吉林省累计建设残疾人扶贫就业基地近 200 个。2019 年，累计培训残疾人就业技能 2.56 万人次，带动 7200 多名残疾人就业增收。

从总体上看，各地明确就业扶贫工作方向、完善就业扶贫工作机制、创新就业扶贫措施，全力以赴帮助贫困劳动力就业创业。如今，越来越多的贫困户实现多渠道多层次多工种就业，脱贫从此有了"压舱石"和"稳定器"，为全面打赢脱贫攻坚战奠定了更加坚实的基础。2019 年全年新增帮助 204 万贫困人口就业，累计帮助 1192 万贫困人口就业，加上其他途径就业的，目前在外务工的贫困人口共 2373 万。

易地扶贫搬迁

易地扶贫搬迁是解决"一方水土养不起一方人"地区贫困群众脱贫问题的根本途径。2019 年，全国易地扶贫搬迁工作已取得决定性进展和明显成效，进入了以做好后续扶持为重点的新阶段。2019 年 4 月，全国易地扶贫搬迁后续扶持工作现场会在贵州省召开，李克强总理作出重要批示，胡春华副总理出席会议并讲话，安排部署后续扶持工作。会议总结分析易地扶贫搬迁特别是后续扶持工作进展情况，组织各地实地观摩贵州省安置点后续扶持措施落实情况，就安置区选址、安置区资源环境承载、后续产业发展、劳动力吸纳和就业、拆旧复垦等情况交流经验做法，安排部署下一阶段后续扶持重点工作，并研究起草加大搬迁群众后续扶持力度的指导性文件。

就业帮扶是易地扶贫搬迁后续扶持工作的重要内容,在易地扶贫搬迁工作进入以后续扶持为重点的新阶段,搬迁群众就业压力逐步凸显。为此,2019年5月,人力资源和社会保障部、国家发展改革委、财政部、国务院扶贫办发布《关于做好易地扶贫搬迁就业帮扶工作的通知》,要求加强谋划部署,多渠道拓宽就业门路,大规模开展职业技能培训,实施属地就业服务管理,以帮助搬迁群众搬得出、稳得住、有就业、能致富,巩固脱贫攻坚成果,维护搬迁地经济健康发展、社会和谐稳定。

国务院扶贫办积极发挥参谋助手作用,推动易地扶贫搬迁健康发展。配合有关部门督促指导各地加大问题整改力度,重点解决产业扶贫和就业扶贫等后扶措施,确保"搬得出、留得住、能脱贫"。办分管领导赴云南会泽县开展后扶工作调研,研究具体措施,督促指导云南会泽县、四川喜德县等重点地区做好易地扶贫搬迁后扶工作。

截止到2019年底,易地扶贫搬迁建设任务基本完成,"十三五"期间1000万建档立卡贫困人口易地扶贫搬迁的目标基本实现,产业就业和配套设施建设等后续帮扶措施稳步推进。

生态扶贫

着眼于贫困地区生态治理与脱贫攻坚任务叠加的现实,生态扶贫旨在增强贫困人口可持续发展能力,促进人与自然和谐发展。在脱贫攻坚逐步进入向乡村振兴过渡的重要历史时期和关键节点,生态扶贫工作要以习近平总书记关于扶贫工作的重要论述和习近平生态文明思想为指引,通过建设生态宜居美丽乡村及构建特色生态经济体系等具体举措,做好脱贫攻坚与乡村振兴的制度衔接,让生态环境保护贯穿脱贫攻坚和乡村振兴的全过程,用脱贫攻坚的成效夯实乡村振兴的绿色本底和可持续发展根基。

各地各有关部门坚持"绿水青山就是金山银山"理念,严格落实生态环境部《关于生态环境保护助力打赢精准脱贫攻坚战的指导意见》,努力开创生态环保扶贫工作新局面。一要继续加大对深度贫困地区支持力度。充分发挥生态环境领域的行业优势,因地制宜打造各具特色的生态环保扶贫样板。支持深度贫困地区实施生态环境保护工程项目,相关工程项目优先入库,优先安排财政专项资金。推动深度贫困县纳入重点生态功能区转移支付范围。二要深入推进贫困地区绿色发展。研究制定有助于推进生态环保扶贫的政策措施。在生态种养殖、有机农业、生态旅游与污染治理和生态保护密切相关的领域,打造能够惠及贫困人口的服务点和着力点。加强与地方财政、农业、林业等部门横向合作联动,引导社会各界资源积极参与生态环保扶贫。三要建立健全生态环保扶贫长效机制。积极协调扩大流域上下游横向生态补偿试点,加强贫困地区参与碳市场能力建设,引导贫困地区采取政府购买服务或设立公益岗位的方式,优先吸纳和帮助贫困人口就业增收。

2019年,生态扶贫新增选聘40万贫困人口为生态护林员,累计选聘100万贫困人口。如湖北省林业局按照《湖北省林业生态扶贫三年规划》的要求,发布《2019年生态扶贫工作要点及责任分工》,分解全年生态脱贫任务。其中,生态补偿扶贫突出5个"实"

字,即生态公益林补偿政策落实、天然林政策落实、生态护林员政策落实、退耕还林还草工程落实、造林绿化工程落实;林业生态产业扶贫突出7个"大力",即大力发展木本油料产业,大力发展林木种苗花卉产业,大力发展区域特色经济林,大力发展林下经济,大力培育壮大林业经营主体,大力发展森林康养、体验、养生产业,大力开展技术扶贫。

社会保障兜底

农村低保承担着脱贫攻坚兜底保障的重要职责,是解决贫中之贫、困中之困,打赢脱贫攻坚战的最后一道防线。习近平总书记对兜底保障作出系列重要指示批示,要求聚焦脱贫攻坚、聚焦特殊群体、聚焦群众关切,推进低保线与扶贫线"两线合一",为兜底保障提供了根本遵循,注入了强大动力。党中央始终将兜底保障作为脱贫攻坚的重要组成部分,纳入脱贫攻坚的总体部署,作出一系列重大决策;地方各级党委和政府精心安排、周密部署,为兜底保障提供了坚强组织保证。

为此,国务院扶贫办着力开展建档立卡贫困人口和低保数据比对,研究应作为低保兜底的贫困户的具体衡量指标,同时,加强与民政部等单位的沟通协调,做好低保制度与扶贫政策有效衔接,定期开展信息比对,指导各地进行核查,防止"一兜了之"等简单做法。

民政部等部门研究起草关于加强最低生活保障家庭贫困状况评估的指导意见,为各地精准认定低保对象提供指导。广泛调研和听取地方意见,形成了社会救助综合改革的总体思路和主要举措,着力优化低保对象审核审批办法，解决因病、因残等造成的支出型贫困问题。

围绕低保政策执行偏差、临时救助程序繁琐、县级困难群众基本生活保障工作协调机制运转不畅等问题，加强对各地的工作指导和政策规范。通过文件部署、座谈督促等方式，指导相关地方认真梳理完善低保、特困人员救助供养等政策规定，全面纠正地方执行社会救助政策中的偏差。2019年9月，民政部、财政部、国务院扶贫办联合发布《关于在脱贫攻坚中发挥临时救助兜底保障作用的意见》，着力破解临时救助"程序繁琐"问题，推动临时救助政策落实。制定《县级困难群众基本生活保障工作协调机制运行指引》，督促指导各地建好用好困难群众基本生活保障工作协调机制。

加大农村低保督导纠偏力度。专门听取农村低保专项治理情况汇报，专题研究分析全国农村低保专项治理工作措施，民政部办公厅印发《2019年全国农村低保专项治理工作要点》，聚焦形式主义、官僚主义，"漏保"，近亲属备案制度不落实，资金监管不力等4方面重点问题精准发力，督促各地切实做到应保尽保。针对有的地方"七不保""七不纳"等不符合国家有关规定造成"漏保"风险问题，印发《民政部办公厅关于进一步规范完善农村低保等社会救助政策的通知》，督促各地认真梳理社会救助政策规定，迅速纠正与国家规定不符的政策，扎实做好社会救助兜底保障工作。据统计，2019年6—9月，全国退出不再符合条件的低保对象92.8万户、185万人，新纳入低保对象96.5万户、185.4万人；排查重点对象463.3万户、914.4万人。

近年来，各地各部门认真学习领会习近平总书记关于扶贫工作的重要论述，深入贯彻落实中央脱贫攻坚重大决策部署，将建档立卡贫困人口及时纳入农村低保或特困人员救助供养范围，实现应保尽保。2017年起全国所有县（市、区）的农村低保标准全部达到或超过国家扶贫标准，纳入特困人员保障的建档立卡贫困人口的生活保障标准不低于当地低保标准的1.3倍。基本实现了纳入兜底保障范围的建档立卡贫困人口吃穿"两不愁"。同时，统筹城乡社会救助体系，完善临时救助制度，加强残疾人帮扶和农村"三留守"人员关爱保护，引导社会组织、慈善力量和社工参与，助力解决"三保障"问题，为服务打赢脱贫攻坚战大局作出了重要贡献。截至2019年12月，享受农村低保或特困人员救助政策的贫困人口1796万，累计有2900万贫困人口享受过农村低保或特困人员救助政策。

（二）扶贫资金投入监管力度持续加大

2019年，扶贫资金投入监管力度持续加大。一是全力保障扶贫资金投入。中央财政继续加大对贫困地区的一般性转移支付力度，引导有助于脱贫的农业、教育、医疗、交通、生态等转移支付向贫困地区、贫困人口倾斜。全年有过万亿的财政性扶贫资金投向贫困地区县乡村，其中中央财政专项扶贫资金1261亿元，省和市县财政专项扶贫资金2000多亿元，贫困县整合财政涉农资金3000多亿元，政府债务资金1200多亿元，深度贫困地区城乡建设用地增减挂钩跨省交易600多亿元，还有1000多亿元东西部扶贫协作、中央单位定点扶贫、社会帮扶资金。

二是切实加强扶贫资金监管。初步建立扶贫资金动态监控平台。2019年，28个省份均已完成监控平台部署，330多个地市、2900多个县（区）已上线操作使用。研究起草关于进一步规范县级脱贫攻坚项目库建设的意见，举办项目库建设培训班，加强项目论证储备，积极推进项目库建设，变"钱等项目"为"项目等钱"。全国2636个县建立了脱贫攻坚项目库，累计入库项目324万个，资金规模约5.8万亿元，"资金等项目"问题基本解决。对资金拨付、公告公示情况等进行分析监测，加大通报力度，加强扶贫资金项目常态化监管。中央财政专项扶贫资金分配和使用结果全部公告公示，省级公告公示比例99%以上。联合财政部印发《关于做好2019年贫困县涉农资金整合试点工作的通知》，对2019年财政涉农资金整合工作进行部署，指导和督促各地放权到位，规范推进整合工作；在下达纳入整合范围的涉农资金时，明确要求各省分配给试点贫困县的资金增幅不得低于该项资金的平均增幅，资金一律采取"切块下达"，不得指定具体项目或提出与脱贫攻坚无关的任务要求；制定出台《农田建设补助资金管理办法》，明确整合试点管理要求，取消"戴帽"下达、对贫困县仍按约束性任务考核、要求地方"专款专用"等限制整合的条款。

三是全面实施扶贫资金绩效管理。按照党中央、国务院关于加强扶贫资金绩效管理的决策部署，切实贯彻落实《扶贫项目资金绩效管理办法》。把巡视发现的财政专项扶贫资金和统筹整合资金中的问题纳入绩效评价。严肃查处资金闲置浪费等问题，加大通报曝光力度。扶贫资金违纪违规问题明显减少，审计查出问题资金占抽查资金的比例,从 2013 年的 36.3% 下降到 2019 年的 3.2%,其中严重违纪违规资金从 15.7% 下降到 0.51%。巡视指出的闲置扶贫资金问题已全部整改到位,对相关责任人进行了问责,对闲置资金较为突出的县主要负责同志进行了约谈。建立扶贫资金"花钱必问效、无效必问责"的管理机制,截至 2019 年 5 月底,扶贫项目绩效自评工作已经全部完成,基本实现扶贫项目产出和效果的可视化。

(三)支持和促进重点群体创业就业

2019 年 2 月 2 日,为进一步支持和促进重点群体创业就业,财政部、国家税务总局、人力资源和社会保障部和国务院扶贫办联合发布《关于进一步支持和促进重点群体创业就业有关税收政策的通知》,规定重点群体创业就业可享受税收优惠政策。该通知指出,建档立卡贫困人口等重点群体从事个体经营的,自办理个体工商户登记当月起,在 3 年内按每户每年 12000 元为限额依次扣减其当年实际应缴纳的增值税、城市维护建设税、教育费附加、地方教育附加和个人所得税。限额标准最高可上浮 20%,各省、自治区、直辖市人民政府可根据本地区实际情况在此幅度内确定具体限额标准。同时规定,企业招用建档立卡贫困人口等重点群体,与其签订 1 年以上期限劳动合同并依法缴纳社会保险费的,自签订劳动合同并缴纳社会保险当月起,在 3 年内按实际招用人数予以定额依次扣减增值税、城市维护建设税、教育费附加、地方教育附加和企业所得税优惠。定额标准为每人每年 6000 元,最高可上浮 30%,各省、自治区、直辖市人民政府可根据本地区实际情况在此幅度内确定具体定额标准。其政策调整主要有两点：一是提高扣减标准。将重点群体从事个体经营扣减税款的标准由每户每年8000元提高到每户每年12000元。将企业招用重点群体人员扣减标准由每人每年4000元提高到每人每年6000元。二是取消行业限制。将享受优惠的招用重点群体就业企业的行业范围由商贸企业、服务型企业、劳动就业服务企业中的加工型企业和街道社区具有加工性质的小型企业实体，放宽到所有增值税纳税人或企业所得税纳税人的企业等单位，为各市场主体吸纳就业提供统一的税收政策。

2019年2月26日，国家税务总局、人力资源和社会保障部、国务院扶贫办、教育部印发了《关于实施支持和促进重点群体创业就业有关税收政策具体操作问题的公告》，对重点群体个体经营和企业招用重点群体享受税收优惠政策的具体操作方式与程序作出了更详细的规定。一是在享受优惠政策方式上，明确了两种方式：（1）个体经营享受税收优惠。建档立卡贫困人口从事个体经营的，自行申报纳税并享受税收优惠。（2）企业吸纳重点群体就业享受税收优惠。享受招用重点群体就业税收优惠政策的企业，向县以上人力资源和社会保障部门递交申请。人力资源和社会保障部门经核实后，对持有《就业创业证》的重点群体，在其《就业创业证》上注明"企业吸纳税收政策"；对符合条件的企业核发《企业吸纳重点群体就业认定证明》。符合条件的企业自行申报纳税并享受税收优惠。二是在管理方式上，将优惠政策管理方式由备案改为备查。建档立卡贫困人口从事个体经营享受优惠的，直接向主管税务机关申报纳税时享受优惠，无备查材料留存；招用重点群体就业的企业享受优惠的，留存《就业创业证》《企业吸纳重点群体就业认定证明》《重点群体人员本年度实际工作时间表》备查。

（四）进一步加强扶贫扶志工作

2019年4月15日至17日，习近平总书记在重庆考察时指出，扶贫要扶智，更要扶志。"要通过'扶'激励'干'，不能通过'扶'促进了'懒'，这就南辕北辙了。""我去了中国很多贫困地区，看望了很多贫困家庭，他们渴望幸福生活的眼神和不怕苦不怕累的奋斗精神，深深印在我的脑海里。"4月16日，习近平总书记在解决"两不愁三保障"突出问题座谈会上强调，要加强扶贫同扶志扶智相结合，让脱贫具有可持续的内生动力。

自2018年10月国务院扶贫办联合12部委印发了《关于开展扶贫扶志行动的意见》以后，不少省份也出台了扶贫扶志的指导意见或实施方案，对扶贫扶志行动的具体举措进行了明确和细化。如2019年10月，湖南省扶贫办下发了《关于深入开展扶贫扶志扶智行动的实施意见》，提出了12条措施，即开展扶志教育、加强技能培训、改进帮扶方式、引导贫困群众发展产业、促进贫困群众稳定就业、强化示范引领、夯实基层组织、倡树文明新风、加强不良行为惩戒、加大文化供给、壮大集体经济、加强组织领导。

脱贫攻坚以来，各地区结合实际探索创新，在扶贫扶志方面积累了许多可借鉴、可推广的好做法和好经验。

一是在教育引导方面，立足于基层宣传教育平台，加强贫困群众思想教育和政策、典型宣传，开拓思路、提振信心。广西组织开展贫困户、优秀脱贫户、帮扶干部"三方见面活动",组织讲好脱贫故事,提振脱贫信心,带动贫困群众脱贫。海南通过开办脱贫致富电视夜校、开展"互联网+消费扶贫"公益平台、创办扶贫巾帼励志中专班等多种形式使社会扶贫、产业扶贫、精神扶贫等有机结合起来,打造扶贫扶志品牌工程。安徽宿州市创新和培育扶贫脱贫动力机制,扶贫先扶精气神,引导贫困群众树立勤劳节俭、自立自强意识,争做有责任、有追求、有志气、有精气神的新型农民。宁夏泾源县按照"八有"标准,建阵地、开讲习,把新时代农民讲习所建成凝心聚力的大阵地、脱贫攻坚的大课堂、同步小康的大本营。内蒙古赤峰市克什克腾旗开展"三认三记"精神扶贫,理顺扶贫干部和贫困人口精神帮扶渠道,干部"认门、认人、认亲",贫困户"记人、记事、记党恩",全旗干群同心同向、凝心聚力。四川马边县制定了"懒汉""五变套餐",通过组建乡村巡回演讲团、报告人与贫困群众交流脱贫致富的心路历程、政府与贫困户共同制定脱贫方案、致富能手全程帮带、定期召开"我的增收路"分享评点会等形式,激发起村民脱贫奔小康的内生动力。

二是在帮扶方式改变方面,改变简单给钱、给物的做法,采用生产奖补、劳务补助、以工代赈等方式,发挥政策激励和约束作用,引导贫困群众积极参与,引导贫困群众积极参与脱贫攻坚。各地逐步调整了产业扶贫补助资金发放方式,从事前发钱变成了事后奖补。光伏扶贫收益使用方向也在进行调整,村级光伏扶贫电站的发电收益形成村级集体经济收入,用以开展公益岗位扶贫、小型公益事业扶贫、奖励补助扶贫等,减少直接发钱发物。河北蔚县推行驻村工作队"吃派饭"群众工作法,引导督促驻村干部常吃农家饭、常听群众声,从群众中查找问题、汲取真知、改进工作。浙江长兴县推出"双扶"行动,通过以奖代补形式帮助集体经济落后村创新发展模式、拓宽增收渠道,通过"十百千万"助农增收行动帮助农户增收。河南省唐河县开展设立"志智双扶"红黑榜,按照"多劳多得、少劳少得、不劳不得"的原则发放积分,积分最高、表现最好的贫困户上"红榜",差者上"黑榜"。湖南省株洲县提出"脱贫立志、星级创建"扶贫扶志举措,对贫困户表现进行评星定级,实行差异化管理和帮扶,将评星定级结果直接与"面子""票子"挂钩。安徽坚持基层"点餐"的需求申报模式,根据基层"下单"需求,与全省高校、科研院所、大型企业等单位专家精准对接,提升服务的针对性和实效性,为地方特色扶贫产业发展提供有力技术支持。爱心超市已经成为各地比较通行的做法,通过积分兑现物资奖励,奖勤、奖孝、奖文明,让贫困户从细微处做起,从点滴中起变化。

三是在脱贫能力提升方面,通过开展职业技术和实用技术培训,增强贫困群众干事创业本领。甘肃省检察院创立精准扶贫培训+产业就业模式,在检察院培训基地建立"小康互助组",集资购置猪崽、鸡苗、鱼苗、树苗,培训基地无偿提供圈舍、鱼塘、温棚和土地,聘请农业专家、饲养能手现场培训指导,并在教官组织下每天开展军训,提振精神面貌。福建省蓉中村探索开展贫困村致富带头人培训的"1+11"模式。"1"是指参训学员在蓉中培训基地进行为期1个月的创业培训。"11"是指学员在培训结业返乡后,11个月时间内可以继续获得创业学习和孵化指导，该模式将培训与创业有机结合，提升了创业水平，更好带动贫困人口脱贫。山西天镇县张西河乡许家窑村开展扶贫"信心、暖心工程"，给群众送去精神脱贫的"争先筐箩"，配备插卡收音机、党的政策学习资料、致富信息、现代农业技术书籍等，使村民在精神层面争先进步，引导他们做新型农民、建设新型农村。

四是在乡风文明建设方面，发挥村规民约作用，弘扬扶贫济困传统美德，倡导现代生活方式，教育和引导贫困群众孝亲敬老、遵纪守法、改变陈规陋习，改变落后风俗习惯。吉林省东辽县实施"扶治共管"工程，制定出台村规民约，推进移风易俗，正村风、转民风。江西省鄱阳县聚焦文化"扶民、富民、惠民"做文章，以先进的文化占领农村阵地，以高尚的思想塑造新型农民，教育引导贫困群众树立勤学苦干、自立自强的思想意识。山东省临沭县充分挖掘和利用丰富的非遗资源，深入实施传统工艺振兴计划，创造性地提出了文化惠民先扶志、文化培训再扶智、文化项目助脱贫的文化扶贫"三步工作法"。陕西省旬阳县创新开展"道德评议会"，通过"群众说、乡贤论、榜上亮"三个环节，调动群众广泛参与的积极性，激发群众内生动力。山东省建立孝善基金，通过子女拿一点、社会捐一点、财政补一点等，在村级组织设立孝善基金，定期发放或以实物形式给老人补贴，引导子女孝敬老人。

六、考核评估和脱贫攻坚问题整改

2019年4月19日,中共中央政治局召开会议,听取了2018年脱贫攻坚成效考核等情况汇报,对打好脱贫攻坚战提出要求。会议提出,要继续实行最严格的考核评估,用好考核结果。对考核发现的责任落实不到位、扶贫标准把握不精准、"三保障"工作不够扎实、形式主义、官僚主义问题较为突出、脱贫摘帽后松劲懈怠等问题,要高度重视并坚决整改,确保脱贫工作务实,脱贫过程扎实,脱贫结果真实。2019年,继续实施最严格的考核评估,创新优化考核评估体系,持续推进扶贫领域腐败和作风问题专项治理,以巡视整改促进作风转变。继续实施常态化约谈,保持工作压力,促进责任落实。

(一)完善考核评估

优化扶贫成效考核

考核评估是打赢脱贫攻坚战的重要举措,发挥着指挥棒、质检仪、推进器和温度计的作用。2019年1—2月,国务院扶贫开发领导小组组织开展了2018年脱贫攻坚成效考核。在实地考核中,针对贫困县、深度贫困县、脱贫摘帽县、非贫困县等不同对象，考核内容各有侧重，提高了考核的针对性、科学性和有效性。同时，继续采用省际交叉考核、第三方评估、媒体暗访、财政专项扶贫资金绩效评价等考核方法，查找各地各部门在脱贫攻坚中的突出问题和明显短板，倒逼各项精准扶贫精准脱贫政策措施落地落实。考核工作继续采用年终考核与平时工作情况相结合、第三方评估与部门数据相结合、定性与定量相结合的方式，对各地各部门脱贫攻坚成效进行综合分析评价。省级党委政府扶贫成效继续考核减贫成效、精准识别、精准帮扶和扶贫资金管理使用等4项内容7个定量指标和2个定性指标。

2018年脱贫攻坚成效考核结果显示，全国共减少农村贫困人口1386万人，连续6年减贫1000万人以上，各省都完成了年度减贫任务。全国283个县脱贫摘帽，深度贫困地区减贫明显提速。贫困人口"两不愁"总体实现，"三保障"明显加强。连续四年的第三方评估数据显示，返贫人数逐年减少，质量明显提高。2016年有返贫人口68.4万人，2017年下降为20.8万人，2018年进一步下降到5.8万人。考核结果送中央组织部，作为对各地主要负责同志和领导班子综合考核评价的重要依据。其中，河北、湖北、湖南、广西、海南、四川、贵州、西藏、宁夏、新疆等10个省区为综合评价好的省份。对这10个省区，中办、国办印发考核情况通报，给予表扬；在2019年中央财政专项扶贫资金分配中各奖励4亿元，用于支持脱贫攻坚工作。这几年的考核评估通过较真促认真，碰硬求过硬，不断提高脱贫攻坚的质量和成色。

创新贫困退出考核

为防范贫困县摘帽后出现松劲懈怠，2019年继续对贫困县摘帽较真碰硬开展评估检查，确保脱贫摘帽真实有效，质量过硬。按照中共中央、国务院《关于打赢脱贫攻坚战三年行动的指导意见》要求，从2018年起，贫困县退出专项评估检查由各省区市统一组织实施，并对退出贫困县的质量负责，中央进行抽查。

2018年，中西部22个省区市共有284个贫困县申请退出。截至2019年5月，283个贫困县通过省级专项评估检查，由省级人民政府宣布脱贫摘帽，中西部22个省区市第一次均有贫困县退出。各地评估检查结果显示，283个摘帽县中，中部地区114个县综合贫困发生率全部低于2%，西部地区169个县全部低于3%。错退率、漏评率全部低于2%。有86.57%的县未发现错退，90.46%未发现漏评，81.27%既未发现错退又未发现漏评，较2017年摘帽县分别高10个百分点、5个百分点和15个百分点，脱贫退出质量明显进一步提高。脱贫摘帽的群众认可度均超过90%，贫困县摘帽得到当地干部群众的普遍认可。当然，评估检查中也发现，在产业发展、到户帮扶措施、后续帮扶计划和巩固提升安排等方面还不同程度存在薄弱环节。到2019年，全国共有436个贫困县脱贫摘帽，占全部贫困县的52.4%，贫困县摘帽进程过半，解决区域性整体贫困步伐加快。

从2019年7月初开始，国务院扶贫办首次对中西部22个省区市2018年宣布脱贫摘帽的283个县进行抽查，对退出程序规范性、标准准确性和结果真实性进行检验。对283个脱贫摘帽县按20%比例，共抽查60个县，实现中西部22个省区市全覆盖。此次抽查的内容和重点主要有：一是抽查省市县三级贫困县退出相关材料等，查各省区市履行县级申请、市级初审、省级专项评估检查以及公示公告等贫困县退出程序情况，看省级开展贫困县退出程序是否规范；二是抽查省级专项评估检查工作方案等，查各省区市专项评估检查的标准和要求，看是否存在拔高标准或降低标准的情况；三是抽取省级评估检查数据和调查问卷，查实地调查工作质量和问卷完成质量等，看评估检查工作中存在的问题和薄弱环节。从数据指标上看，就是查综合贫困发生率中部地区是否降至2%以下、西部降至3%以下，脱贫人口错退率、贫困人口漏评率是否低于2%，群众认可度是否达到90%。从抽查手段上看，将采取第三方评估、暗访和相关部门提供情况相结合的方式，打好抽查"组合拳"。抽查工作组将按照定性与定量相结合，数据分析和实地调查相结合，第三方评估与暗访、部门平时掌握情况相结合的原则，综合研判抽查结果。为保障抽查结果的真实可信，把群众的认可度当作贫困县退出的最重要指标。群众满意度测评对象包括建档立卡贫困户、贫困村的非贫困人口以及县、乡、村干部三类。针对贫困人口，抽查人员主要询问脱贫政策落实结果是否满意等问题；针对非贫困人口，主要询问基础设施建设、公共服务的改善是否满意等问题；针对县、乡、村干部，主要询问脱贫攻坚政策的落实情况是否满意。对于三部分测评内容分别按照50%、30%、20%的权重计算整体满意度。

针对基层干部反映层层迎评迎检耗费精力和时间的问题，国务院扶贫办主要围绕"一个统筹、四个减少和一个提高"来为基层减负。一个统筹是指尽量归并抽检工作，四个减少是指减少报告报送、抽查县数量、抽检人员和填表报数，一个提高是指借助先进科学技术提高工作效率。关于抽查结果的运用，本次抽查结果不打分、不排队，对抽查发现的问题，国务院扶贫办将及时反馈各省区市，督促抓好整改落实，并做到精准问责，即不把错退、漏评等问题简单作为问责依据，但对工作中存在恶意造假、严重不实的，将进行严肃问责。

开展脱贫攻坚普查专项试点

为加强对国家脱贫攻坚普查工作的组织领导和统筹协调，根据《中共中央　国务院关于打赢脱贫攻坚战三年行动的指导意见》，国务院决定成立国家脱贫攻坚普查领导小组，负责国家脱贫攻坚普查组织和实施，协调解决普查中发现的重大问题。脱贫攻坚普查，是新中国成立以来首次为解决贫困问题而开展的专项普查。脱贫攻坚普查是全面检验脱贫攻坚成效、促进高质量脱贫的基础性工作，是党中央宣布打赢脱贫攻坚战的重要依据，主要任务是核实各地脱贫攻坚的真实性和准确性。这项工作由国家脱贫攻坚普查领导小组统一领导，国家统计局和国务院扶贫办具体组织实施。普查将吸纳驻村干部等组建普查员队伍，遵循本县回避原则开展入户调查。普查坚持中央统筹、省负总责、市县抓落实的工作机制，着力做好普查人员的业务培训、队伍建设和经费保障，对建档立卡进行清理核实，为普查现场数据采集工作提供底册。

2019年9月6日，国家统计局、国务院扶贫办联合印发《关于开展国家脱贫攻坚普查专项试点工作的通知》，决定在河南、湖南、四川、云南、陕西5省开展国家脱贫攻坚普查专项试点。9月18日，国家统计局印发《国家脱贫攻坚普查专项试点方案》。11月6日，国家统计局、国务院扶贫办联合印发《关于做好国家脱贫攻坚普查准备工作的通知》。

国家脱贫攻坚普查专项试点工作实施以来，5个试点省份组建了普查机构，落实了工作经费，选配了普查人员队伍并开展了政策业务培训活动，对普查方案进行了初步测试，力图提高针对性和可操作性。同时，部分地区还反馈了试点过程中遇到的困难问题，为下一步做好普查工作提供了完善意见和建议。如2019年10月10日，陕西省扶贫办召开2019年度扶贫对象动态管理推进暨脱贫攻坚普查专项试点工作动员部署视频会议，安排部署全省脱贫攻坚普查试点启动工作。会议要求，切实抓好脱贫攻坚普查专项试点工作，抽调业务骨干，开展业务培训，强化后勤保障，迅速开展工作，确保圆满完成普查试点各项任务。

（二）加强扶贫领域作风建设

中央决定，从2018年到2020年持续3年开展扶贫领域腐败和作风问题专项治理，促进各级党委、政府以及相关职能部门认真履行脱贫攻坚的重大政治责任，为确保到2020年我国现行标准下农村贫困人口实现脱贫提供坚强有力的纪律保障。专项治理坚持问题导向、精准监督、抓常抓长、标本兼治的工作原则，要求既紧盯重要领域或工作环节的突出问题，也瞄准本地区本部门存在的普遍性问题。根据专项治理工作方案，此次治理重点既有扶贫领域存在的突出问题，也有相关责任落实不力的问题。如，扶贫领域贪污侵占、行贿受贿、虚报冒领、截留挪用、挥霍浪费、吃拿卡要、优亲厚友等突出问题；地方党委、政府在脱贫攻坚工作中履行主体责任不力，态度不坚决、工作不扎实、敷衍应付等问题；相关职能部门履责不力、监管不严、推诿扯皮，不作为、慢作为、乱作为等问题；纪检监察机关履行监督责任不力等问题，等等。同时，在脱贫攻坚工作中搞形式主义、官僚主义，盲目决策、弄虚作假、数字脱贫、虚假"摘帽"等问题，也将成为治理重点。

中央把2019年确定为"基层减负年"。3月，中共中央办公厅印发了《关于解决形式主义突出问题为基层减负的通知》，聚焦"四个着力"，从以党的政治建设为统领加强思想教育、整治文山会海、改变督查检查考核过多过频过度留痕现象、完善问责制度和激励关怀机制等方面，提出了一些务实管用的举措。

2019年5月，国务院扶贫办出台《关于切实解决扶贫领域形式主义突出问题为基层减负的公告》，提出了"三个规范、一个精简、一个改进、一个加强"六个方面的措施。"三个规范"，就是从基层干部最烦心的事入手，规范填表报数，每年年底只组织开展一次全国扶贫建档立卡数据填报，其他时间都是自行采集，不要求层级填表报数；规范考核评估，每年统一开展一次脱贫攻坚的成效考核，优化方式，简化程序；规范督查巡查，每年集中组织一次对中西部22个省（自治区、直辖市）脱贫攻坚的督查巡查，同时要求地方减少层层督查和变相督查，留出足够时间，让基层集中攻坚、集中整改。"一个精简"，就是精简文件会议，2019年办本级发文数量控制在50件内，每份文件要求不超过5000字，会议只减不增，尽可能采取电视电话会议的形式。"一个改进"，就是改进调查研究，主要是每次下去要确定主题，立足于解决问题、宣讲政策、总结经验，禁止层层陪同。"一个加强"，就是加强暗访力度，直接下去发现问题、纠正问题。另外，加大典型案件的公开曝光力度。对形式主义、官僚主义问题严重和影响恶劣的典型案件，严肃查处，严肃问责。对典型案件及时曝光，发挥警示作用，让各级干部深刻吸取教训，引以为戒。

在考核评估方面，采取"一统筹、四减少、一提高"的措施，打好减负组合拳。"一统筹"，就是把往年分散的几个考核统筹整合在脱贫攻坚考核，"三合一"：将现行的省级党委和政府扶贫开发工作成效考核、东西部扶贫协作考核、中央单位定点扶贫工作考核等3项考核，整合为"脱贫攻坚成效考核"1项，减少考核频次，提高考核效率。"四减少"，就是减少报告报送，省级党委和政府向党中央、国务院报送的年度脱贫攻坚报告，即作为省级党委和政府扶贫开发工作成效的总结报告，抄送扶贫领导小组即可，不需再专门报送；减少抽查县数量，省际交叉考核和第三方评估的抽查县，分别由每省平均5个减少到4个，其中深度贫困县、贫困县、非贫困县和脱贫摘帽县各1个，抽查县总数比去年减少11.7%，省际交叉考核、第三方评估和财政专项扶贫资金绩效评价抽查的县，原则上不重复，减轻基层负担；减少考核评估人员规模，在减少抽查县数量、提高信息化水平的基础上，在确保质量的前提下，考评人员比上年减少了 21%，既提高了工作效率，又减轻了基层接待压力和工作负担；减少填表报数，所有考核数据从建档立卡信息系统中提取或由考核评估人员自行采集，没有让乡村填表报数，少查档案资料。"一提高"，就是提高考核评估信息化水平，专门开发了脱贫攻坚考核评估软件系统，与全国扶贫开发系统对接、数据共享，确保考核评估减负不降质量。

2019 年，扶贫领域作风建设持续推进。各地区各部门认真落实党中央基层减负年要求，持续推进扶贫领域腐败和作风问题专项治理，强化落实贫困县约束机制，深入开展漠视侵害群众利益问题专项整治，层层检查评估、频繁填表报数明显减少，基层干部负担进一步减轻。各地调整撤换责任不强、工作不实、不胜任的驻村干部 4246 人，处分 2907 人，轮换 20.9 万人，干部作风持续好转。脱贫攻坚干部培训深入推进，全年共培训各级扶贫干部 907 万人次，其中基层扶贫干部占 97%，实现对全国 832 个贫困县党政正职培训全覆盖。通过培训，领导干部正确政绩观进一步增强，基层干部精准扶贫能力进一步提高。

从总体上看，进展是顺利的，效果是明显的，社会上对基层扶贫干部的作风和能力是认可的。当然，仍然有一部分作风不实的帮扶干部，该换的换、该撤的撤、该批评教育的批评教育，对这些问题突出的，每年全国都有几万人受到相应的批评教育甚至组织处理。对表现好的提拔重用，建立正确的用人导向。扶贫领域的腐败问题越来越少，如违规资金从 2013 年的 15.7% 下降到 2019 年的 1%

以下，处理的人数也少了。广大扶贫干部，特别是基层扶贫干部为脱贫攻坚作出了重大贡献，他们不仅作风好、工作实，有的甚至付出了鲜血和生命。到2019年6月底，全国牺牲在扶贫岗位上的干部一共有770多人。

（三）强化巡视考核发现问题的整改

按照工作安排，国务院扶贫开发领导小组于2019年9月开始全面开展脱贫攻坚督查巡查工作。本次督查巡查的主要任务是，对中西部22个省区市脱贫攻坚成效考核等发现问题整改工作开展督查巡查，对2018年退出贫困县进行抽查，坚持问题导向、指导改进工作、提出意见建议，将解决形式主义、官僚主义突出问题和减轻基层负担等情况作为督查巡查的重要内容。22个督查巡查组由国务院扶贫开发领导小组成员带队，抽调有关单位人员组成，并邀请各民主党派中央派员参加。督查巡查主要采取实地调研、暗访抽查、受理举报等方式进行。

2019年12月下旬至2020年1月中旬，15个中央巡视组对中央脱贫攻坚专项巡视的13个中西部省区市和13个中央单位全部开展"回头看"。开展脱贫攻坚专项巡视"回头看"，目的是进一步深化政治巡视，传导党中央关于脱贫攻坚工作的决策部署，督促党委（党组）增强责任感使命感紧迫感，把巡视整改与巩固脱贫攻坚成果结合起来，围绕"两不愁三保障"目标，集中兵力打好深度贫困歼灭战，确保脱贫攻坚任务如期全面完成。"回头看"是对落实脱贫攻坚政治责任再传导，是对抓好巡视整改落实进行再督促，是对前期脱贫攻坚成效进行再巩固。各中央巡视组设立了专门值班电话和邮政信箱，主要受理反映脱贫攻坚专项巡视整改方面问题的信访举报。发力在关键点，落锤在细节处，既是让专项巡视"回头看"工作做得更扎实，也是汇聚全民力量让脱贫出真成果。

结合脱贫攻坚督查巡查、专项巡视、考核评估等各个渠道发现的问题，及早发现问题、及早整改到位，为脱贫攻坚全面收官打下坚实基础。巡视和考核发现问题整改是2019年最突出的工作重点和亮点之一，取得了明显进展和显著成效。彻底整改前两轮中央巡视指出的问题。对十八届中央两轮巡视整改情况再次进行"回头看"，2015年专项巡视3个方面23项整改任务中，其中机关纪委未有效履行监督执纪问责职责和对主管社团管理不严监管缺失等2个问题没有整改到位；2017年"机动式"巡视指出的8个方面61项整改任务中，其中"加强工作指导和监管，强化对主管社团的监督和管理"和"加强机关纪委建设，设专职纪委书记"等2个问题没有整改到位。在2019年的整改中这些问题必须彻底整改到位，并深挖根源，举一反三，巩固整改成果。

加强对脱贫攻坚成效考核等发现问题的整改及督导。一是将2018年成效考核发现的问题向各省区市一对一反馈，要求开展三个月的集中整改，整改结束后报告整改任务完成情况，对成效考核被约谈省份开展巡查，其他省份开展督查，督促地方整改到位。二是对2016年度、2017年度考核发现问题整改情况进行跟踪了解和督促指导，对巡视指出的整改情况不明的问题进行再摸排、再梳理。三是把考核发现问题整改情况纳入脱贫攻坚成效考核范围，在年度考核中进行深入核查。四是对督查巡查发现的问题,一对一向各省区市反馈,督促各地举一反三、一体整改。对主任信箱、"12317"扶贫监督举报电话、来信来访等反映的问题线索,及时办理。中央巡视组移交的信访件,已经按要求全部办理完毕。

开展脱贫攻坚巡视和考核发现问题的整改。各地区各部门认真贯彻落实习近平总书记在听取脱贫攻坚专项巡视和成效考核等情况汇报时的重要讲话精神,按照国务院扶贫开发领导小组的部署要求,坚持问题导向,坚持从严要求,举一反三、扎实整改。巡视指出的政治责任落实不够到位、脱贫攻坚工作不够精准、形式主义、官僚主义比较突出、深度贫困地区脱贫任务艰巨等问题整改基本到位,被巡视的13个中西部省区市和13个承担脱贫攻坚重要职责的部门,都向中央提交了整改报告。考核指出各地的1094个问题、中央单位定点扶贫439个问题,督查巡查指出的155个问题,地方自查发现的5778个问题,整改基本到位。各地共问责23015人,比2018年下降44.75%。

七、集中解决"两不愁三保障"突出问题

实现"两不愁三保障",是打赢脱贫攻坚战的底线任务和标志性指标。到 2020 年稳定实现农村贫困人口不愁吃、不愁穿,义务教育、基本医疗、住房安全有保障,是贫困人口脱贫的基本要求和核心指标,直接关系攻坚战质量。习近平总书记在解决"两不愁三保障"突出问题座谈会上强调,要摸清底数,聚焦突出问题,明确时间表、路线图,加大工作力度,拿出过硬措施和办法,确保如期完成任务。要加大工作力度,聚焦突出问题,逐村逐户、逐人逐项查漏补缺、补齐短板。

(一)加强顶层设计明确基本标准和责任分工

根据习近平总书记在解决"两不愁三保障"突出问题座谈会上的重要讲话精神,国务院扶贫开发领导小组制定《关于解决"两不愁三保障"突出问题的指导意见》,明确基本标准和责任分工,召开会议作出安排部署,督导推进落实。

《关于解决"两不愁三保障"突出问题的指导意见》要求全面摸清全部农户"两不愁三保障"情况,逐村逐户、逐人逐项开展核查,为了让各地更好把握保障标准,《关于解决"两不愁三保障"

突出问题的指导意见》指出贫困人口退出的标准是收入稳定超过国家扶贫标准且吃穿不愁，义务教育、基本医疗、住房安全有保障。各地区各部门要坚持这个标准不动摇，既不拔高，也不降低。贫困人口义务教育有保障，主要是指除身体原因不具备学习条件外，贫困家庭义务教育阶段适龄儿童、少年不失学辍学，保障有学上、上得起学。贫困人口基本医疗有保障，主要是指贫困人口全部纳入基本医疗保险、大病保险和医疗救助等制度保障范围，常见病、慢性病能够在县乡村三级医疗机构获得及时诊治，得了大病、重病基本生活有保障。贫困人口住房安全有保障，主要是指对于现居住在C级和D级危房的贫困户等重点对象，通过进行危房改造或其他有效措施，保障其不住危房。贫困人口饮水安全有保障，主要是指贫困人口有水喝，饮水安全达到当地农村饮水安全评价标准。

国务院扶贫办要求相关行业主管部门要围绕提高"两不愁三保障"服务能力，优化政策供给，制定部门工作方案，于《关于解决"两不愁三保障"突出问题的指导意见》印发后一个月内报国务院扶贫开发领导小组备案。在教育扶贫方面，加强乡镇寄宿制学校、乡村小规模学校和教师队伍建设，扎实推进义务教育控辍保学工作，加大对家庭经济困难学生资助力度，有效阻断贫困代际传递。在健康扶贫方面，建立健全基本医疗保障制度，加强县乡村医疗卫生机构建设，配备合格医务人员，消除乡村两级机构人员"空白点"，做到贫困人口看病有地方、有医生、有制度保障。在危房改造方面，加强对深度贫困地区的倾斜支持和技术帮扶，采取多种措施保障贫困人口基本住房安全。在饮水安全方面，加快深度贫困地区、改水任务较重地区和边境地区农村饮水工程建设,保障贫困人口喝上放心水。各地区可以在国家基本标准和总体要求的基础上,因地制宜细化实化标准并严格执行,确保工作有章可循。各地区各部门已经实施的"两不愁三保障"政策举措,明显超出基本标准的,要实事求是地予以纠正;同时要保持政策连续性稳定性,防止"翻烧饼"。各地区各部门要按照简政放权放管结合的要求,下放"两不愁三保障"项目审批权限,减少和简化审批环节,优化工作流程,加快项目实施进度。要充分调动贫困地区干部群众积极性和创造性,财政支持的贫困村微小型建设项目,允许按照一事一议方式直接委托村级组织自建自管。要建立"两不愁三保障"项目后续管理制度,确保可持续发挥效益。

(二)优化政策供给制定部门工作方案

按照《关于解决"两不愁三保障"突出问题的指导意见》的要求,教育部、住建部、水利部、国家卫健委、国家医疗保障局等部门优化政策供给,制定部门工作方案。

国家卫生健康委、国家医疗保障局、财政部、国务院扶贫办等部门先后联合印发《关于实施健康扶贫工程的指导意见》《医疗保障扶贫三年行动实施方案(2018—2020年)》《健康扶贫三年攻坚行动实施方案》,对健康扶贫工作进行统一部署。各地普遍建立基本医保、大病保险和医疗救助三重保障机制,梯次降低贫困人口医疗费用负担。农村贫困人口经三项制度综合保障后医疗费用实际报销比例超过80%,贫困人口医疗费用负担明显减轻,因病致贫返贫比例逐年降低。基本医保方面，逐步加大城乡居民基本医保财政补助力度，2019年提高到人均520元，农村贫困人口参加基本医保个人缴费部分由财政给予补贴，目前基本医保基本实现了贫困人口全覆盖。大病保险方面，2019年4月，国家医疗保障局会同财政部印发《关于做好2019年城乡居民基本医疗保障工作的通知》，进一步调整大病保险待遇支付政策，明确降低并统一大病保险起付线，政策范围内报销比例由50%提高至60%，并进一步加大对贫困人口倾斜支付力度，贫困人口起付线降低50%，支付比例提高5个百分点，全面取消建档立卡贫困人口大病保险封顶线，进一步减轻大病患者、困难群众医疗负担。医疗救助方面，进一步加大托底保障力度，年度救助限额内的政策范围内个人自付住院医疗费用救助比例不低于70%，并对个人家庭负担仍然较重的进一步加大倾斜救助力度。对经基本医疗保险、大病保险、医疗救助支付后，个人及家庭自负医疗费用仍然较高的农村贫困人口，各地通过政府直接兜底、基本医保制度兜底、建立补充医疗保险制度兜底专项救助基金兜底等再次给予补偿或救助。全面推行县域内住院先诊疗后付费和"一站式"即时结算，贫困人口住院无须缴纳住院押金、直接办理入院手续。出院时，在定点医疗机构综合服务窗口，实现基本医疗保险、大病保险、医疗救助和其他保障措施"一站式"即时结算，只需支付自负医疗费用，减少农村贫困人口跑腿垫资。2019年7月18日，为贯彻落实党中央、国务院解决"两不愁三保障"突出问题决策部署，全面解决贫困人口基本医疗有保障突出问题，确保到2020年全面完成健康扶贫任务，多部门联合印发关于《解决贫困人口基本医疗有保障突出问题工作方案》。该工作方案第一部分为基本医疗有保障的标准和要求，第二至第四部分提出了三个主攻方向，第五部分为加强贫困地区疾病综合防控，第六部分为保障措施。关于基本医疗有保障的标准和要求，该工作方案中提出的具体的工作标准，包括医疗卫生机构"三个一"、医疗卫生人员"三合格"、医疗服务能力"三条线"、医疗保障制度全覆盖。关于三大主攻方向，一是加强县医院能力建设，包括加大支持力度、强化对口帮扶、推进远程医疗等 3 个方面内容；二是加强"县乡一体、乡村一体"机制建设，包括加强县乡村人员培养培训、统筹使用县域卫生人力资源、推进县域医共体建设 3 个方面内容；三是加强乡村医疗卫生机构标准化建设，要消除乡村医疗卫生机构和人员"空白点"。关于加强贫困地区疾病综合防控，则按照《健康扶贫三年攻坚行动计划》要求，做好贫困地区重点传染病、地方病综合防治工作。保障措施方面提到了职责分工、结合实际制定工作方案和加大投入力度。

2019 年 7 月 29 日，住房和城乡建设部、财政部、国务院扶贫办联合印发《关于决战决胜脱贫攻坚进一步做好农村危房改造工作的通知》，指出要进一步做好建档立卡贫困户、低保户、农村分散供养特困人员和贫困残疾人家庭等 4 类重点对象农村危房改造工作，推动各地如期实现贫困户住房安全有保障的目标任务。要夯实锁定危房改造任务，全国现有 4 类重点对象危房存量 135.2 万户，其中建档立卡贫困户 64.3 万户。将危房存量全部纳入 2019 年中央农村危房改造任务和补助资金范围，2019 年底前全部开工，2020 年

6月底前全部竣工。要求严格执行现行建设标准，加大对深度贫困地区的倾斜支持力度，加强危房鉴定和竣工验收技术指导，做好农房抗震改造试点工作，持续深入开展作风专项治理，加强补助资金使用管理，强化责任落实。

2019年8月29日，教育部、国务院扶贫办联合印发《关于解决建档立卡贫困家庭适龄子女义务教育有保障突出问题的工作方案》，提出加大保障力度，加快补齐义务教育短板，确保完成义务教育有保障重大任务，推动教育脱贫扶贫攻坚目标任务全面实现，并提出以下要求：一是明确建档立卡贫困学生义务教育有保障，加强"控辍保学工作台账管理平台"建设，加强控辍保学重点县监测，提出针对性举措，保障贫困家庭义务教育阶段适龄儿童、少年不失学辍学，保障有学上、上得起学。二是加强基本办学条件保障，加快乡镇寄宿制学校和乡村小规模学校建设。提供学校建设保障，推进教育信息化运行，提升基本办学能力。加强教学保障，深入推进乡村教师支持计划，鼓励更多优秀人才到乡村学校支教任教。加强资助保障，全面落实义务教育"两免一补"政策，将贫困地区农村义务教育学生营养改善计划落实到位。

（三）细化举措针对薄弱环节补短板

按照中央决策部署，贯彻落实习近平总书记在解决"两不愁三保障"突出问题座谈会上重要讲话精神，针对一些地区"三保障"和饮水安全方面存在的问题和薄弱环节，国务院扶贫办会同财政部坚持问题导向，及时调整完善了相关政策措施，支持地方进一步做好义务教育、基本医疗、住房安全和饮水安全工作。

义务教育方面，一是调整完善学生生活补助政策。从2019年秋季学期起，将家庭经济困难非寄宿生（包括义务教育阶段建档立卡学生、非建档立卡的家庭经济困难残疾学生、农村低保家庭学生、农村特困救助供养学生等四类学生）纳入生活补助范围。二是调整完善贫困地区学生营养膳食补助政策。将贫困地区农村义务教育学生营养膳食补助标准由中央与地方分别制定，调整为统一制定国家基础标准，为每生每天4元。纳入国家试点范围的集中连片特困地区县，所需经费继续由中央财政承担；纳入地方试点范围的其他国家扶贫开发工作重点县、省级扶贫开发工作重点县、民族县、边境县、革命老区县，中央财政给予生均定额奖补。三是提高特岗教师工资性补助标准。从2018年7月1日起提高特岗教师工资性补助标准，年人均补助标准中部地区由3.16万元提高到3.52万元、西部地区由3.46万元提高到3.82万元。四是支持义务教育薄弱环节改善与能力提升。会同教育部从2019年起启动义务教育薄弱环节改善与能力提升工作，现阶段重点支持和引导地方2020年底前全部消除66人以上超大班额，基本消除现有56人以上大班额，全国大班额比例控制在5%以内；科学合理设置乡镇寄宿制学校和乡村小规模学校，基本补齐两类学校短板，办学条件达到所在省份基本办学标准，稳步推进农村学校信息化。

基本医疗方面，中央财政主要通过医疗救助补助资金资助贫困人口参加基本医疗保险，并对符合条件对象的个人自负医疗费用给予补助。2018年起，进一步通过医疗救助渠道增加安排补助资金，用于支持深度贫困地区提高贫困人口医疗保障水平，重点向"三区三州"倾斜，实现医疗保障托底。2016—2019年，中央财政下达医疗救助补助资金889.96亿元，支持各地资助困难群众参加基本医疗保险、对苦难群众难以负担的基本医疗自付费用给予补助、开展疾病应急救助、提高深度贫困地区农村贫困人口医疗保障水平。

住房安全方面，2019年，财政部、住房和城乡建设部将全国剩余的建档立卡贫困户等四类重点对象存量危房改造任务一次性全部下达，要求各地确保于2019年底前全部开工，2020年6月底前全部竣工。进一步加大对"三区三州"等深度贫困地区的倾斜支持力度，将其四类重点对象危房改造补助标准在全国户均1.4万元的基础上每户提高0.2万元，并将深度贫困地区其他农户存量危房按照户均1万元的标准一并纳入支持范围。此外，财政部积极会同住房和城乡建设部加强农村危房改造资金使用管理，指导各地完善农村危房改造信息公开公示制度，建立全过程预算绩效管理机制，切实提高资金使用效益。

饮水安全方面，一是继续加大力度支持农村饮水安全巩固提升工程。"十三五"期间，中央财政已通过中央基建投资安排资金220亿元支持农村饮水安全巩固提升工程，重点解决贫困地区、贫困人口饮水安全问题。在此基础上，中央财政拟于2019—2020年通过调整中央基建投资水利专项投资结构，继续安排农村饮水安全巩固提升工程资金60亿元，重点解决深度贫困地区建档立卡贫困人口饮水安全问题及饮用水氟超标问题。二是加强农村饮水工程维修养护。贯彻落实习近平总书记在解决"两不愁三保障"突出问题座谈会上的重要讲话精神，2019年中央财政通过水利发展资金安排14.5亿元，首次将农村饮水工程维修养护纳入中央财政补助范围，中央补助资金主要用于支持中西部贫困地区、东部原中央苏区等，对约10万处农村饮水工程开展维修养护，覆盖约1.13亿人，相关资金已于2019年4月中旬下达到省。为指导地方做好相关工作，2019年5月，财政部与水利部联合印发了《关于做好中央财政补助农村饮水工程维修养护经费安排使用的指导意见》，要求有关地区充分认识做好农村饮水工程维修养护的重要意义，严格资金使用方向和范围，切实做好项目组织实施，强化资金使用绩效管理。

（四）各地区全面排查统筹推动压实地方责任

西藏自治区紧紧围绕"两不愁"基本要求和核心指标，在全面反复核查突出问题的基础上，坚持尽力而为、量力而行、节约为先，既不拔高标准、吊高胃口，也不降低标准、影响脱贫质量，着力破解吃穿难、安全饮水难的问题。饮水安全方面，实施农村饮水安全巩固提升工程，确保全面完成西藏农村饮水安全脱贫攻坚任务，提升农村供水保障水平。通过工程配套、改造、升级、新建等方式，对深度贫困地区农村饮水工程点进行巩固提升，改善农村因饮水解困工程建设标准低、集中供水程度不高、扶贫搬迁、水源条件变化等地区的饮水安全条件，全面提升深度贫困地区人口饮水安全。基本义务教育有保障方面，自治区把实现"贫困家庭义务教育阶段的孩子不失学辍学"作为攻坚任务和底线指标，全力以赴抓好控辍保学。全面排查失学辍学情况，以区域内户籍数据为基础，建立区、市、县、乡四级适龄儿童少年数据库，对户籍数据、疑似辍学数据逐条入户核查，运用大数据将核查结果分析处理，最终全面摸清了各类适龄儿童少年失学辍学情况。截至2019年7月底，全区7—15周岁失学辍学适龄儿童少年共计12062人，包括建档立卡适龄儿童少年1542人。开展卓有成效的劝学工作。根据自治区的统一部署，各地市政府一把手亲自召集县区主要负责人安排控辍保学工作，县乡两级调动各方力量抓落实。全区12062人失学辍学适龄儿童少年已返学11860人，劝返率达到98.33%，其中建档立卡1542人全部劝回，劝返率达到100%。基本医疗有保障方面，自治区卫生健康委出台了《关于印发西藏自治区健康扶贫三年攻坚行动实施方案的通知》及配套文件《西藏自治区重点地方病防治专项行动实施方案（2019—2020年）》《关于印发贫困地区健康促进三年攻坚行动方案实施计划的通知》《关于印发西藏自治区建档立卡贫困人口慢病家庭医生签约服务工作方案的通知》等一系列政策文件。为全面解决西藏自治区基本医疗有保障突出问题，自治区卫生健康委组织开展了全区基本医疗有保障存在的突出问题再排查工作，重点针对排查出的县、乡、村三级医疗卫生机构卫生不达标数据，对标对表、分类汇总，组织各地市卫生健康委对照不达标数据逐条逐项再次核实。2019年7月，自治区卫生健康委再次下发了《关于开展乡村医疗卫生机构标准化建设"清零行动"的通知》要求各地市严格对照全区基本医疗有保障工作标准，明确时间表、路线图，建立台账，实行销账管理，从而确保按期消除自治区乡村医疗卫生机构和人员"空白点"。

重庆市把解决"两不愁三保障"突出问题作为基础性战役来谋划、作为底线性任务来推动、作为标志性指标来完成，全面补齐实现稳定脱贫的短板弱项。2019年5月，重庆市发布《关于贯彻落实习近平总书记在解决"两不愁三保障"突出问题座谈会上重要讲话精神的实施意见》，出台155条工作措施，把总书记重要讲话精神转化为工作思路、具体抓手和脱贫成果。"义务教育有保障"重点是科学布局农村学校，加强乡镇寄宿制学校、乡村小规模学校建设，完善贫困家庭学生资助政策体系，做好"一生一策"劝学送教控辍保学工作等；"基本医疗有保障"重点是统筹落实医疗保障扶贫政策，提高区县、乡镇、村三级医疗服务能力，构建基本医疗保险、大病保险等"七道保障线"；"住房安全有保障"重点是全覆盖开展农房安全鉴定，动态消除贫困户等"四类重点对象"C级、D级危房；而"饮水安全有保障"重点是实施农村饮水安全巩固提升工程，解决部分群众季节性缺水，建立管护运营机制，让所有农村贫困群众都喝上"放心水"。在定网监测方面，重庆市精准实施动态管理。线下，建立常态化核查机制，每月比对一次动态变化，全面掌握未脱贫、已脱贫、边缘户三类群众"两不愁三保障"状况。线上，依托精准扶贫大数据平台，开发"两不愁三保障"子系统，分级分行业建立监测平台，实现"两不愁三保障"基本信息动态化数字化管理。

四川在全国率先开展落实"两不愁三保障"大排查，并要求对所有建档立卡贫困户全覆盖。大排查从2019年6月开始，集中3个月时间，共抽派26万人，按县级自查、市级抽查、省级核查（第三方核查、媒体暗访）三个阶段，运用"一进二看三算四核五填六评七签"七步排查法，对全省161个有扶贫任务的县市区、11501个贫困村、32790个非贫困村开展排查。大排查结果表明，四川省全省建档立卡贫困人口的"两不愁"问题基本解决，"三保障"还存在薄弱环节，最突出的短板集中在安全住房和安全饮水方面。四川省各地对大排查中发现的问题进行整改，要求对已脱贫户和2019年脱贫户存在的问题，各地要在11月30日前整改落实到位；2020年计划脱贫户存在的问题，各地要细化落实整改举措，明确时间表、责任人，逐项抓好整改，确保到2020年6月30日前全部整改到位。

截至2019年12月，全国共排查出520多万人未解决"三保障"问题，目前已解决500万人。

八、着力攻克深度贫困堡垒

2019年10月17日，习近平总书记在第六个国家扶贫日到来之际对脱贫攻坚工作作出重要指示，强调当前脱贫攻坚进入决战决胜、全面收官的关键阶段，务必要咬定目标，一鼓作气，坚决攻克深度贫困堡垒，必须坚持不懈完成好深度贫困地区剩余贫困人口的脱贫任务，确保农村贫困人口全部脱贫。

（一）加强分析研判进行再部署

加强分析研判是制定政策的基础。以建档立卡数据为基础，国务院扶贫办对"三区三州"等深度贫困地区脱贫攻坚任务进行分析研判。数据显示，截至2018年底，"三区三州"仍有172万贫困人口，占全国的12.5%，贫困发生率比全国高出6.6个百分点。全国还有98个县贫困发生率在10%以上，贫困人口359.6万人，占全国的26%，贫困发生率比全国高出13.3个百分点。这些地区基础条件薄弱，公共服务不足，致贫原因复杂，脱贫难度极大，是脱贫攻坚的难中之难、坚中之坚，是攻坚的重点。以此为基础，深度贫困地区的脱贫攻坚工作进行了再动员再部署。以国务院扶贫开发领导小组名义召开了两次深度贫困地区脱贫攻坚座谈会，研究部署加强

"三区三州"和"三区三州"外深度贫困地区脱贫攻坚工作，推动各项政策措施有效落实。

2019年1月4日，"三区三州"脱贫攻坚座谈会在成都召开。会议指出，"三区三州"在全国脱贫攻坚大局中有特殊重要地位，必须集中优势兵力攻坚。要着力解决"两不愁三保障"突出问题，完成好饮水安全、控辍保学、健康扶贫、住房安全等工作。要扎实推进易地扶贫搬迁建设，强化后续帮扶，做好搬迁人口社会融入，引导贫困群众逐步接受现代文明。产业扶贫要以市场需求为导向，因地制宜走特色优质高效发展路子，完善带贫机制。要管好用好扶贫资金，提高资金使用效益。要强化省级脱贫攻坚主体责任，加大行业部门支持保障力度，发挥好东西部扶贫协作和对口支援综合作用，激发贫困群众内生动力，齐心协力打赢"三区三州"脱贫攻坚战。以"三区三州"深度贫困地区为重点，对建档立卡数据、方案进展、政策落实、脱贫质量、返贫情况开展实地监测调研，建立工作台账，加强协调调度。

加强工作督导是2019年深度贫困地区脱贫攻坚的重要工作。国务院扶贫办会同六省区分别召开"三区三州"现场推进会，整合资源聚焦深度贫困攻坚，总结工作经验，推动工作落实。按季度督促六省区狠抓方案落实。

（二）加大深度贫困地区支持力度

中央财政高度重视深度贫困地区脱贫攻坚工作，2019年聚焦重点，增强对"三区三州"支持政策的系统性、针对性。一是加大对深度贫困地区脱贫攻坚增量资金投入力度，并对省级安排资金提出明确要求，避免简单切块到省。2019年新增中央财政扶贫资金主要用于"三区三州"和"三区三州"外的深度贫困县。配合有关部门研究提出加大对"三区三州"外的云南昭通和广西百色、河池、崇左等地区深度贫困县的资金和政策支持力度的意见。二是建立"三区三州"脱贫攻坚基层联系点制度，深入了解"三区三州"脱贫攻坚情况，研究推动解决有关问题。三是研究进一步加大对"三区三州"深度贫困地区生态护林员的资金支持力度，同时修改完善重点生态功能区转移支付办法，从制度上明确进一步向"三区三州"等深度贫困地区倾斜。

国务院扶贫办会同文化和旅游部确定"三区三州"深度贫困地区"旅游大环线"建设内容，研究支持旅游扶贫的政策措施。2019年4月，为促进优质文化和旅游项目落地实施，文化和旅游部会同国家开发银行等联合开展2019年全国优选文化和旅游投融资项目推荐遴选工作，明确提出优先支持深度贫困地区、集中连片特殊困难地区及革命老区的产业项目申报，不受所在省份申报指标限制，入选项目将纳入文化和旅游部产业项目服务平台文化和旅游产业项目库，优先给予支持，文化和旅游部积极支持寿县等符合条件的文化和旅游项目申报。2019年文化和旅游部扶贫工作扎实推进，支持贫困地区实施村文化活动室设备购置、送戏下乡、"春雨工程"等惠民项目。实施国家院团支持帮扶机制，国家艺术基金对扶贫题材艺术作品予以重点支持。投入资金3571万元，支持设立263家非遗扶贫就业工坊等。为"三区三州"240个重点贫困村编制旅游规划,推出"三区三州"旅游大环线并组织系列推广。支持"三区三州"等深度贫困地区旅游基础设施项目329个,投入资金32.65亿元。会同中国农业发展银行累计审批19个旅游扶贫优惠贷款项目,审批金额76.4亿元。开展乡村旅游扶贫、非遗扶贫等培训,培训近6000人次。加大定点扶贫工作力度,投入帮扶资金3911.07万元,引入帮扶资金3974.45万元。

(三)各省市区着力攻克深度贫困堡垒

2019年是脱贫攻坚决战决胜的关键之年,习近平总书记强调必须坚持不懈完成好深度贫困地区剩余贫困人口的脱贫任务,确保农村贫困人口全部脱贫。要着力补齐贫困人口"三保障"和饮水安全短板,逐项对账销号。要及时回头对脱贫攻坚工作进行系统排查梳理,举一反三地扎实抓好问题整改,为如期全面收官打下坚实基础。要着力巩固拓展脱贫成果,促进贫困地区扶贫产业和县域经济发展壮大,扎实做好易地扶贫搬迁后续扶持工作,持续增强贫困地区和贫困群众脱贫致富内生动力,切实有效防止返贫。各省市区深入贯彻习近平总书记关于扶贫工作的重要论述,按照党中央、国务院决策部署,咬定目标、一鼓作气,以"三区三州"为重点加快攻克深度贫困堡垒,确保不漏一村、不落一人,坚决如期全面打赢脱贫攻坚战。

截至2018年底,云南省尚有27个深度贫困县,贫困人口达137.8万人,占全省总数的76.1%。为攻克深度贫困地区堡垒,2019年,云南省认真落实中央支持"三区三州"的政策措施,细化实化《云南省全力推进迪庆州怒江州深度贫困脱贫攻坚实施方案》和深度贫困县实施方案，紧紧围绕脱贫目标标准，明确任务清单，严格完成时限，建立脱贫攻坚重点任务工作台账，对标对表，抓紧抓实。

进一步加强组织领导、政策措施、资金投入、工作力量倾斜支持。省级新增扶贫资金、涉农资金、惠民项目主要向深度贫困地区倾斜；东西部扶贫协作重心、社会帮扶重心进一步向深度贫困地区聚焦。动员企业集团出资，加大昭通、曲靖、红河、普洱、文山等重点深度贫困县的投入力度。从省级部门增派干部支持怒江、昭通，加大一线帮扶力量。推动保障措施全落实，乡村公益性岗位、生态护林员指标优先安排深度贫困地区建档立卡人口。把消费扶贫重点放在深度贫困地区，促进东西对接、产需对接，服务岗位精准对接，畅通物流配送，组织贫困地区农产品定向直供直销机关、学校、医院和企事业单位食堂，工勤人员优先聘用建档立卡贫困人口。把"直过民族"和人口较少民族聚集区脱贫攻坚放在突出位置，完善原制定的行动计划，加强集团帮扶资金管理，推动生产生活方式转变，确保7个"直过民族"和人口较少民族整族脱贫，其余4个"直过民族"和人口较少民族未脱贫人口占建档立卡人口的比重，在2018年基础上大幅下降。加强分类指导、分类监测，组建专门工作班子，对迪庆州怒江州，实行一月一调度；对深度贫困县，实行一季一调度，探索委托第三方进行全程监测的工作机制；把贫困发生率超过30%的深度贫困村纳入省级监测重点，加强督促指导，全面落实村级实施方案资金投入渠道，确保聚焦深度贫困村配置资源资金，集中力量攻重点、破难题。

为攻克深度贫困堡垒，青海省对相关群体的帮扶力度持续加大，调整放宽深贫地区特困人员救助供养政策。青海藏区属"三区三州"深度贫困地区，因病、因残致贫比例较高，相关群众负担长期较重。为进一步推动实现"应养尽养、应救尽救"，2019年10月，青海针对全省17个贫困县、170个贫困村、7.7万贫困人口和已脱贫建档立卡对象，重点围绕残疾和无劳动能力等特困群体，进一步强化救助措施。一是放宽深贫地区无劳动能力群体认定范围，由一级、二级智力、精神残疾扩大到三级智力、精神残疾；由一级肢体残疾扩大至二级肢体残疾。上述群体在符合其他特困人员认定条件的基础上，均可申请享受特困人员救助供养政策。二是进一步新增特困人员无劳动能力认定中的残疾类别。残疾等级为一级、二级的视力残疾以及多种残疾造成大部分劳动能力丧失或者完全丧失劳动能力的困难群体，同时符合其他特困人员认定条件的，今后也可申请纳入特困供养保障范围。2019年，青海省年度新增财政扶贫资金的70%、对口支援和东西部扶贫协作资金的80%全部用于深度贫困地区。

南疆四地州致力于扩大就业，攻克深度贫困堡垒。长期以来，受地域、自然、经济因素制约，南疆四地州农村富余劳动力多，转移就业渠道窄、质量低、稳定性差等问题突出。为此，新疆通过扩大就业渠道、拓展就业空间等途径，扩容就业"蓄水池"，帮助建档立卡贫困家庭劳动力实现转移就业。2019年，新疆提前一年完成南疆贫困家庭劳动力3年10万人转移就业计划，实现每个有劳动能力家庭至少有 1 人就业。

陕西省全力攻克深度贫困堡垒。2019 年，向 11 个深度贫困县投入中央和省级财政专项扶贫资金 22.23 亿元，占全省总数的 23.1%。将农村低保标准提高到每人每年 4310 元，全年共保障未脱贫建档立卡低保对象 14.06 万户 34.65 万人、特困人员 10.26 万人。

2019 年以来，四川省紧紧围绕藏区"贫困县全部摘帽"年度目标，增添措施加力推进。锁定藏区三州 9 县和甘孜州雅砻江上游 24 个深度贫困乡镇的特殊困难问题，安排资金 1.1 亿元，按照每乡 450 万元的标准对标补短；在住房安全、产业发展、教育卫生、基础设施建设等方面作出特殊安排和倾斜支持；强化藏区地方病防治，不断深化包虫病综合防治试点、大骨节病防治成果巩固。

九、大力推进社会扶贫消费扶贫

2019年,为打赢脱贫攻坚战,进行广泛动员,合力攻坚,中西部地区落实主体责任,东部地区落实帮扶责任,行业部门落实行业责任,党政机关、国有企事业等单位落实定点扶贫责任,民营企业、社会组织、扶贫志愿者履行社会责任。

(一)继续保持东西部扶贫协作良好态势

在习近平总书记关于扶贫工作重要论述的指引下,2018年的东西部扶贫协作取得了突破性进展。2019年,各省(自治区、直辖市)认真贯彻东西部扶贫协作座谈会、东西部扶贫协作和中央单位定点扶贫工作推进会精神,落实《中共中央 国务院关于打赢脱贫攻坚战三年行动的指导意见》关于"加大东西部扶贫协作和对口支援力度"的要求,进一步加强组织领导,完善工作机制,加大帮扶力度,拓宽帮扶领域,狠抓工作落实,东西部扶贫协作工作强力推进,东部地区主动作为、强化责任、加大力度、聚焦精准、做出特色,中西部地区积极配合,取得了良好进展。

组织领导进一步加强。3月29日,国务院扶贫开发领导小组在北京召开东西部扶贫协作和中央单位定点扶贫工作推进会。会前,协作双方签订了《2019年东西部扶贫协作协议》。会上，东部9省市代表协作双方向胡春华副总理呈交了协议，进一步明确了基本要求和底线任务。2019年，东西部主要负责同志亲力亲为推动工作。东部9省市14个城市和中西部13个省（自治区、直辖市）20个市州党政主要负责同志带队赴对口省市开展了调研对接（除湖南省外），双方厅局级以上党政干部开展互访3848人次，比2018年的3785人次增长1.7%。

工作机制进一步完善。2019年，在总结历年工作经验的基础上，以习近平总书记关于扶贫开发工作重要论述为根本遵循，结合脱贫攻坚的新形势新要求，东西部扶贫协作工作机制进行了创新和完善。一是修改完善东西部扶贫协作成效评价办法。根据《中共中央 国务院关于打赢脱贫攻坚战三年行动的指导意见》和胡春华副总理指示，在征求了有关省区市和国务院扶贫开发领导小组成员单位意见基础上，对试行的考核办法进行了修改完善。经汪洋主席、胡春华副总理审定后，2019年6月3日，国务院扶贫开发领导小组正式印发了《东西部扶贫协作成效评价办法》，进一步明确了东西部扶贫协作工作的重点和方向。二是建设东西部扶贫协作业务子系统。为切实减轻填表报数负担，加强日常工作调度，国务院扶贫办开发建设了东西部扶贫协作业务子系统，将年终汇总统计的工作分摊到日常工作中，工作任务和事项完成一件上传一件，动态录入，实时进行统计调度。依托业务子系统，建立每月一统计、每季度一通报的工作机制，及时对工作进度进行分析，提醒和督促各地强弱项、补短板，进一步提高工作水平。三是举办全国东西部扶贫协作和携手奔小康行动培训班。为深入学习习近平总书记关于扶贫工作的重要论述，认真贯彻落实解决"两不愁三保障"突出问题座谈会、全国东西部扶贫协作和中央单位定点扶贫工作推进会等会议精神，6月18日至21日、8月27日至30日，国务院扶贫办分别在贵州省六盘水市和四川省泸州市、宜宾市举办了全国东西部扶贫协作培训班、全国携手奔小康行动培训班，交流各地2019年东西部扶贫协作工作及携手奔小康行动经验做法，对东西部扶贫业务子系统操作方式进行培训，对工作进展情况进行通报，推动各项工作抓紧抓细抓实。

各项工作取得重大成效。通过组织领导的进一步强化，工作机制的进一步完善，2019年，东西部扶贫协作工作强力推动，取得了显著成效。一是投入力度持续加大，扶贫项目带贫成效显著提升。面对经济下行压力大、减税降费影响大的不利情况，东部省市持续加大对中西部贫困地区的帮扶力度：全年投入财政援助资金228.9亿元，比2018年增长28.9%，县均投入达到4819万元；动员社会捐助款物65亿元，比2018年增长37.2%。全年共实施帮扶项目9631个，带贫531.3万人。二是人才交流进一步加强，打造一支带不走的干部人才队伍。扶贫协作双方互派挂职干部和专业技术人才3.861万人次，比2018年增长19%。三是劳务协作力度普遍加大，脱贫效果持续显现。共帮助835.8万贫困人口在东部地区实现稳定就业，其中2019年帮助贫困人口实现跨省转移就业98.2万人。四是产业合作成果丰硕，内生动力持续增强。共引导2045家企业到中西部地区开展产业合作，企业实际投资1060亿元；援建扶贫车间 3715 个，比 2018 年增长 172.6%，吸纳贫困人口就业 7.08 万人，比 2018 年增长 116.9%；共销售贫困地区特色农副产品 482.9 亿元，比 2018 年增长 141.5%。五是携手奔小康行动持续拓展。共组织东部 2696 个经济强镇结对帮扶中西部 3120 个乡镇，4669 个村（社区）、8903 家企业、1358 个社会组织结对帮扶中西部 18144 个贫困村，组织 6172 所学校、2410 家医院结对帮扶中西部 7824 所学校、3293 家医院；共培训贫困村创业致富带头人 7.3 万名，带动贫困人口 32.8 万人。六是创新性的帮扶举措逐步展开。2019 年扶贫协作双方按照中央的要求，进一步加大对深度贫困地区和特殊困难群体的帮扶力度。东部 6 省市和中西部 14 省（自治区、直辖市）全面完成土地增减挂钩节余指标跨省调入、调出任务，筹集资金 1152.4 亿元重点用于深度贫困地区脱贫攻坚；将帮扶残疾人脱贫作为重点，全年通过特设岗位、技能培训、转移就业等方式帮助 15.2 万名贫困残疾人脱贫。七是努力补齐"两不愁三保障"突出问题短板。扶贫协作双方认真落实习近平总书记在解决"两不愁三保障"突出问题座谈会上的重要讲话精神，全面排查突出问题，加大资金项目支持，补齐短板弱项。共安排帮扶资金 52.55 亿元，援建乡村学校（幼儿园）304 所，乡村卫生院（室）3639 所，资助贫困学生 12.2 万名。

2019 年是银川会议召开三周年。三年来，各地各部门认真贯彻落实会议精神，持续加大工作力度，东西部扶贫协作工作取得突破性进展。国务院扶贫办对三年来的工作情况进行了总结梳理，起草了《关于东西部扶贫协作座谈会召开三年来工作情况的报告》，并上报党中央、国务院，得到汪洋主席、丁薛祥书记、胡春华副总理批示肯定。

（二）深入推进中央单位定点帮扶和军队扶贫

中央党政军机关和国有企事业单位定点扶贫，是中国特色扶贫开发事业的重要组成部分，是我国政治优势和制度优势的重要体现。2019年，中央单位定点扶贫继续深入推进，各地区结合中央脱贫攻坚专项巡视和考核发现问题抓好整改，提高帮扶工作的针对性、实效性和可持续性。

组织领导进一步加强。3月29日，国务院扶贫开发领导小组在北京召开东西部扶贫协作和中央单位定点扶贫工作推进会。会前，288家中央单位继续签订了《2019年定点扶贫责任书》。会上，5家定点扶贫牵头部门向国务院扶贫开发领导小组呈交288家中央单位定点扶贫责任书，进一步压实中央单位帮扶责任，明确了基本要求和底线任务。会后，各中央单位认真贯彻会议精神，狠抓工作落实，全面完成责任书承诺事项。通报工作进展、强化督促指导，是2019年定点扶贫工作的创新和亮点。9月30日，国务院扶贫办会同中央统战部、中央和国家机关工委、教育部、中国人民银行、国务院国资委5家定点扶贫牵头部门联合印发《关于2019年中央单位定点扶贫工作有关情况的通报》，以中央单位定点扶贫业务子系统为数据基础，对截至9月15日的定点扶贫工作进展进行了通报。汪洋主席、胡春华副总理分别对《关于2019年中央单位定点扶贫工作有关情况的通报》多次作出批示。国务院扶贫办主持召开3次中央单位定点扶贫牵头部门会商会，学习贯彻中央领导同志批示精神，加大督促指导力度，采取普遍提醒和重点督导的方式，约谈部分进展缓慢单位。经过集中整改，各项指标进展均超过年初责任书计划数。11月11日，12月31日，两次将落实中央领导同志批示有关情况的报告上报国务院。

工作机制进一步完善。一是修改完善中央单位定点扶贫工作成效评价办法。根据《中共中央　国务院关于打赢脱贫攻坚战三年行动的指导意见》和胡春华副总理指示，国务院扶贫办书面征求了定点扶贫牵头部门意见，对试行的考核办法进行了修改完善。经汪洋主席、胡春华副总理审定后，2019年6月3日，国务院扶贫开发领导小组正式印发《中央单位定点扶贫工作成效评价办法》，进一步明确了中央单位定点扶贫工作的重点和方向。二是开发建设中央单位定点扶贫业务子系统。为切实减轻填表报数负担，加强日常工作调度，国务院扶贫办开发建设了中央单位定点扶贫业务子系统，将年终汇总统计的工作分摊到日常工作中，工作任务和事项完成一件上传一件，动态录入，实时进行统计调度。依托业务子系统，国务院扶贫办建立起每月一统计、每季度一通报的工作机制，及时对工作进度进行分析，提醒和督促各中央单位强弱项、补短板，进一步提高工作水平。

定点扶贫力量进一步充实。根据脱贫攻坚新形势的要求，为如期实现完成2020年贫困县全部脱贫摘帽的目标，定点扶贫力量需要进一步充实和加强。4月10日，国务院扶贫办向中央和国家机关工委、教育部、国务院国资委等牵头部门发去商请函，研究提出充实定点扶贫力量的初步工作方案。7月31日,会同中央和国家机关工委联合发文,明确新增2家中央和国家机关定点扶贫任务。8月30日,会同教育部联合发文,明确新增20家教育部直属高校定点扶贫任务。9月19日,向11省扶贫办发函,并将《关于建立定点扶贫结对帮扶关系的通知》《关于进一步充实教育部直属高校定点扶贫工作力量的通知》转去,督促指导相关省(区)及相关定点扶贫县按照通知要求主动对接,凝聚合力,加大工作力度,助推定点扶贫县如期脱贫摘帽。积极支持港澳同胞参与定点扶贫。澳门定点帮扶从江县。2019年4月,在贵阳召开贵州省、澳门特别行政区、澳门中联办扶贫三方扶贫工作会暨2019年澳门特区帮扶从江项目签约仪式,督促双方签订项目协议,鼓励支持双方设立帮扶联络协调机构,认真落实签署的"九项协议",不断完善帮扶工作机制。香港定点帮扶南江县。2018年3月确定南江县作为香港各界参与内地脱贫攻坚的首个扶贫点。香港各界扶贫促进会帮扶南江县先后5批次拨付4000万元扶贫项目资金。

在上述工作部署的基础上,2019年定点扶贫工作取得重大进展。据统计,2019年,286家中央单位直接投入和帮助引进帮扶资金152.2亿元。帮助培训基层干部和技术人员81.5万名。直接购买和帮助销售贫困地区农产品276.5亿元。

根据国务院扶贫开发领导小组《2019年脱贫攻坚成效考核工作方案》,2019年12月,国务院扶贫办会同中央组织部、中央统战部、中央和国家机关工委、中央军委政治工作部、教育部、中国人民银行、国务院国资委7家定点扶贫牵头部门联合印发了《2019年中央单位定点扶贫工作成效评价实施方案》，细化了评价要求，成立了成效评价工作组。经过自评总结、分类评价、综合评议等阶段，确定了综合评价等次建议，报党中央、国务院审定后，国务院扶贫开发领导小组向中央单位通报了考核情况，成效评价等次为好的有131家，成效评价等次为较好的有122家，成效评价等次为一般的有33家。5家中央单位定点扶贫牵头部门向各自联系单位进行了一对一问题反馈并部署整改。

军队扶贫工作取得新进展。强化担当持续高位推进。军队参加和支援经济社会建设领导小组作出部署，要求大力支持西部地区脱贫攻坚，向"三区三州"倾斜投入资源力量。军委政治工作部通报检查情况、召开工作推进会、组织问题整改"回头看"和座谈督导，5次与国务院扶贫办和帮扶任务重的大单位研究会商，跟进加强指导。军委机关有关部门、各军兵种和武警部队普遍召开党委会、任务推进会，专题研究扶贫工作。军委国防动员部、陆军、空军、火箭军和武警部队对工作靠后的13个单位进行约谈，军委办公厅、海军、联勤保障部队等单位加大人员和经费投入，推动任务落实。各单位把参与脱贫攻坚作为"不忘初心、牢记使命"的实践课堂，全年军级以上领导干部1700多人次深入一线调研督导，部队官兵12.4万余人次进点帮扶，保持了强力推进、攻坚克难的良好态势。2019年，帮扶的4100个贫困村、29.3万贫困户、92.4万贫困群众，已有4005个村、28.3万户、89.6万人脱贫，帮扶村脱贫比例达97.7%。

（三）有效引导企业、社会组织及志愿者参与扶贫

2019年，积极利用税收优惠政策，加大社会公益平台建设，广泛动员社会力量参与，社会各界积极投身扶贫开发事业，合力推进脱贫攻坚。

税收优惠政策方面。《中华人民共和国慈善法》《中华人民共和国企业所得税法》《关于公益性捐赠支出企业所得税税前结转扣除有关政策的通知》等文件都对社会组织和企业参与公益性捐赠给予税收优惠作了规定。《中共中央 国务院关于打赢脱贫攻坚战的决定》指出，吸纳农村贫困人口就业的企业，按规定享受税收优惠、职业培训补贴等就业支持政策。落实企业和个人公益扶贫捐赠所得税税前扣除政策。2019年3月，国务院常务会议决定从2019年1月1日至2022年底，对企业用于国家扶贫开发重点县、集中连片特困地区县和建档立卡贫困村的扶贫捐赠支出，按规定在计算应纳税所得额时据实扣除；对符合条件的扶贫货物捐赠免征增值税。财政部、税务总局、国务院扶贫办制定了具体落实的政策。2019年4月，财政部、税务总局联合国务院扶贫办印发《关于企业扶贫捐赠所得税税前扣除政策的公告》，指出企业通过公益性社会组织或者县级（含县级）以上人民政府及其组成部门和直属机构，用于832个国家扶贫开发工作重点县、集中连片特困地区县的扶贫捐赠支出，准予在计算企业所得税应纳税所得额时据实扣除。2019年4月，财政部、税务总局联合国务院扶贫办印发《关于扶贫货物捐赠免征增值税政策的公告》指出，对单位或者个体工商户将自产、委托加

工或购买的货物通过公益性社会组织、县级及以上人民政府及其组成部门和直属机构，直接无偿捐赠给 832 个国家扶贫开发工作重点县集中连片特困地区县的单位和个人，免征增值税。2019 年 5 月，财政部联合国务院扶贫办印发《关于运用政府采购政策支持脱贫攻坚的通知》，鼓励各级预算单位在同等条件下优先采购贫困地区农副产品。

社会公益平台建设方面。全面推进中国社会扶贫网的建设和推广，依托国家建档立卡大数据资源，运用互联网新技术和新模式，构建爱心扶贫、电商扶贫、扶贫众筹、扶贫展示和扶贫评价平台功能，成为有较强公信力和社会影响力的社会扶贫公益平台，通过运用互联网新技术和新模式，构建电商扶贫功能平台，搭建连接贫困人口和社会爱心人士、爱心企业的网络服务平台。截至 2019 年 7 月底，中国社会扶贫网累计注册用户 4865 万人，其中贫困户 1665 万人占三分之一，爱心人士 3150 万人占三分之二。贫困需求发布 525.6 万件，对接成功率达到 77%，实现了精准帮扶目标。其中，电商扶贫平台于 2018 年 1 月 19 日正式上线运营。

各地加大社会动员力度，2019 年，共有 9.99 万家民营企业参与"万企帮万村"精准扶贫行动，帮扶 6.56 万个贫困村，产业投入 819.04 亿元，其中购买农产品商贸金额 68.02 亿元，公益投入 149.06 亿元；安置就业 73.48 万人，技能培训 111.13 万人，带动和惠及 1432.5 万建档立卡贫困人口。贫困群众通过中国社会扶贫网累计发布帮扶需求 583 万条，对接成功 460 万条。

（四）创新开展消费扶贫

消费扶贫是社会力量参与脱贫攻坚的重要途径，大力实施消费扶贫，有利于动员社会各界扩大贫困地区产品和服务消费，调动贫困人口依靠自身努力实现脱贫致富的积极性，促进贫困人口稳定脱贫和贫困地区产业持续发展，对打赢脱贫攻坚战具有重要作用。2019年1月14日，国务院办公厅印发《关于深入开展消费扶贫助力打赢脱贫攻坚战的指导意见》，指出消费扶贫是社会各界通过消费来自贫困地区和贫困人口的产品与服务，帮助贫困人口增收脱贫的一种扶贫方式，是社会力量参与脱贫攻坚的重要途径。大力实施消费扶贫，有利于动员社会各界扩大贫困地区产品和服务消费，助力贫困地区打赢脱贫攻坚战。《关于深入开展消费扶贫助力打赢脱贫攻坚战的指导意见》明确，要动员社会各界扩大贫困地区产品和服务消费，推动各级机关和国有企事业单位等带头参与消费扶贫，推动东西部地区建立消费扶贫协作机制，动员民营企业等社会力量参与消费扶贫。要大力拓宽贫困地区农产品流通和销售渠道，打通供应链条，拓展销售途径，加快流通服务网点建设。要全面提升贫困地区农产品供给水平和质量，加快农产品标准化体系建设，提升农产品规模化供给水平，打造区域性特色农产品品牌。要大力促进贫困地区休闲农业和乡村旅游提质升级，加大基础设施建设力度，提升服务能力，做好规划设计，加强宣传推介。《关于深入开展消费扶贫助力打赢脱贫攻坚战的指导意见》要求，有关部门和地方要加强组织领导，细化实化相关政策举措，营造全社会参与消费扶贫的良好氛围。要完善利益机制，提高贫困人口在农产品销售和休闲农业、乡村旅游中的参与度。要加大政策激励，对参与消费扶贫有突出贡献的企业、社会组织和个人，采取适当方式给予奖励激励。要强化督促落实，将消费扶贫工作开展情况作为考核中央单位定点扶贫、东西部扶贫协作和对口支援工作的重要内容。

2019年5月，国务院扶贫办与财政部联合印发《关于运用政府采购政策支持脱贫攻坚的通知》，鼓励各级预算单位采用优先采购、预留采购份额方式采购贫困地区农副产品，优先采购聘用建档立卡贫困人员物业公司提供的物业服务。为进一步抓好消费扶贫工作，国务院扶贫办充分发挥考核"指挥棒"作用，将消费扶贫纳入东西部扶贫协作和中央点位扶贫考核指标，进一步加大东部省份和中央单位参与消费扶贫的推动力度。积极动员民营企业参与消费扶贫工作，截至2019年6月底，进入"万企帮万村"精准扶贫行动台账管理的民营企业帮助购买农产品75.37亿元，为促进消费扶贫作出了积极贡献。

2019年8月5日，财政部、国务院扶贫办、供销合作总社3部门联合制定发布《政府采购贫困地区农副产品实施方案》，提出进一步做好运用政府采购政策支持脱贫攻坚工作，鼓励采用优先采购、预留采购份额方式采购贫困地区农副产品，鼓励优先采购聘用建档立卡贫困人员物业公司提供的物业服务。根据通知，各级预算单位采购农副产品的，同等条件下应优先采购贫困地区农副产品。各主管预算单位要做好统筹协调，确定并预留本部门各预算单位食堂采购农副产品总额的一定比例定向采购贫困地区农副产品。贫困地区农副产品是指 832 个国家级贫困县域内注册的企业、农民专业合作社、家庭农场等出产的农副产品。同时，各级预算单位使用财政性资金采购物业服务的，有条件的应当优先采购注册地在 832 个国家级贫困县域内，且聘用建档立卡贫困人员物业公司提供的物业服务。对注册地在 832 个国家级贫困县域内，且聘用建档立卡贫困人员达到公司员工（含服务外包用工）30% 以上的物业公司，各级预算单位可根据符合条件的物业公司数量等具体情况，按规定履行有关变更采购方式报批程序后，采用竞争性谈判、竞争性磋商、单一来源等非公开招标采购方式，采购有关物业公司提供的物业服务。

2019 年 11 月 8 日，国家发展改革委联合国务院扶贫办、中央和国家机关工委、教育部、财政部、农业农村部、商务部、文化和旅游部、国务院国资委、中央军委政治工作部、全国总工会、共青团中央、全国妇联、全国工商联、中华全国供销合作总社，发出了《动员全社会力量共同参与消费扶贫的倡议》。该倡议指出，各级党政机关、国有企事业单位、群团组织、金融机构、大专院校、医疗单位，对消费扶贫起着重要的引领带动作用，要将消费扶贫纳入定点扶贫和结对帮扶工作内容，在同等条件下持续扩大对贫困地区产品和服务消费。有关部队要结合军队帮扶工作积极主动参与消费扶贫。东部等发达省市是推动消费扶贫的重要力量，要引导当地企业到贫困地区建设生产基地，积极购买受援地产品和服务，组织到受援地旅游，与受援地建立长期稳定的产销衔接关系和劳务对接机制。广大民营企业、社会组织和个人是消费扶贫的重要支撑，应大力传承发扬中华民族扶贫济困的传统美德，帮助贫困地区做大做强特色优势产业，持续扩大对贫困地区产品和服务采购规模，为帮助贫困群众稳定脱贫奉献一片真情。

2019年，东部地区累计购买贫困地区农副产品480余亿元；参与定点扶贫的中央单位购买和帮助购买贫困地区农产品276.5亿元；进入"万企帮万村"精准扶贫行动台账管理的民营企业购买贫困地区产品金额68.02亿元。

十、加大脱贫攻坚宣传动员力度

制定决战决胜脱贫攻坚大型主题宣传活动工作方案,加大脱贫攻坚宣传动员力度,是2019年脱贫攻坚重点工作。组织开展全国脱贫攻坚奖和全国脱贫攻坚模范评选表彰活动,组织开展扶贫日系列活动,国家层面举办习近平总书记扶贫论述研讨会、减贫与发展高层论坛、全国脱贫攻坚奖表彰大会、先进事迹巡回报告会、扶贫日系列论坛等,各地区各部门积极协调媒体加强扶贫报道。国务院扶贫办加强对地方经验的总结推广,以文件转发、编发信息简报等形式,转发各地各有关部门经验做法,促进相互学习借鉴、改进工作。通过宣传表彰典型,号召贫困群众向榜样学习,向先进看齐。同时加强社会力量的典型示范引领,总结推广先进典型,用身边人、身边事示范带动,营造社会力量帮扶的良好氛围。

(一)组织开展全国脱贫攻坚奖与模范评选

经党中央、国务院批准,国务院扶贫开发领导小组在"十三五"期间每年开展全国脱贫攻坚奖评选活动,表彰为脱贫攻坚作出突出贡献的组织和个人。组织开展全国脱贫攻坚奖评选表彰,旨在树立脱贫攻坚先进典型,讲好中国脱贫攻坚故事,充分展现脱贫攻坚伟大成就。引领社会风尚，弘扬社会主义核心价值观，鼓励全社会进一步行动起来，激励贫困地区广大干部群众进一步行动起来，尽锐出战，精准施策，形成脱贫攻坚的强大合力，万众一心，咬定目标使劲干，切实把精准扶贫精准脱贫落到实处，坚决打赢脱贫攻坚战。2019年全国脱贫攻坚奖评选表彰工作于4月开始。

全国脱贫攻坚奖评选表彰活动由国务院扶贫开发领导小组组织实施，负责审定方案、审定获奖单位和获奖个人，召开表彰大会。由国务院扶贫开发领导小组有关成员单位组成全国脱贫攻坚奖评选表彰活动办公室（以下简称"全国评选办公室"），负责评选表彰的日常工作。全国评选办公室提名组成全国脱贫攻坚奖评选委员会（以下简称"全国评委会"），邀请全国人大代表、全国政协委员、专家学者、新闻媒体、社会组织和基层代表组成，负责评选工作，确定获奖单位和人选建议名单。2019年的全国脱贫攻坚奖设奋进奖、贡献奖、奉献奖、创新奖、组织创新奖五个奖项。全国脱贫攻坚奖候选人和候选组织的推荐严格按照属地原则，采取组织推荐和群众推荐相结合的方式。

根据国务院扶贫开发领导小组印发的《2019年全国脱贫攻坚奖评选表彰工作方案》，经过报名推荐、资格审核、初次评审、实地考察、征求部门意见、复评审查、报批审定等程序步骤，评选出2019年全国脱贫攻坚奖获奖先进个人和先进单位共140个。其中，奋进奖25人，贡献奖26人，奉献奖25人，创新奖25人，组织创新奖39个单位。

（二）举办全国脱贫攻坚先进事迹巡回报告会

为了进一步弘扬脱贫攻坚精神，激励脱贫攻坚斗志，国务院扶贫开发领导小组在举办 2019 年全国脱贫攻坚奖表彰大会暨脱贫攻坚先进事迹报告会基础上，组织开展了全国脱贫攻坚先进事迹巡回报告会。扶贫办遴选了 49 名全国脱贫攻坚奖获得者组成 8 个报告团，由国务院扶贫开发领导小组成员单位负责同志带队，于 10 月 18 日至 25 日分赴全国 25 个省（自治区、直辖市）和新疆生产建设兵团进行巡回报告。

2019 年的巡回报告会覆盖地区由 2018 年的 21 个增加至 25 个，覆盖了中西部 22 个省（自治区、直辖市）和新疆生产建设兵团，以及部分东部地区。22 个省（自治区、直辖市）以视频会议形式举行报告会，共设置了 7059 个分会场，聆听报告人数总计超过 123 万人，是 2018 年的近 5 倍。部分地区还通过电视直播、网络直播等方式扩大影响范围。

国务院扶贫办将组织做好巡回报告会作为贯彻落实习近平总书记重要指示和李克强总理批示精神的重要举措。25 场巡回报告会都认真学习传达习近平总书记关于脱贫攻坚工作的重要指示和李克强总理批示精神，通过广泛宣传，进一步激发了脱贫攻坚干部群众的攻坚斗志和干事热情，进一步明确决战决胜、全面收官的前进方向。各地高度重视全国脱贫攻坚先进事迹巡回报告会，进行了精心准备，很多地区都是由党政主要负责同志亲自研究谋划审定会议方案，确保报告会取得预期效果。各地党政负责同志均于报告会前亲切会见报告团,其中有19个地区由党政主要负责同志会见,6个地区党政相关负责同志会见。同时,各地普遍将报告会作为正在开展的"不忘初心、牢记使命"主题教育重要内容。

巡回报告团达到了预期的宣传效果,充分展现了先进典型不忘初心、牢记使命的坚定信念,践行宗旨、心系群众的奉献精神,真抓实干、埋头苦干的务实作风,勇于攻坚、善于开拓的创新精神,传递了扶贫济困、守望相助的正能量,展示了不获全胜决不收兵的坚定信心决心,引起广大听众强烈共鸣。

(三)关心关爱一线扶贫干部

习近平总书记视察重庆时指出,打赢脱贫攻坚战,各级干部特别是基层一线干部十分重要,对奋战在脱贫攻坚一线的同志要关心他们的生活、健康、安全。对在基层一线干出成绩、群众欢迎的干部,要注意培养使用。十九大以来,发生了多起意外事故,导致一些扶贫干部因公致伤致残,甚至牺牲宝贵生命。国务院扶贫办发布《关于关心基层扶贫干部保障安全工作的通知》,要求从保障交通安全、关心身体健康、免除后顾之忧、切实减轻负担四个方面关心基层扶贫干部、做好安全保障工作,要求各级扶贫部门要主动与人社、民政、组织、宣传部门加强沟通对接,落实好关心关爱基层扶贫干部的政策措施,营造尊重、关心、爱护基层扶贫干部的良好风气,激励广大扶贫干部投身脱贫攻坚、担当作为,为打赢脱贫攻坚战作出应有贡献。

云南省各级各部门用真心、真情关爱奋战在脱贫攻坚一线的扶贫干部，通过在政治上关心、待遇上保障、工作上支持、纪律上严管，充分激励广大干部在脱贫攻坚一线安心、安身、安业。云南省启动"全省驻村扶贫工作队百亿保险保障计划"，由省保险业共保体为全省驻村工作队员捐赠保险。这是自2016年9月以来，云南省连续第四年实施此计划，为驻村扶贫干部安心驻村、放心工作提供保障。抓实经费保障，把关爱落到实处。2018年起，省财政为8502个贫困村第一书记（驻村工作队长）每人每年拨付1万元的工作经费。省、州（市）、县（市、区）派出单位每年为本单位驻村工作队员每人安排不少于2万元、1万元和0.5万元的工作经费，并购买意外伤害保险等。从2018年起，还把驻村工作队员食宿补助提高到每人每月1500元。云南省高度重视脱贫攻坚中的乡镇干部。针对乡镇人少事多、招人难、留人难等问题，全省上下开展了清理乡镇机关空编充实工作力量专项工作，将县级以上机关事业单位超编人员调整到空编乡镇工作，同时清退违规借调乡镇干部8998人。2014年开始，全省47万乡镇干部职工享受到每人每月500元的工作岗位补贴。2017年以来，省委组织部还联合省住建厅等部门组织实施了乡镇"七小"设施建设工作，保障食堂、厕所、澡堂、图书馆、文体室、开水房、电视房等设施一应俱全，让乡镇干部职工生活有保障，娱乐有去处。村干部的获得感也在不断提升。2015年起，云南省把村干部岗位补贴水平提高到每人每月不低于1400元，各州（市）在此基础上不断提高各地村组干部补贴水平。云南省委组织部先后出台了《关于在脱贫攻坚一线考察识别干部的意见》《关于切实为打好精准脱贫攻坚战提供坚强组织保障的通知》。坚持把脱贫攻坚一线作为培养选拔优秀干部的主渠道，把脱贫攻坚实绩作为选拔使用干部的重要依据。

广西壮族自治区南宁市四力齐发，在整治形式主义上发力，推动松绑减负落到实处；在开展回访教育上着力，推动组织关怀落到实处；在落实容错纠错上用力，推动严管厚爱落到实处；在压实主体责任上聚力，推动制度保障落到实处。通过这些举措，将深入实施扶贫干部关爱工程作为落实"基层减负年"的重要切入点，采取有力措施保护、调动扶贫干部积极性、主动性和创造性，不断激发扶贫干部在脱贫攻坚中担当作为。

十一、脱贫攻坚的重大突破

（一）年度脱贫攻坚任务全面完成

农村贫困人口减少，贫困发生率下降。据国家统计局全国农村贫困监测调查，按现行国家农村贫困标准测算，2019年末，全国农村贫困人口551万人，比上年末减少1109万人，下降66.8%；贫困发生率0.6%，比上年下降1.1个百分点。分三大区域看，2019年末农村贫困人口均减少，减贫速度均超上年。西部地区农村贫困人口323万人，比上年减少593万人；中部地区农村贫困人口181万人，比上年减少416万人；东部地区农村贫困人口47万人，比上年减少100万人。分省看，2019年各省贫困发生率普遍下降至2.2%及以下。其中，贫困发生率在1%—2.2%的地区有7个，包括广西、贵州、云南、西藏、甘肃、青海、新疆；贫困发生率在0.5%—1%的地区有7个，包括山西、吉林、河南、湖南、四川、陕西、宁夏。截至2019年末，全国农村贫困人口从2012年末的9899万人减少至551万人，累计减少9348万人；贫困发生率从2012年的10.2%下降至0.6%，累计下降9.6个百分点。

贫困地区农村居民人均可支配收入增速继续高于全国农村增

速。2019年，贫困地区农村居民人均可支配收入11567元，比上年名义增长11.5%，扣除价格因素，实际增长8.0%；名义增速和实际增速分别比全国农村高1.9个和1.8个百分点。工资、转移、财产三项收入增速均快于全国农村居民该项收入增速。2019年贫困地区农村居民人均工资性收入4082元，增长12.5%，增速比全国农村高2.7个百分点；人均转移净收入3163元，增长16.3%，增速比全国农村高3.4个百分点；人均财产净收入159元，增长16.5%，增速比全国农村高6.2个百分点。经营净收入比上年加快增长。2019年贫困地区农村居民人均经营净收入4163元，增长7.1%，增速比上年加快2.7个百分点。集中连片特困地区农村居民人均可支配收入增速高于全国农村增速。2019年集中连片特困地区农村居民人均可支配收入11443元，增长11.5%，比全国农村高1.9个百分点。

（二）易地扶贫搬迁建设任务基本完成

易地扶贫搬迁是脱贫攻坚的标志性工程，也是"最难啃的硬骨头"，事关脱贫攻坚工作全局。精准推进易地扶贫搬迁，是高质量高标准做好脱贫攻坚的重中之重。截至2019年底，"十三五"规划的易地扶贫搬迁建设任务已基本完成，有947万贫困人口乔迁新居，走出了大山和自然条件恶劣的地方，有920万人通过搬迁实现脱贫。河北、内蒙古、吉林、安徽、福建、江西、山东、河南、广西、贵州、甘肃、青海、宁夏、新疆等地区已全面完成搬迁入住。各地已拆除旧房182万套，拆旧率88%，已为超过900万建档立卡搬迁人口落实后续扶持措施，89%的有劳动力的搬迁家庭实现一人及以上人口就业。各地工作重心已从工程建设全面转向搬迁群众后续扶持。

（三）深度贫困地区脱贫攻坚取得重大进展

深度贫困地区脱贫攻坚取得重大进展，"三区三州"脱贫攻坚实施方案进展顺利，资金到位率、项目完工率均超过计划，"三区三州"建档立卡贫困人口由2018年的172万减少到2019年底的43万，贫困发生率由8.2%下降到2%，贫困发生率下降幅度比西部地区平均水平高出3.6个百分点。其中，西藏全区2019年剩余15万建档立卡贫困人口实现脱贫，19个计划退出贫困县（区）达到脱贫摘帽标准，如期完成党中央确定的"争取在2019年底前宣布基本消除绝对贫困"的目标任务。

四省藏区脱贫攻坚取得全面胜利，甘肃、四川、云南和青海的藏区实现全部脱贫。甘肃省脱贫攻坚工作取得重要进展，全省31个贫困县摘帽退出，贫困发生率由5.6%下降到0.9%，藏区实现整体脱贫。四川藏区包含甘孜州、阿坝州和凉山州木里县32个贫困县，2013年底有2063个贫困村、36万贫困人口，贫困发生率20.1%。到2019年底，32个贫困县全部摘帽、2063个贫困村退出，贫困人口减少到0.24万人，贫困发生率降至0.1%。截至2019年底，云南省迪庆州累计实现减贫19045户72560人，贫困人口减少到508户1579人，贫困发生率下降至0.53%；全州147个贫困村全部实现出列，达到退出标准。截至2019年底，青海全省42个贫困县（市、区、行委）、1622个贫困村、53.9万贫困人口全部脱贫退出，实现绝对贫困全面"清零"目标。青海全省贫困县全面脱贫，意味着青海省内藏区也已全面脱贫。

"三区三州"地区贫困程度深、基础条件差、致贫原因复杂，农村地区基础设施明显不足，公共服务水平落后。党的十八大以来，中央和地方政府不断加大对水、电、路、信等基础设施和公共服务建设投资力度，专项支持"三区三州"等深度贫困地区旅游基础设施和公共服务设施建设，切实改善道路、步行道、停车场、供水供电、垃圾污水处理、消防安防、应急救援、游客信息等服务设施。"三区三州"地区农村"四通"覆盖面不断扩大，教育文化卫生设施配置逐渐齐全，生产生活条件得到进一步改善，贫困农村面貌发生很大变化。截至2019年末，"三区三州"地区通电的自然村接近全覆盖；通宽带的行政村占比为98%，2019年具备条件建制村通硬化路比重为100%，通客运班车比重为98.4%。

（四）"两不愁三保障"突出问题基本解决

根据习近平总书记在解决"两不愁三保障"突出问题座谈会上的重要讲话精神，国务院扶贫开发领导小组制定《关于解决"两不愁三保障"突出问题的指导意见》，明确基本标准和责任分工，召开会议作出安排部署，督导推进落实。教育部、住建部、水利部、国家卫健委、国家医疗保障局等部门优化政策供给，制定部门工作方案。各地区各部门加强统筹协调，压实工作责任，细化工作标准，摸清底数对账销号。

2019年，基本义务教育有保障任务基本完成，实现义务教育阶段建档立卡贫困家庭子女"应入尽入、应返尽返、应保尽保"。我国已经建立起以政府为主导，学校和社会积极参与的国家学生资助政策体系，实现各个学段全覆盖、公办民办学校全覆盖、家庭经济困难学生全覆盖。在高等教育阶段，更是实现了家庭经济困难学生入学前不用愁、入学时不用愁、入学后不用愁的"三不愁"。

国家卫生健康委贯彻落实党中央、国务院脱贫攻坚决策部署，遵循卫生健康工作规律，供需两侧同步发力，救治预防双管齐下，推动健康扶贫取得显著成效。将解决基本医疗有保障突出问题作为底线任务，以县医院能力建设、"县乡一体、乡村一体"机制建设、乡村医疗卫生机构标准化建设为三个主攻方向，加强县乡村三级医疗卫生机构标准化建设，组织1007家城市三级医院对口帮扶贫困地区1172家县级医院，建立互联互通的远程医疗网络，全面改善贫困地区医疗卫生服务条件，已经实现832个贫困县每个县都有1家公立医院，99%以上的乡镇和行政村都有卫生院和卫生室。县域医疗服务能力不断提升，贫困人口县域内就诊率达到90%以上，越来越多的大病在县域内得到及时救治。全国累计向贫困地区乡村两级支援医务人员超过9万人，已有98%的乡镇至少有1名全科医生或执业（助理）医师，98.2%的行政村至少有1名合格村医，农村贫困人口常见病、慢性病基本能够就近获得及时诊治。深入实施"大病集中救治一批、慢病签约服务管理一批、重病兜底保障一批"健康扶贫工程"三个一批"行动计划，大病专项救治病种扩大到25种，家庭医生签约服务对高血压、糖尿病、结核病、严重精神障碍等4种慢性病贫困患者应签尽签并提供定期随访、规范管理，累计有1500多万贫困患者得到分类救治服务。城乡居民基本医保、大病保险、医疗救助等基本医疗保障制度覆盖所有农村贫困人口，实行综合保障，并采取县域内住院"先诊疗，后付费"和"一站式"结算等便民举措，将农村贫困人口医疗费用负担控制在家庭可承受范围之内，农村贫困人口医疗费用负担明显减轻。强化疾病综合防控和健康促进，以"三区三州"深度贫困地区为重点，针对包虫病、艾滋病、结核病等重大传染病和地方病，一地一策、一病一策，开展综合防治。全面落实基本公共卫生和重大公共卫生服务项目，实施贫困地区健康促进三年行动，不断推动疾病防控关口前移。

帮助住房最危险、经济最贫困农户解决最基本的安全住房，是农村危房改造始终坚持的基本原则。2016年以来，住房和城乡建设部单独或联合相关部门先后出台《关于加强建档立卡贫困户等重点对象危房改造工作的指导意见》《关于加强农村危房改造质量安全管理工作的通知》《农村危房改造基本安全技术导则》《农村危房改造脱贫攻坚三年行动方案》等文件，从资金安排、政策措施、认定标准、监督管理等方面予以明确和细化，将保障贫困户基本住房安全作为重要政治任务全力推进。党的十八大以来，住房和城乡建设部累计支持全国1794万户贫困户改造危房，帮助5700万贫困户住上了安全住房，其中建档立卡贫困户733万户。2019年，住房和城乡建设部会同国务院扶贫开发领导小组办公室、民政部、中国残疾人联合会组织各地核实确认，将2020年需完成的64.2万户建档立卡贫困户存量危房改造任务，71万户低保户、农村分散供养特困人员和贫困残疾人家庭存量危房改造任务全部纳入农村危房改造范围,并联合财政部较往年提前 2 个月下达中央财政补助资金,帮助贫困户提前备工备料。截至 2019 年 12 月 31 日,建档立卡贫困户存量危房改造任务竣工率达到 98%。

(五)脱贫攻坚成果不断拓展巩固

贫困治理体系逐步完善。党的十八大以来,中国推动打赢脱贫攻坚战过程中,逐渐形成了包含责任体系、组织体系、投入体系、动员体系、政策体系、监督体系、考核体系等在内的"四梁八柱",为决胜脱贫攻坚战、全面建成小康社会,提供了有力的制度支撑。按照习近平总书记"五级书记一起抓扶贫"指导精神,贫困地区自上而下地形成了省、市、县、乡、村五级书记一起抓扶贫的领导责任体制。进一步深化东西扶贫沟通协作,创新开展"组团式"帮扶、"覆盖式"帮扶,推动社会力量参与地区脱贫攻坚;积极推进产业扶贫、易地搬迁、教育扶贫、健康扶贫,推动安全饮水工程、住房改造工程、公共医疗卫生设施、基础设施建设,形成了卓有成效的精准帮扶体系,切实解决贫困人口生产生活中的困难问题,实现脱贫攻坚"两不愁三保障"目标。同时,建立与脱贫任务相适应的投入体系,解决好资金、资源的筹集与传递问题,保障脱贫攻坚各项目标如期实现。在监督考核层面,逐步建立起比较完整的脱贫攻坚监督和考核评估体系,运用多种形式、相互配合的监督、考核和评估制度和方法,对脱贫攻坚政策和规划的落实情况、扶贫对象识别、政府扶贫绩效、财政专项扶贫资金和贫困退出等进行考核评价。注重贫困人口内生动力培育和激发,重视教育扶贫,提升贫困人口人力资本，开展多种形式的扶贫扶志活动，提升贫困人口、贫困家庭、贫困社区素质能力与积极性，将外部"输血"与贫困人口自身"造血"相结合、物质资本积累与人力资本提升相结合、公共基础设施与个人经济机会相结合。

基层治理能力不断提升。基层党组织成为国家和各级政府脱贫攻坚工作、惠民政策、帮扶措施的传声筒和基层执行者，促进政策落地生根，将各类惠民政策落到实处，让群众看得见、摸得着，调动群众积极性。另一方面，脱贫攻坚进一步加强了村级基层组织建设，使其更好地担当起党委政府与群众之间的桥梁和纽带，在统筹协调各项扶贫资源，收集反馈贫困村贫困人口信息，营造脱贫攻坚氛围等方面发挥了重要作用。脱贫攻坚治理实践也促进了基层干部工作作风转变，提升了农村基层治理能力和管理水平。

贫困人口脱贫动力不断激发。各地区在推动脱贫攻坚过程中，一方面突出教育扶贫，实现控辍保学目标和教育资助全覆盖，完善教育培训体系，满足不同年龄阶段和不同类型层次贫困群体的教育培训需求，并开展形式多样的农民素质教育培训，让更多贫困人口有机会学习现代科学文化和现代谋生技能。另一方面，通过实施产业扶贫、就业扶贫等活动，不仅使贫困人口"富了口袋"，也营造起"我要脱贫"的有益社会氛围，激发起广大贫困人口脱贫致富的积极性、能动性。此外，通过对贫困地区的传统社会组织和治理体系进行现代化转换，将其更好地与村民议事会、道德评议会等新型群众自治组织有效结合，进一步释放和激活了地方组织和基层干部的活力和内生动力。

第四篇

脱贫攻坚取得全面胜利

（2020年）

导 论

2020年是全面建成小康社会和脱贫攻坚战的收官之年，是我国扶贫史上具有里程碑意义的一年。2020年，是新中国历史上极不平凡的一年。新冠肺炎疫情和特大洪涝灾害带来了严峻的挑战。世界百年未有之大变局加速变化给我国经济社会发展带来较大不稳定性不确定性。面对疫情冲击、洪水来袭，以习近平同志为核心的党中央坚定如期完成脱贫攻坚目标任务的信心决心不动摇，把脱贫攻坚作为全面建成小康社会必须完成的硬任务强力推进。

一年来，习近平总书记在地方考察过程中、在统筹推进新冠肺炎疫情防控和经济社会发展工作部署会议上、在决战决胜脱贫攻坚座谈会上等重要场合反复强调脱贫攻坚，作出一系列重要指示，为脱贫攻坚把舵定向。

本篇分为10章。第一章从国内外发展环境变化、新冠肺炎疫情和特大洪涝灾害造成巨大冲击、剩余脱贫攻坚任务依然艰巨、巩固脱贫攻坚成果面临较大挑战等四个方面分析2020年脱贫攻坚收官战的形势。第二章阐述习近平总书记在决战决胜脱贫攻坚座谈会上的讲话精神和2020年有关脱贫攻坚工作指示批示精神。第三至八章分别从克服新冠肺炎疫情影响、挂牌督战深度贫困剩余贫困、构建巩固脱贫成果长效机制、组织消费扶贫、强化脱贫攻坚考核验收、开展脱贫攻坚总结宣传等方面描绘收官之年的重大部署、重点任务以及亮点工作。第九章全面概括脱贫攻坚战取得的总体成就。经过8年持续奋斗，我国如期完成了新时代脱贫攻坚目标任务，现行标准下农村贫困人口全部脱贫，贫困县全部摘帽，消除了绝对贫困和区域性整体贫困，近1亿贫困人口实现脱贫，取得了令全世界刮目相看的重大胜利。第十章展望巩固拓展脱贫攻坚成果同乡村振兴有效衔接的重点工作重点方向。

2021年起，我国迈入全面建设社会主义现代化国家的新阶段，"三农"工作重心转向全面推进乡村振兴。脱贫攻坚战为全面推进乡村振兴奠定了坚实基础，全面推进乡村振兴是巩固拓展脱贫攻坚成果的必由之路。

一、脱贫攻坚战进入收官之年

2020年是全面建成小康社会和脱贫攻坚战的收官之年，是我国扶贫史具有里程碑意义的一年。面对国内艰巨繁重的改革发展任务，以及外部错综复杂的发展环境，以习近平同志为核心的党中央统揽全局、运筹帷幄，团结带领亿万人民奋勇拼搏，新时代脱贫攻坚目标任务如期完成。

（一）国内外发展环境发生深刻变化

习近平总书记明确提出："领导干部要胸怀两个大局，一个是中华民族伟大复兴的战略全局，一个是世界百年未有之大变局，这是我们谋划工作的基本出发点。"[①]2020年，我国发展仍处于重要战略机遇期，但机遇和挑战都有新的发展变化。一方面，"十四五"即将开启，"两个一百年"奋斗目标的实现处于历史性交替的重大节点上；另一方面，国际强权政治、冷战思维沉渣泛起，单边主义、保护主义逆流横行，人类发展面临空前风险挑战，国际形势进入动荡变革期。2020年，脱贫攻坚的收官之战正是以这些深刻变化

---

① 杜尚泽：《习近平总书记江西考察并主持召开座谈会微镜头》，《人民日报》2019年5月23日。

为背景，不仅危机中攻坚克难书写减贫奇迹，也在变局中逆风破浪谋划发展新局面。

2020年，全球经济遭受的冲击既不同于1929年经济大萧条，也不同于2008年国际金融危机蔓延带来的影响，而是面临着供给中断和需求萎缩的双重冲击。疫情也放大了世界经济原有弊端，全球贫困人口出现多年来首次增长，经济社会不平等问题进一步凸显。世界银行的研究指出，新冠肺炎疫情可能会在2020年使7000万至1亿人陷入极端贫困，而在疫情爆发前，全球极端贫困（每天生活费低于1.90美元）人口数量一直在减少。危机有可能给弱势人群带来巨大的人力资本损失，致使各国在严重冲击消退后也更难以恢复包容性增长，全球减贫事业面临严峻挑战。

2020年，一些国家为限制疫情传播，对我国出口商品提出限制条件，外贸出口也受到一定影响。国内外需求下降也导致部分企业开工不足并带来就业岗位流失与就业稳定性下降，部分加工业因为疫情影响而导致产业或订单转移到其他国家，构成更大影响。国际市场不确定性增强、全球产业链供应链因非经济因素而面临冲击、科技领域"卡脖子"问题等也给国内构建新发展格局带来挑战。受中美贸易战影响，我国经济下行压力较大，突如其来的疫情犹如火上浇油，让情况变得更糟。据国家统计局公布，2020年第一季度国内生产总值同比下降6.8%。为控制疫情传播，我国采取了积极有效的防控举措，但也导致复工复产推迟，各产业均不同程度受到影响，就业务工、企业带贫、帮扶助贫等相应受限，脱贫攻坚战顺利收官面临严峻挑战。

面对错综复杂的国际形势、艰巨繁重的国内改革发展稳定任务特别是新冠肺炎疫情严重冲击，以习近平同志为核心的党中央团结带领全党全国各族人民砥砺前行、开拓创新，奋发有为推进党和国家各项事业，战胜各种风险挑战。2020年5月14日，中共中央政治局常务委员会召开会议，分析国内外新冠肺炎疫情防控形势，研究部署抓好常态化疫情防控措施落地见效，研究提升产业链供应链稳定性和竞争力。会议指出，要深化供给侧结构性改革，充分发挥我国超大规模市场优势和内需潜力，构建国内国际双循环相互促进的新发展格局。"双循环"新发展格局的构建与全面脱贫工作紧密相关、相辅相成，脱贫攻坚的收官行动也体现了这种经济社会新发展格局的要求。

（二）新冠肺炎疫情及洪涝灾害造成巨大冲击

新冠肺炎疫情的冲击。新冠肺炎疫情是百年来全球发生的最严重的传染病大流行，是新中国成立以来我国遭遇的传播速度最快、感染范围最广、防控难度最大的重大突发公共卫生事件。疫情不仅给广大人民群众的生命健康安全带来了严重威胁，同时也对经济社会造成较大冲击，特别是给贫困人口的脱贫致富和贫困地区的经济发展带来了新的挑战。疫情不仅使得原有的贫困地区、贫困户增收更加艰难，还导致部分低收入和刚脱贫人口面临因疫返贫的风险，更造成部分从业人员家庭因失去收入而陷入贫困，产生新增贫困人口。

新冠肺炎疫情对脱贫攻坚的影响主要体现在三个方面：一是外

出务工受阻。疫情防控期间，一些贫困劳动力滞留在家，不能外出务工就业。国际疫情蔓延，出口产业受到较大冲击，而在这些产业就业的人员，不少来自贫困地区以及贫困和低收入家庭。特别是疫情刚刚发生的时期，劳动力外出出不去，比往年减少了1—2个月的外出务工时间。截至2020年3月5日，贫困家庭劳动力外出总人数1420万，仅仅是2019年全年的52%，不仅出去得比较晚，也不及2019年同期多。现在许多贫困家庭的收入来源靠的是外出打工，打工收入受到了影响。二是物流受阻导致扶贫产品销售和产业扶贫困难。春节期间准备的很多农产品销售受阻，贫困地区农畜牧产品卖不出去，农用物资运不进来，贫困户收入直接受影响。影响较大的主要是鲜活农畜产品销售、休闲农业和旅游业等，其中对贫困地区的旅游业影响最大，导致一些扶贫产业项目效益下滑。一些时令农产品受影响最大，比如云南的花卉产业在疫情期间损失几十个亿的销售额。三是扶贫项目开工延迟。易地扶贫搬迁配套、饮水安全工程、农村道路等项目开工不足，截至2020年3月10日，全年项目开工大概三分之一。

特大洪涝灾害的影响。2020年，我国气候年景总体偏差，雨情汛情多年罕见。进入主汛期以来，全国有751条河流发生超警以上洪水，长江、黄河、淮河、珠江、太湖等大江大河大湖共发生18次编号洪水，长江、太湖发生流域性大洪水，其中长江上游发生特大洪水，淮河发生流域性较大洪水。此次南方洪灾持续时间长，受灾群众数量多，受灾区域空间大，已经影响了当地经济和社会发展的正常秩序，以及各项工作的推进时效，尤其对当地的精准扶贫工作更是造成不小的影响。截止到 2020 年 8 月 21 日，安徽省等 9 个省市遭受严重洪涝灾害，涉及了 296 个贫困县，15336 个贫困村，超过 200 万贫困人口受到影响，13.7 万户、40 多万人因灾出现饮水困难，同时有近万户 3 万多人因灾出现了住房问题。

部分省份受灾非常严重，对脱贫攻坚工作影响很大，主要表现在几个方面：一是产业扶贫面临巨大损失，受灾严重的安徽、江西、湖北等地均是农业大省，农作物种植业在产业扶贫中占有重要地位，尤其是多地在扶贫过程中引导并培育起来的诸如水果、中药材、茶叶等特色农作物种植，已经成为贫困户实现精准脱贫的重要基础和有力保障。洪灾将使其收成严重受损，甚至可能颗粒无收。二是贫困地区基础设施遭受严重破坏，贫困地区基础设施和公共服务本就薄弱，农民抵抗自然灾害的能力不足，洪水冲毁了农民的农田和房屋，破坏了其赖以生存的生产和生活资料，必然会导致新的贫困人口出现，甚至还会出现脱贫人口再返贫情况。

（三）剩余脱贫攻坚任务依然艰巨

2019 年底，我国贫困人口进一步减至 551 万人，贫困发生率进一步降至 0.6%。到 2020 年 2 月底，全国 832 个贫困县中已有 601 个宣布摘帽，179 个正在进行退出检查，未摘帽县还有 52 个，区域性整体贫困基本得到解决。然而，这些成绩同脱贫攻坚战的既定目标仍存在最后冲刺距离，受新冠肺炎疫情和严重洪涝灾害的影响，顺利完成收官任务仍面临巨大的挑战。一方面是攻克最后的深贫堡垒难度大，是一场"硬仗中的硬仗"；另一方面是帮扶最贫困人口挑战高，稳定实现"三保障"面临诸多困难。

攻克最后的深度贫困堡垒难度大。截至 2020 年 2 月，全国还有 52 个贫困县未摘帽、2707 个贫困村未出列、建档立卡贫困人口未全部脱贫。虽然同过去相比总量不大，但都是贫中之贫、困中之困，是最难啃的硬骨头。这些深度贫困地区大多地理位置偏远、自然灾害多发、生存条件恶劣、基础设施和公共服务落后，与既有成熟扶贫模式匹配难度较大，对脱贫攻坚收官之年的体制机制创新、政策设计与执行提出了更高要求。

帮扶最贫困人口挑战高。2020 年初还未脱贫的人群中，老年人、患病者、残疾人的比例高，数量仍然不少，脱贫工作难度很大。深度贫困地区不同程度地存在义务教育阶段孩子反复失学辍学的问题，不少乡村医疗服务水平低，一些农村危房改造质量不高，有的地方安全饮水不稳定，还存在季节性缺水。

（四）巩固脱贫成果面临较大挑战

扶贫是一场持续的战斗。已经脱贫的群众可能会因灾、因病、因残、因产业失败和务工不稳等原因返贫，还有大量处于贫困边缘的人口也可能陷入贫困。2016—2018 年，我国返贫人口数分别为 68.4 万、20.8 万、5.8 万人，尽管返贫比例呈现下降趋势，但返贫现象仍然客观存在。2020 年，在确保剩余建档立卡贫困人口如期脱贫的同时，防止返贫的重要性也愈加凸显。截至 2019 年底，全国 9300 多万已脱贫人口需要巩固脱贫成果，脱贫人口中有近 200 万存在返贫风险，边缘人口中有近 300 万存在致贫风险，易地扶贫搬迁近 1000 万贫困人口，稳得住、能致富任务艰巨。稳定住、巩固好"三保障"成果任务不轻。

对于深度贫困地区，巩固脱贫成果殊为不易。深度贫困地区大多集革命老区、民族地区、边疆地区于一体，自然条件、经济社会、民族宗教等问题交织，实现脱贫难度大、任务重。这些地区大多自然条件恶劣，生态环境脆弱，自然灾害多发，建设成本高，施工难度大，提升基础设施和基本公共服务水平的任务仍然很重。且这些地区远离区域经济中心，处于经济链条末端，难以和市场有效对接，经济发展长期滞后。

已脱贫的地区和人口中，有的产业基础比较薄弱，有的产业项目同质化严重，有的就业不够稳定，有的政策性收入占比高。这些问题进一步加大了返贫的风险，也对巩固脱贫成果造成了阻碍。一些地区工作中还存在松劲懈怠、精力转移、形式主义、官僚主义等问题，再加之新冠肺炎疫情带来的冲击，实现脱贫和巩固脱贫成果面临不少挑战。

二、学习贯彻习近平总书记关于扶贫工作的重要论述

2020年,是新中国历史上极不平凡的一年。面对疫情冲击、洪水来袭,以习近平同志为核心的党中央坚定如期完成脱贫攻坚目标任务的信心决心不动摇,把脱贫攻坚作为全面建成小康社会必须完成的硬任务强力推进。一年来,习近平总书记在地方考察、统筹推进新冠肺炎疫情防控和经济社会发展工作部署会议、在决战决胜脱贫攻坚座谈会等多个重要场合与会议上反复强调脱贫攻坚,作出一系列重要指示,为脱贫攻坚把舵定向。各地区各部门认真贯彻落实习近平总书记重要指示精神和党中央、国务院决策部署,积极转变工作方式,努力克服疫情影响,有力有序推进脱贫攻坚工作。

(一)学习贯彻习近平总书记在决战决胜脱贫攻坚座谈会上的讲话精神

2020年3月6日,召开决战决胜脱贫攻坚座谈会。这是党的十八大以来脱贫攻坚方面最大规模的会议,充分体现了以习近平同志为核心的党中央对打赢脱贫攻坚战的高度重视。会议的主要任务是,分析收官之年脱贫攻坚形势,动员全党全国全社会力量,凝心

聚力打赢脱贫攻坚战，确保如期完成脱贫攻坚目标任务，确保全面建成小康社会。习近平总书记在座谈会上发表重要讲话，充分肯定脱贫攻坚取得的显著成绩，深刻分析脱贫攻坚面临的形势，围绕高质量完成脱贫攻坚目标任务、加强党对脱贫攻坚的领导提出明确要求，为做好脱贫攻坚工作指明了前进方向、提供了根本遵循。

习近平总书记首先肯定了脱贫攻坚取得的举世瞩目成就。党的十八大以来，在党中央坚强领导下，在全党全国全社会共同努力下，我国脱贫攻坚取得决定性成就。脱贫攻坚目标任务接近完成，贫困人口从2012年底的9899万人减到2019年底的551万人，贫困发生率由10.2%降至0.6%，区域性整体贫困基本得到解决。贫困群众收入水平大幅度提高，自主脱贫能力稳步提高，贫困群众"两不愁"质量水平明显提升，"三保障"突出问题总体解决。贫困地区基本生产生活条件明显改善，群众出行难、用电难、上学难、看病难、通信难等长期没有解决的老大难问题普遍解决，义务教育、基本医疗、住房安全有了保障。贫困地区经济社会发展明显加快，基本公共服务日益完善，贫困治理能力明显提升，基层组织得到加强，基层干部本领明显提高。2020年脱贫攻坚任务完成后，我国将提前10年实现联合国2030年可持续发展议程的减贫目标。这些脱贫攻坚领域前所未有的成就，彰显了中国共产党领导和我国社会主义制度的政治优势。

在对收官之年形势研判的基础上，习近平总书记对高质量完成脱贫攻坚目标任务做出了部署和要求。习近平总书记深刻指出，脱贫攻坚战不是轻轻松松一冲锋就能打赢的。剩余脱贫攻坚任务虽然同过去相比总量不大，但都是贫中之贫、困中之困，是最难啃的硬骨头。巩固脱贫成果任务很重。脱贫攻坚工作中还不同程度地存在松劲懈怠、精力转移、形式主义、官僚主义、弄虚作假、不精准等问题，突如其来的新冠肺炎疫情带来了新的挑战。从决定性成就到全面胜利，面临的困难和挑战依然艰巨，决不能松劲懈怠。

关于深度贫困地区脱贫，习近平总书记强调，要继续聚焦"三区三州"等深度贫困地区，落实脱贫攻坚方案，瞄准突出问题和薄弱环节狠抓政策落实，攻坚克难完成任务。对 52 个未摘帽贫困县和 1113 个贫困村实施挂牌督战，国务院扶贫开发领导小组要较真碰硬"督"，各省区市要凝心聚力"战"，啃下最后的硬骨头。要巩固"两不愁三保障"成果，防止反弹。对没有劳动能力的特殊贫困人口要强化社会保障兜底，实现应保尽保。

关于努力克服疫情影响，习近平总书记指出，要落实分区分级精准防控策略。疫情严重的地区，在重点搞好疫情防控的同时，可以创新工作方式，统筹推进疫情防控和脱贫攻坚。没有疫情或疫情较轻的地区，要集中精力加快推进脱贫攻坚。要优先支持贫困劳动力务工就业，在企业复工复产、重大项目开工、物流体系建设等方面优先组织和使用贫困劳动力，鼓励企业更多招用贫困地区特别是建档立卡贫困家庭人员，通过东西部扶贫协作"点对点"帮助贫困劳动力尽快有序返岗。要分类施策，对没有疫情的地区要加大务工人员送接工作力度。要切实解决扶贫农畜牧产品滞销问题，组织好产销对接，开展消费扶贫行动，利用互联网拓宽销售渠道，多渠道解决农产品卖难问题。要支持扶贫产业恢复生产，做好农资供应等春耕备耕工作，用好产业帮扶资金和扶贫小额信贷政策，促进扶贫产业持续发展。要加快扶贫项目开工复工，易地搬迁配套设施建设、住房和饮水安全扫尾工程任务上半年都要完成。要做好对因疫致贫返贫人口的帮扶，及时落实好兜底保障等帮扶措施，确保他们基本生活不受影响。

习近平总书记强调，要多措并举巩固成果，加大就业扶贫力度，加强劳务输出地和输入地精准对接，稳岗拓岗，支持扶贫龙头企业、扶贫车间尽快复工，提升带贫能力，利用公益岗位提供更多就近就地就业机会。要加大产业扶贫力度，注重长期培育和支持种养业发展，继续坚持扶贫小额信贷，加大易地扶贫搬迁后续扶持力度，确保稳得住、有就业、逐步能致富。

习近平总书记指出，要保持脱贫攻坚政策稳定，对退出的贫困县、贫困村、贫困人口，要保持现有帮扶政策总体稳定，扶上马送一程。过渡期内，要严格落实摘帽不摘责任、摘帽不摘政策、摘帽不摘帮扶、摘帽不摘监管的要求，主要政策措施不能急刹车，驻村工作队不能撤。要加快建立防止返贫监测和帮扶机制，对脱贫不稳定户、边缘易致贫户以及因疫情或其他原因收入骤减或支出骤增户加强监测，提前采取针对性的帮扶措施。

习近平总书记强调，要严格考核开展普查，严把退出关，坚决杜绝数字脱贫、虚假脱贫。要开展督查巡查，加强常态化督促指导，继续开展脱贫攻坚成效考核，对各地脱贫攻坚成效进行全面检验，确保经得起历史和人民检验。

习近平总书记指出，脱贫摘帽不是终点，而是新生活、新奋斗的起点。要接续推进全面脱贫与乡村振兴有效衔接,推动减贫战略和工作体系平稳转型,统筹纳入乡村振兴战略,建立长短结合、标本兼治的体制机制。总的要有利于激发欠发达地区和农村低收入人口发展的内生动力,有利于实施精准帮扶,促进逐步实现共同富裕。

习近平总书记强调,脱贫攻坚越到最后越要加强和改善党的领导。各级党委(党组)一定要履职尽责、不辱使命。中央财政要继续增加专项扶贫资金规模,各级财政也要保证脱贫攻坚的资金需求。要加大财政涉农资金整合力度,加强扶贫资金监管,提高资金使用效率和效益。对已经实现稳定脱贫的地方,各地可以统筹安排专项扶贫资金,支持非贫困县、非贫困村的贫困人口脱贫。要深化东西部扶贫协作和中央单位定点扶贫,帮助中西部地区降低疫情对脱贫攻坚的影响。要立足国家区域发展总体战略,深化区域合作,推进东部产业向西部梯度转移,实现产业互补、人员互动、技术互学、观念互通、作风互鉴,共同发展。

习近平总书记指出,要加强扶贫领域作风建设,坚决反对形式主义、官僚主义,减轻基层负担,做好工作、生活、安全等各方面保障,让基层扶贫干部心无旁骛投入到疫情防控和脱贫攻坚工作中去。要加强脱贫攻坚干部培训,确保新选派的驻村干部和新上任的乡村干部全部轮训一遍,增强精准扶贫、精准脱贫能力。

这次会议也是对全党、全社会发出的脱贫攻坚总攻动员令,吹响了脱贫攻坚的总攻冲锋号,是做好脱贫攻坚收官工作的基本遵循和行动指南,体现了党中央统筹疫情防控和脱贫攻坚以及经济社会发展各项工作的安排部署，体现了党中央疫情防控和脱贫攻坚两手抓、两手硬的部署，既彰显了习近平总书记作为人民领袖的为民情怀和责任担当，也彰显了我们打赢疫情防控阻击战和脱贫攻坚战的坚定意志和坚强决心。这次会议以后，国务院扶贫开发领导小组进行了工作的安排部署，国务院扶贫办会同有关方面细化落实举措，逐项拿出工作清单。各地区和中央国家机关各有关部门都做了大量的工作，形成了比学赶超、狠抓落实的新局面和新热潮。

（二）学习贯彻习近平总书记关于脱贫攻坚的新指示、新批示

在 2020 年新年贺词中，习近平总书记强调，冲锋号已经吹响，要万众一心加油干，越是艰险越向前，把短板补得再扎实一些，把基础打得再牢靠一些，坚决打赢脱贫攻坚战。2020 年全年，习近平总书记就决战决胜脱贫攻坚的重点难点、关键环节以及脱贫攻坚成果巩固拓展、脱贫攻坚与乡村振兴衔接等方面等做出一系列新指示、新批示。新冠肺炎疫情发生后，习近平总书记多次主持召开中央政治局常委会会议、中央政治局会议，召开统筹推进疫情防控和经济社会发展工作部署会议等重要会议，就决战决胜脱贫攻坚作出一系列重要指示。这些论述一方面聚焦于克服新冠肺炎疫情影响，决战决胜脱贫攻坚；另一方面则面向 2020 年后巩固拓展脱贫成果与乡村振兴衔接。

关于克服新冠肺炎疫情影响：

2 月 23 日，习近平总书记在统筹推进新冠肺炎疫情防控和经

济社会发展工作部署会议上强调，2020年脱贫攻坚要全面收官，原本就有不少硬仗要打，现在还要努力克服疫情的影响，必须再加把劲，狠抓攻坚工作落实。①

2月26日，习近平总书记在中央政治局常委会会议上强调，各级党委和政府要统筹推进新冠肺炎疫情防控和经济社会发展工作，努力实现决胜全面建成小康社会、决战脱贫攻坚目标任务②。

3月4日，习近平总书记在中央政治局常委会会议上强调，要加大对贫困地区、贫困人口的帮扶，在复工复产中优先吸纳贫困地区劳动力务工就业，确保完成决战脱贫攻坚任务③。

3月27日，习近平总书记在中央政治局会议上强调，要加大脱贫攻坚项目开工复工进度，帮助贫困劳动力尽快返岗就业，开辟新的就业门路，促进贫困地区农畜产品销售，对因疫情返贫致贫人员及时落实帮扶措施④。

5月24日，习近平总书记在参加十三届全国人大三次会议湖北代表团审议时指示，希望湖北的同志统筹推进疫情防控和经济社会发展工作，坚持稳中求进工作总基调，主动作为、奋发有为，充分激发广大干部群众积极性、主动性、创造性，确保完成决胜全面建

---

① 中共中央党史和文献研究院编：《习近平关于统筹疫情防控和经济社会发展重要论述选编》，中央文献出版社2020年版，第85页。

② 中共中央党史和文献研究院编：《习近平关于统筹疫情防控和经济社会发展重要论述选编》，中央文献出版社2020年版，第94页。

③ 《中共中央政治局常务委员会召开会议 研究当前新冠肺炎疫情防控和稳定经济社会运行重点工作》，《人民日报》2020年3月5日。

④ 中共中央党史和文献研究院编：《习近平关于统筹疫情防控和经济社会发展重要论述选编》，中央文献出版社2020年版，第136页。

成小康社会、决战脱贫攻坚目标任务,奋力谱写湖北高质量发展新篇章①。

8月18—21日,习近平总书记在安徽考察时强调,防汛救灾任务仍很艰巨,各级党委和政府要发扬不怕疲劳、连续作战的作风,做好防汛救灾和灾后恢复重建工作,支持受灾企业复工复产。要把防止因疫因灾致贫返贫摆在突出位置,坚持精准扶贫,进行有针对性的帮扶②。

关于决战决胜脱贫攻坚:

1月19—21日,习近平总书记在云南考察调研时指出,要决战脱贫攻坚,聚焦深度贫困地区,聚焦工作难度大的县乡村,按照"五个一批"的办法,强化分类施策、挂牌督战,着力攻克最后的堡垒,牢牢把握"两不愁三保障"基本标准,严格验收。要防止因后续政策支持不足返贫或因病因伤返贫。要坚持"富脑袋"和"富口袋"并重,加强扶贫同扶志扶智相结合,加强开发式扶贫同保障性扶贫相衔接③。

2月3日,习近平总书记在中央政治局常委会会议上强调,要抓好涉及决胜全面建成小康社会、决战脱贫攻坚的重点任务,不能

---

① 中共中央党史和文献研究院编:《习近平关于统筹疫情防控和经济社会发展重要论述选编》,中央文献出版社2020年版,第159页。
② 鞠鹏:《坚持改革开放坚持高质量发展 在加快建设美好安徽上取得新的更大进展》,《人民日报》2020年8月22日。
③ 谢环驰、鞠鹏:《向全国各族人民致以美好的新春祝福 祝各族人民生活越来越好祝祖国欣欣向荣》,《人民日报》2020年1月22日。

有缓一缓、等一等的思想①。

2月21日,习近平总书记在中央政治局会议上强调,要确保脱贫攻坚任务如期全面完成,优先做好贫困地区农民工返岗就业工作,做好因疫情致贫、返贫农户的帮扶工作②。

4月20—23日,习近平总书记在陕西考察时强调,发展扶贫产业,重在群众受益,难在持续稳定。要延伸产业链条,提高抗风险能力,建立更加稳定的利益联结机制,确保贫困群众持续稳定增收③。

5月20日,习近平总书记对毛南族实现整族脱贫作出重要指示,脱贫攻坚已经到了决战决胜的关键时期,越到紧要关头越要坚定信心、真抓实干。各级党委和政府要坚定不移把党中央决策部署落实好,克服新冠肺炎疫情带来的影响,集中力量啃下脱贫硬骨头,多措并举巩固成果,确保高质量完成脱贫攻坚目标任务,奋力夺取脱贫攻坚战全面胜利④。

10月17日,在第七个国家扶贫日到来之际,习近平总书记对脱贫攻坚工作作出重要指示并强调,2020年是决胜全面建成小康社会、决战脱贫攻坚之年。面对新冠肺炎疫情和严重洪涝灾害的考

---

① 中共中央党史和文献研究院编:《习近平关于统筹疫情防控和经济社会发展重要论述选编》,中央文献出版社2020年版,第45页。

② 《研究新冠肺炎疫情防控工作 部署统筹做好疫情防控和经济社会发展工作》,《人民日报》2020年2月22日。

③ 《扎实做好"六稳"工作落实"六保"任务 奋力谱写陕西新时代追赶超越新篇章》,《人民日报》2020年4月24日。

④ 《把脱贫作为奔向更加美好新生活的新起点 再接再厉继续奋斗让日子越过越红火》,《人民日报》2020年5月21日。

验，党中央坚定如期完成脱贫攻坚目标决心不动摇，全党全社会勠力同心真抓实干，贫困地区广大干部群众顽强奋斗攻坚克难，脱贫攻坚取得决定性成就。现在脱贫攻坚到了最后阶段，各级党委和政府务必保持攻坚态势，善始善终，善作善成，不获全胜决不收兵。[1]

12月3日，中共中央政治局常务委员会召开会议听取脱贫攻坚总结评估汇报，习近平总书记主持会议并发表重要讲话。习近平总书记强调，脱贫攻坚的重大胜利，为实现第一个百年奋斗目标打下坚实基础，极大增强了人民群众获得感、幸福感、安全感，彻底改变了贫困地区的面貌，改善了生产生活条件，提高了群众生活质量，"两不愁三保障"全面实现。在脱贫攻坚实践中，党中央坚持人民至上、以人为本，把贫困群众和全国各族人民一起迈向小康社会、一起过上好日子作为脱贫攻坚的出发点和落脚点。各级党委和政府以及社会协同发力、合力攻坚，东部西部守望相助、协作攻坚，广大党员、干部吃苦耐劳、不怕牺牲，充分彰显了共产党人的使命担当和牺牲奉献。[2]

关于脱贫成果巩固拓展：

1月19—21日，习近平总书记在云南考察调研时指出，乡亲们脱贫只是迈向幸福生活的第一步，是新生活、新奋斗的起点。要在全面建成小康社会基础上，大力推进乡村振兴，让幸福的佤族村更加幸福。

---

[1]《善始善终　善作善成　不获全胜决不收兵》，《人民日报》2020年10月18日。

[2]《听取脱贫攻坚总结评估汇报》，《人民日报》2020年12月4日。

4月20—23日，习近平总书记在陕西考察时指出，脱贫摘帽不是终点，而是新生活、新奋斗的起点。接下来要做好乡村振兴这篇大文章，推动乡村产业、人才、文化、生态、组织等全面振兴。

5月11—12日，习近平总书记赴山西考察，强调要做好剩余贫困人口脱贫工作，做好易地扶贫搬迁后续扶持，强化返贫监测预警和动态帮扶，推动脱贫攻坚和乡村振兴有机衔接。决战决胜脱贫攻坚和全面建成小康社会的收官之年，要千方百计巩固好脱贫攻坚成果，接下来要把乡村振兴这篇文章做好，让乡亲们生活越来越美好。易地搬迁群众来自不同的村，由过去的分散居住变为集中居住。要加强社区建设和管理，加强社区环境整治，开展乡村精神文明建设和爱国卫生运动，确保群众既能住上新居所，又能过上新生活。

5月22日，习近平总书记在参加十三届全国人大三次会议内蒙古代表团审议时强调，要巩固和拓展产业就业扶贫成果，做好易地扶贫搬迁后续扶持，推动脱贫攻坚和乡村振兴有机衔接。

9月16—18日，习近平总书记在湖南考察时强调，在接续推进乡村振兴中，要继续选派驻村第一书记，加强基层党组织建设，提高基层党组织的政治素质和战斗力。

10月17日，在第七个国家扶贫日到来之际，习近平总书记对脱贫攻坚工作作出重要指示，各地区各部门要总结脱贫攻坚经验，发挥脱贫攻坚体制机制作用，接续推进巩固拓展攻坚成果同乡村振兴有效衔接，保持脱贫攻坚政策总体稳定，多措并举巩固脱贫成果。要激发贫困地区贫困人口内生动力，激励有劳动能力的低收入人口勤劳致富，向着逐步实现全体人民共同富裕的目标继续前进。①

总之，习近平总书记的这些重要论述，强化了坚决打赢脱贫攻坚战的思想自觉和行动自觉，坚定了打赢脱贫攻坚战的信心决心，同时也指明了夺取脱贫攻坚战全面胜利的前进方向。2020年，各地区各部门认真贯彻落实习近平总书记重要指示精神和党中央、国务院决策部署，充分认识脱贫攻坚取得的决定性成就，保持战略定力，全力推进脱贫攻坚各项政策举措落地落实。高度重视打赢脱贫攻坚战面临的艰巨挑战，始终保持攻坚态势，不停顿、不大意、不放松，扎实完成脱贫攻坚收官各项工作，坚决克服疫情影响，巩固好脱贫成果，切实防止返贫和新致贫，确保如期打赢脱贫攻坚战。

---

① 《善始善终　善作善成　不获全胜决不收兵》，《人民日报》2020年10月18日。

三、克服新冠肺炎疫情影响

全球性的新冠肺炎疫情，是影响脱贫攻坚的最大不确定性因素。在这种情况下如期完成脱贫攻坚任务，是2020年中国脱贫攻坚面临的大考。2020年以来，全国各级部门、各地认真贯彻决战决胜脱贫攻坚座谈会精神，按照党中央的决策部署，积极转变工作方式，有力有序推进脱贫攻坚工作，努力把疫情造成的损失降到最低限度，把疫情耽误的进度抢回来，确保高质量完成脱贫攻坚目标任务。

（一）建立疫情分析应对机制

一是做好顶层设计，总体部署。2020年1月30日，国务院扶贫办贯彻落实习近平总书记重要指示精神和中共中央《关于加强党的领导、为打赢疫情防控阻击战提供坚强政治保证的通知》要求，发布《关于做好新型冠状病毒感染肺炎疫情防控和脱贫攻坚有关工作的通知》，要求各级扶贫部门和全体扶贫干部切实提高政治站位，深刻认识做好疫情防控的重要性紧迫性，把打赢疫情防控阻击战作为当前最重大的政治任务；调整近期工作安排，转变日常工作方式，建议充分利用现代化信息手段开展帮扶工作，围绕打赢疫情防控阻击战统筹安排脱贫攻坚工作，认真谋划做好疫情防控阻击战后对因病致贫返贫群众的帮扶工作，确保脱贫攻坚全面胜利、圆满收官。

2月12日，国务院扶贫开发领导小组发布《关于做好新冠肺炎疫情防控期间脱贫攻坚工作的通知》，要求一手抓疫情防控，一手抓脱贫攻坚，统筹兼顾，坚决打赢疫情防控阻击战和脱贫攻坚战。努力克服疫情对脱贫攻坚的影响，解决贫困群众外出务工难题，解决生产发展和产品积压难题，解决扶贫项目开工复工难题。通知要求各地扎实推进脱贫攻坚重点工作，做好脱贫攻坚挂牌督战，查漏补缺补齐短板，建立机制防止返贫，加强易地扶贫搬迁后续帮扶工作。通知同时要求加强疫情防控和脱贫攻坚宣传引导工作，大力宣传疫情防控期间的脱贫攻坚生动事例和感人事迹，形成脱贫攻坚强大正能量。

二是关心关爱疫情期间的扶贫干部和贫困群众。《关于做好新型冠状病毒感染肺炎疫情防控和脱贫攻坚有关工作的通知》《关于做好新冠肺炎疫情防控期间脱贫攻坚工作的通知》等均非常关心关爱基层扶贫干部，要求转变作风关心贫困群众和扶贫干部，关心基层扶贫干部的工作生活和身心健康，做好疫情防护保障安全，帮助他们解决实际困难。同时要求关注贫困群众生产生活和疫情防控，加强心理干预和疏导，有针对性做好人文关怀。在疫情防控期间，一些地方和单位出现了一些损害贫困户权益的情况，国务院扶贫办发布《关于新冠肺炎疫情防控期间维护贫困户合法权益的公告》，要求支持帮助贫困户外出务工，不得简单以防疫为借口"一推了之、一堵了之",使贫困户外出务工受阻;要发挥基层组织和驻村扶贫干部作用,多措并举减轻贫困户负担;规范开展疫情防控工作,不得采取过度限制、简单"一刀切"、强制摊派等行为,切实维护贫困群众的合法权益。

三是针对疫情与脱贫攻坚密切关联的具体事项详细部署,督促各地抓紧抓实抓细重点工作。在脱贫攻坚财政支持和项目资金管理方面,国务院扶贫办、财政部联合印发《关于积极应对新冠肺炎疫情影响 加强财政专项扶贫资金项目管理工作 确保全面如期完成脱贫攻坚目标任务的通知》,就加强财政专项扶贫资金项目管理工作作出安排。通知要求切实保障好受疫情影响较重地区脱贫攻坚资金需要,尽可能减少疫情对脱贫攻坚工作的影响;2020年新增中央财政专项扶贫资金要向这些地区适当倾斜。各省区市在分配资金时也要给予倾斜支持。已提前下达的财政专项扶贫资金,要优先支持疫情防控相关的影响脱贫攻坚任务完成的扶贫项目;各省可结合实际,研究制定针对受疫情影响较重地区脱贫攻坚的支持政策,允许县级因地制宜调整和优化资金使用要求,重点向产业项目倾斜,强化就业支持,全力保障贫困群众基本生活。在产业方面,结合实际加大对受疫情影响较大的产业扶贫项目生产、储存、运输、销售等环节的支持,解决"卖难"问题。对带动贫困户发展的扶贫龙头企业和合作社等带贫主体,可给予一次性生产补贴和贷款贴息支持。支持贫困户恢复生产,开展生产自救,加大奖补力度。在就业方面,对疫情防控期间复工复产的扶贫车间和当地企业、参与东西部劳务协作的扶贫企业,依据吸纳贫困劳动力规模,按规定落实相关政策，有条件地区可加大支持力度。对疫情防控期间外出务工的贫困劳动力按规定给予交通和生活费补助，有条件地区可加大奖补力度。在基本生活保障方面，对罹患新冠肺炎、集中或居家隔离、无法外出务工、无法开展基本生产、收入受到重大影响等生活陷入困境的建档立卡贫困群众和因疫致贫返贫农民群众，按现有支持渠道及时落实好针对性帮扶措施，确保基本生活不受影响。

《关于积极应对新冠肺炎疫情影响　加强财政专项扶贫资金项目管理工作　确保全面如期完成脱贫攻坚目标任务的通知》要求，针对疫情影响，要做好县级脱贫攻坚项目库动态调整，对因疫情致贫急需实施的项目优先入库，优先安排资金支持。优化项目采购流程，确保项目早开工实施见效。要强化资金监督管理，落实资金项目公开公示制度要求，主动接受各方面监督。

国务院扶贫办综合司、财政部联合发布《关于积极应对新冠肺炎疫情影响　切实做好光伏扶贫促进增收工作的通知》，要求及时划拨光伏扶贫收益到村，完善收益分配明确使用方向，多渠道开发就地就近就业岗位，规范收益分配使用程序，强化收益分配使用监管，在符合疫情防控要求的条件下加强电站运行维护管理，有力化解了新冠肺炎疫情对脱贫攻坚的不利影响，促进贫困群众就地就近就业，拓宽增收渠道，实现稳定增收脱贫。

国务院扶贫办发布《关于积极应对新冠肺炎疫情影响　切实做好驻村帮扶工作的通知》，组织驻村帮扶干部全部到岗，统筹做好疫情防控和脱贫攻坚工作，充分发挥驻村工作队在新冠肺炎疫情防控和脱贫攻坚工作中的生力军作用。

国务院扶贫办、中共中央统战部等六部门联合印发《关于在新冠肺炎疫情防控期间做好中央单位定点扶贫工作的通知》，要求从切实增强"四个意识"、坚定"四个自信"、做到"两个维护"的高度，认真落实帮扶责任，统筹做好定点扶贫县的疫情防控和脱贫攻坚工作，认真落实帮扶责任；督促挂职扶贫干部和第一书记尽快到位，把消费扶贫作为中央单位定点扶贫的重要内容和创新点、增长点，努力帮助定点扶贫县解决因疫情带来的农畜产品滞销问题。

上述应对机制，贯彻落实了习近平总书记重要指示和党中央、国务院决策部署，创新了思路举措，凝聚全国各方力量，着眼克服疫情影响和推进脱贫攻坚，统筹兼顾、振奋精神、迎难而上，全力推进各项工作落地落实，取得了明显成效。

（二）支持贫困户发展生产

一是根据疫情情况调整扶贫小额信贷政策。2020年2月10日，国务院扶贫办、中国银保监会联合印发了《关于积极应对新冠肺炎疫情影响　切实做好扶贫小额信贷工作的通知》，努力化解新冠肺炎疫情影响，促进扶贫小额信贷健康发展。该通知从6个方面对积极应对新冠肺炎疫情影响，对切实做好扶贫小额信贷工作提出明确要求：适当延长受疫情影响出现还款困难的贫困户扶贫小额信贷还款期限；在疫情期间，对新发放贷款、续贷和展期需求，要加快审批进度，简化业务流程，提高办理效率；要摸清贫困户生产经营受疫情影响情况，提前做好预案，对贫困群众春季生产和后期恢复生产资金需求，符合申贷、续贷、追加贷款等条件的，及时予以支持；要充分发挥村"两委"、驻村帮扶工作队等基层力量作用，做好扶贫小额信贷政策宣传和贷款使用跟踪指导；要强化监测防范风险，特别要加强对受疫情影响严重、还款压力较大地区的业务指导，切实防范信用风险；各级扶贫部门和银行保险监管部门要加强组织领导，做好工作衔接，充分发挥扶贫小额信贷作用，帮助受疫情影响贫困户尽快恢复生产、实现稳定脱贫，助力高质量打赢脱贫攻坚战。

二是全力应对疫情对产业扶贫的影响。农业农村部办公厅、国务院扶贫办综合司联合发布《关于做好2020年产业扶贫工作的意见》，提出要深入分析疫情对贫困地区产业发展影响，制定滞销卖难农产品应急销售方案，把贫困地区农产品作为疫情防控期间"菜篮子"产品有效供给的重要来源，推动产区和销区构建"点对点"的对接关系，协调优化鲜活农产品运输"绿色通道"政策，抓好因疫情造成的部分贫困地区农产品"卖难"问题。做好春耕备耕工作，加强农资调配和市场供应。多途径协调解决带贫龙头企业、农民合作社等用工难问题，支持带贫企业尽早复工复产，稳妥有序推进贫困群众返岗就业。

三是加强贫困村创业致富带头人培育，做好技能扶贫工作，带动贫困群众发展生产。《关于做好2020年产业扶贫工作的意见》提出，健全贫困地区产业技术专家组，在脱贫攻坚挂牌督战县探索建立产业技术顾问制度，健全科技帮扶工作长效机制。全面实施贫困地区农技推广特聘计划，充分发挥基层农技推广队伍作用，实现贫困村农技服务全覆盖。依托现代农业产业技术体系，组织岗位科学家、综合实验站站长围绕贫困地区特色产业发展需求开展技术攻关。加强产业发展指导员队伍建设，督促产业指导员履行好贫困户产业发展指导责任。加大贫困村创业致富带头人实训基地建设和培育力度，农村实用人才带头人和大学生村官示范培训班全部面向贫困地区实施，继续加大对贫困地区高素质农民培训经费投入。建立分级分类培训制度，重点培训贫困村"两委"干部、产业带头人和专业技术人员。支持有条件的贫困县创建农村创新创业示范基地，强化对返乡入乡创业人员的培训和政策扶持。

人力资源和社会保障部办公厅于5月28日下发《关于做好疫情防控常态化条件下技能扶贫工作的通知》，要求各地在疫情防控常态化条件下，以湖北等疫情严重地区、"三区三州"等深度贫困地区、52个未摘帽贫困县为重点，采取更加有力、更有针对性的政策举措，积极克服面临的困难和问题，切实做好技能扶贫工作。加大职业技能培训力度，支持企业面向贫困劳动力开展以工代训；加大52个未摘帽贫困县技能扶贫支持力度；各地要积极做好技能扶贫宣传工作，通过多种形式，做好技能扶贫有关政策和技能人才成长成才典型事迹宣传工作，引导更多贫困地区劳动力走技能成才、技能脱贫之路。

（三）推进稳岗就业扶贫

促复工、稳增收、稳就业，是确保贫困户实现脱贫摘帽的关键之一。面对新冠肺炎疫情给贫困群众就业带来的冲击，国务院扶贫开发领导小组明确提出，采取助力就业扶贫、支持企业稳岗、推动高校就业三大举措推进稳岗就业扶贫。

一是硬核举措助力就业扶贫。为应对疫情，国务院扶贫开发领导小组明确提出发展外出务工、就地就近务工、公益岗位务工三大主要渠道拓展就业扶贫。2月21日，人力资源和社会保障部与国务院扶贫办联合下发《关于应对新冠肺炎疫情进一步做好就业扶贫工作的通知》，提出一系列促进贫困劳动力就业增收的政策举措。第一是鼓励重点企业优先招录。梳理本地区重点企业用工需求，远程精准推送适合贫困劳动力的就业岗位，支持重点企业优先招用贫困劳动力。第二是安全有序组织外出返岗务工。优先组织贫困劳动力实施"点对点"集中运送到岗，对公共就业服务机构、人力资源服务机构、劳务经纪人开展贫困劳动力有组织劳务输出的，给予就业创业服务补助。第三是促进就地就近就业。推动疫情较轻地区的各类经营主体、工程项目尽早复工复产，推荐贫困劳动力优先上岗；鼓励临时增设的保洁环卫、防疫消杀、卡点值守等岗位优先吸纳贫困劳动力；鼓励参加春耕备耕等农业生产，支持各类农资经营主体吸纳贫困劳动力就业。第四是加强关心关爱，及时解决困难问题，对受疫情影响失业的参保贫困劳动力按规定发放失业补助金。第五是优化线上服务线上培训。帮助贫困劳动力掌握居家线上求职应聘操作流程，有条件的地区可在确保防疫安全前提下，组织不具备线上求职条件的贫困劳动力参加视频面试。鼓励支持贫困劳动力积极参加线上培训，在培训期间按规定给予职业培训补贴和生活费补贴。将"三区三州"等深度贫困地区、易地扶贫搬迁安置点所在地区以及挂牌督战的52个贫困县作为工作重点，组织定向投放岗位，加大有组织劳务输出力度，适当扩大乡村公益性岗位规模。积极向当地疫情防控领导机构建言献策，加强部门协同，及时提供就业帮扶，创造有利于贫困劳动力就业增收的良好环境，防止因疫失业返贫。

4月3日，人力资源和社会保障部发布《关于开展2020年人力资源服务机构助力脱贫攻坚行动的通知》，进一步发挥人力资源服务机构在助力脱贫攻坚、提高劳务组织化程度中的重要作用，开展应对疫情助力贫困劳动力外出务工行动，开展人力资源服务机构劳务组织提升、精准对接、专场招聘、创业指导行动、技能扶贫等五大行动，同时开展贫困地区人力资源市场援助行动，健全工作机制，加强与扶贫、财政等部门协同配合，确保人力资源服务机构助力脱贫攻坚各项行动措施落实落细、取得实效。

5月下旬，人力资源和社会保障部、国务院扶贫办联合启动"数字平台经济促就业助脱贫行动"，目的是依托数字平台经济，努力减轻新冠肺炎疫情影响，为建档立卡贫困劳动力和贫困地区农民工提供多渠道、多形式的灵活就业、居家就业、自主创业机会，带动贫困地区发展特色产业，推动县域生活服务业加快恢复，为打赢脱贫攻坚战作出贡献，一批外卖骑手、物流收派、仓库管理等岗位定向投放贫困地区。

人力资源和社会保障部、财政部等7部门联合下发《关于进一步用好公益性岗位发挥就业保障作用的通知》，要求加强部门间协同配合，切实发挥公益性岗位"兜底线、救急难"作用，多渠道开展就业援助，聚焦城乡公共服务短板，把握开发领域，合理利用临时性城镇公益性岗位，协同协力用好乡村公益性岗位助力脱贫攻坚。

商务部、人力资源和社会保障部等 10 部门联合下发《关于巩固拓展家政扶贫工作的通知》，推出多项支持政策，努力克服新冠肺炎疫情影响，旨在进一步巩固"百城万村"家政扶贫和全国家政服务劳务对接扶贫行动成果，完善家政扶贫政策，吸纳更多贫困劳动力从事家政等生活服务工作，更大程度发挥家政扶贫在决战决胜脱贫攻坚中的作用。人力资源社会保障部要求持续开展职业技能提升行动，鼓励支持广大贫困劳动力参加职业技能培训；实施"互联网+职业技能培训计划"，开展百日免费线上技能培训行动，向受疫情影响严重地区、"三区三州"等深度贫困地区和 52 个未摘帽贫困县加大线上培训免费开放力度，扩大课程免费范围。鼓励通过项目制购买服务等方式为贫困劳动力提供免费职业技能培训。总体来看，优先外出是应对疫情推进就业扶贫重要举措，始终将促进贫困劳动力外出务工摆在突出位置，作为有组织劳务输出的优先保障对象。在疫情期间，建立了跨地区、跨部门的"点对点"返岗复工协作机制，通过包专车、包专列、包机等方式，帮助贫困劳动力出家门、上车门、进厂门，做到无缝对接，累计输送贫困劳动力 160 万人。

截至 2020 年 8 月 31 日，52 个挂牌督战县 2020 年已外出务工 287.41 万人，是 2019 年外出务工人数的 112.94%。25 个省份已外出务工贫困劳动力 2897.54 万人，是 2019 年外出务工人数的 106.17%。东部 9 省市吸纳中西部地区贫困劳动力 778.74 万人，是 2019 年吸纳人数 816.86 万人的 95.33%，其中江苏、浙江、广东、山东吸纳人数已超过 2019 年。广东、浙江、江苏统筹人社、扶贫、发改、通信、公安等方面力量，利用大数据，摸排出在本地务工贫困劳动力情况，为稳岗就业提供了数据支撑。

二是多方发力支持企业稳岗。优先稳岗是应对疫情推进就业扶贫的重要举措之一。发挥政策合力效应，全力以赴帮助稳在企业、稳在当地。全面落实"减、缓、降、返、补"稳岗政策，建立企业定期联系专人帮扶机制，加强用工指导、政策引导，鼓励企业优先留用贫困劳动力。对失业贫困劳动力，优先提供转岗服务，落实失业保险待遇，尽力把贫困劳动力稳在当地。人力资源和社会保障部、财政部发布《关于实施企业稳岗扩岗专项支持计划的通知》，支持中小微企业吸纳就业困难人员等开展以工代训，支持受疫情影响出现生产经营暂时困难导致停工停业的中小微企业组织职工开展以工代训，支持外贸、住宿餐饮、文化旅游、交通运输、批发零售等行业的各类企业开展以工代训。为落实政府工作报告着力稳企业保就业要求，多地出台援企、稳岗、拓岗支持政策，从放宽稳岗返还政策认定标准，到提高稳岗返还标准、延长补贴期限，多方发力，减轻企业负担，稳定、扩大就业。既为企业纾困解难，也为就业稳住岗位。支持扶贫龙头企业、扶贫车间加快恢复生产，将以工代赈劳务报酬比例由 10% 提高至 15%。通过东西部扶贫协作机制"点对点"输送返岗，动员东部地区多作贡献，做好稳岗拓岗工作，中西部地区做好组织动员和服务保障工作。

截至 2020 年 8 月 31 日，中西部 22 个省（自治区、直辖市）

有扶贫龙头企业29632个，已复工29054个，复工率98%，吸纳贫困人口就业85.8万人。中西部22个省（自治区、直辖市）有扶贫车间31441个，已复工31354个，复工率99.7%，吸纳贫困人口就业41.36万人。

三是多措并举推动高校就业。2020年全国普通高校毕业生人数达874万，同比增加40万，毕业生人数再创历史新高。叠加的疫情影响，为毕业生就业增加了不少困难。人力资源和社会保障部、教育部、国务院扶贫办联合发布《关于进一步加强贫困家庭高校毕业生就业帮扶工作的通知》，要求岗位信息与求职信息"无缝对接"，关心"建档立卡"贫困家庭学生、农村生源学生、残疾学生等特殊群体就业。截至2020年6月21日，"24365"校园招聘提供岗位信息1313万条，推出29个专场招聘，累计提供岗位492万个。与此同时，各地通过加大机关事业单位招聘力度、扩大国有企业招聘规模、挖掘潜在就业岗位等措施，为毕业生就业拓宽渠道。

教育部、人力资源和社会保障部、国务院扶贫办三部门联合下发《关于做好52个未摘帽贫困县建档立卡贫困家庭高校毕业生就业精准帮扶工作的通知》，要求坚持脱贫攻坚和稳就业、保就业协同推进，按照促进高校毕业生就业"百日冲刺"行动安排，抢抓毕业生离校前后工作关键期，聚焦未就业的贫困家庭毕业生，全力推动升学培训促就业、政策岗位促就业、专场招聘促就业、精准服务促就业、对口支援促就业等5项"促就业"重点任务落地落实，让有就业意愿的贫困家庭毕业生尽早实现就业。

四、挂牌督战深度贫困剩余贫困

2020年是决胜全面建成小康社会、决战脱贫攻坚之年，如期打赢脱贫攻坚战是全面建成小康社会必须完成的硬任务。2019年底，习近平总书记在中央经济工作会议上对脱贫攻坚收官之年的工作及时作出部署，提出了"对工作难度大的县和村挂牌督战"的重要指示要求。为认真学习领会习近平总书记的重要指示精神，2020年1月25日，国务院扶贫开发领导小组印发了《关于开展挂牌督战工作的指导意见》，对挂牌督战工作进行了具体的部署和安排，各地各部门深入贯彻落实指导意见的工作要求，牢牢把握"督"是为了"战"，"战"是为了切实解决问题的工作目标，积极推动挂牌督战工作取得了明显的成效。

（一）确定挂牌督战的范围和内容

挂牌督战的范围是2019年底没有摘帽的52个县，以及贫困人口超过1000人的88个村和贫困发生率超过10%的1025个村，共1113个村。这些地区贫困程度深、自然条件差、致贫原因复杂、脱贫成本高，是经过几轮攻坚一直难以攻下来的"山头"，是最难啃的硬骨头，是全国脱贫攻坚的难中之难，坚中之坚。

脱贫攻坚 52 个挂牌督战县

地区	市（州）	挂牌县
广西壮族自治区	河池市	都安县、大化县、罗城县
	柳州市	三江县、融水县
	百色市	隆林县、那坡县、乐业县
四川省	凉山州	布拖县、昭觉县、美姑县、金阳县、普格县、喜德县、越西县
贵州省	毕节市	威宁县、纳雍县、赫章县
	黔东南州	从江县、榕江县
	黔西南州	晴隆县、望谟县
	铜仁市	沿河县
	安顺市	紫云县
云南省	怒江州	福贡县、泸水市、兰坪县
	曲靖市	会泽县
	昭通市	镇雄县
	普洱市	澜沧县
	文山州	广南县
	丽江市	宁蒗县
	红河州	屏边县
甘肃省	陇南市	西和县、礼县、宕昌县
	临夏州	东乡县、临夏县
	定西市	通渭县、岷县
	庆阳市	镇原县
宁夏回族自治区	固原市	西吉县
新疆维吾尔自治区	和田地区	墨玉县、皮山县、于田县、洛浦县、策勒县
	喀什地区	莎车县、伽师县、叶城县、英吉沙县
	克州	阿克陶县

脱贫攻坚挂牌督战村数量

地区	挂牌村数量（单位：个）		
	合计	贫困人口超过1000人的村	贫困发生率超过10%的村
	1113	88	1025
广西壮族自治区	48	4	44
四川省	299	10	289
贵州省	6	0	6
云南省	292	74	218
甘肃省	104	0	104
新疆维吾尔自治区	364	0	364

关于挂牌督战内容，主要围绕"两不愁三保障"以及责任落实、政策落实、工作落实和精准识别、精准帮扶、精准退出等方面的要求，重点围绕以下五个方面开展督战。一是义务教育、基本医疗、住房安全、饮水安全等"两不愁三保障"实现的情况；二是贫困家庭劳动力的新增转移就业情况，公益岗位新增就业情况，以及无劳动能力家庭兜底保障情况；三是易地扶贫搬迁入住和后续帮扶措施的落实情况；四是不稳定脱贫户和边缘户的动态监测和帮扶情况；五是中央专项巡视"回头看"、2019年扶贫成效考核以及各地"大排查"等发现问题整改情况。通过聚焦目标与重点，积极督战挂牌县、村，及时解决制约他们完成脱贫攻坚任务的突出问题，啃下最后的硬骨头，确保贫困人口如期脱贫、贫困县全部摘帽。

（二）较真碰硬体现了"督战"硬核

中央统筹，强化顶层设计。以习近平同志为核心的党中央高度重视挂牌督战工作，作出一系列重大决策和工作部署。2020年3月6日，习近平总书记在决战决胜脱贫攻坚座谈会上进一步强调，国务院扶贫开发领导小组要较真碰硬"督"，各省区市要凝心聚力"战"，啃下最后的硬骨头，为挂牌督战工作指明了方向。汪洋主席在多个场合就挂牌督战工作作出指示，提出要求，有力推动工作的深化实化具体化。国务院扶贫开发领导小组负责挂牌督战工作的统筹协调，定期调度挂牌的县、村脱贫攻坚进展情况，制定出台相关政策，研究部署具体工作。

2020年6月18日，国务院扶贫开发领导小组组长胡春华主持召开脱贫攻坚督战工作电视电话会议，强调"要严肃认真开展督查，查漏补缺、立行立改，推动问题及时得到解决"。有挂牌督战任务的7个省（区）、脱贫任务较重的4个省（区）、52个未摘帽贫困县和中央有关部门负责同志出席会议。在中央层面明确了国务院扶贫开发领导小组相关成员单位，中央定点帮扶单位以及承担东西部扶贫协作任务的相关省市的工作职责。

国务院扶贫办会同中央有关部门，协力推进挂牌督战工作的同时，还采取实地了解、视频调度、暗访等方式，跟踪分析各地督战进度，及时发现问题，及时推动解决。一是坚持按月调度，指导有挂牌督战任务的7省区制定督战方案，全部挂牌县、挂牌村制定作战方案，督促各省（区）下沉力量，帮助基层解决重点难点问题。

二是指导东部省份动员民营企业和社会组织帮扶挂牌督战村，实现了结对帮扶全覆盖。三是创新工作方式，对挂牌督战工作实行扁平化管理，如 2020 年 6 月，国务院扶贫办委托中国扶贫基金会作为第三方组成 20 个项目督导组，动员 198 名员工与 1113 个挂牌督战村和 1358 家帮扶单位进行电话沟通，追踪了解工作进展，初步搭建了工作联络机制。

国务院扶贫开发领导小组成员单位按照领导小组的统一部署开展督导，推动政策资金倾斜聚焦，指导帮助各地解决突出问题。

2020 年 3 月，水利部对四川凉山州 7 个县挂牌督战：采取"一县一组"的暗访方式，访遍 2019 年底尚未解决饮水问题的贫困村；组成 9 个人的督战队，督促挂牌县对发现问题实行台账式管理、销号式整改；会同四川省水利厅制定时间表和可考核的目标，每周对标对表，紧盯落实到位。

2020 年 4 月，住房和城乡建设部组建 14 个工作组，分别与 14 个脱贫攻坚农村危房改造挂牌督战省（区）沟通对接，采用"云督导"方式直接到镇到村，调动专业力量帮助地方解决实际困难。

2020 年 4 月，教育部召开未摘帽县教育脱贫攻坚工作会议，明确把 52 个未摘帽县作为教育扶贫主战场，由部领导挂牌督战和全覆盖式调研指导，工作机制上压实责任和严格考核，确保如期打赢教育脱贫攻坚战。

2020 年 6 月，国家卫生健康委员会召开健康扶贫督战工作电视电话会议，督促推进 52 个未摘帽贫困县健康扶贫决战决胜，确保乡村医疗卫生机构和人员"空白点"动态清零，坚决防止因病致贫返贫。

省负总责,强调寓"督"于"战"。相关省区对本区域挂牌督战工作负总责,一方面,制定本区域挂牌督战实施方案,组织相关地州市对挂牌县进行督战,指导各县对挂牌村进行督战。2020年3月中旬前,52个挂牌县和1113个挂牌村作战方案全部制定印发,明确了作战重点、作战力量、工作举措和完成时限等内容。挂牌县均有一名省级领导联系督导,挂牌村均有一名县级领导驻点包抓,层层压实责任,建立起有效的督导帮扶工作机制。另一方面,围绕脱贫攻坚责任、政策和工作落实情况开展督查。责任落实重点是脱贫攻坚政治责任、主体责任、工作责任、帮扶责任等落实情况。政策落实重点是"两不愁三保障"和饮水安全突出问题解决情况,易地扶贫搬迁、产业扶贫、就业扶贫等扶贫政策项目落地见效情况和贫困户收入情况。工作落实重点是扶贫资金使用管理、问题短板排查整改、巩固拓展脱贫成果防止返贫等。通过定点督查和巡回督查相结合方式,督促各地各部门及时查漏补缺、补齐短板。

市县抓落实,重点在"战"。相关市县按照中央、省区统一部署,明确了对村督战,强化支持帮扶的具体督战任务。在实践中,相关市县紧盯退出标准,摸排梳理出详细准确的督战任务清单,明确短板差距,分村分析制约脱贫的原因,明晰脱贫路径,逐村逐户强化举措、解决问题。一是增派帮扶力量尽锐出战,集中优势兵力合力攻坚。宁夏西吉县的处级干部带头自查30个薄弱村、科级干部带头自查其他265个村、调动8000多名干部每人帮扶3至5户贫困户,以"网格化"管理将挂牌督战任务办细办实。贵州毕节市从在脱贫攻坚中表现良好的县处级领导干部中精选13名"强将"，免去现职但保留副县长级，下派到威宁、赫章、纳雍3个挂牌县的13个乡镇担任党委书记，全面负责脱贫攻坚工作。二是统筹整合优势资源，对标具体问题精准施策。针对新冠疫情的影响，甘肃西和县整合1.78亿元资金，出台差异化、阶梯式的劳务奖补政策，积极动员组织贫困人口外出就业，成效显著。结合当地实际，云南曲靖市明确了挂牌督战9个方面14项负面清单，通过"红、黄"警告制度划定出红线指标和底线要求，确保"督"有重点、"战"有抓手。

（三）凝心聚力取得了"督战"实效

第一，强化资金投入，助力解决攻坚难题。紧紧围绕52个未摘帽贫困县实施挂牌督战，加大资金投入，强力推进深度贫困地区脱贫攻坚。安排专项扶贫方面，中央财政在年初安排财政专项扶贫资金的基础上，又一次性安排综合性财力补助资金300亿元，平均每个县约5.77亿元，用于支持补齐挂牌督战地区脱贫攻坚短板弱项。支持行业扶贫方面，在分配农业、水利、生态、交通、教育等行业转移支付时，向挂牌督战地区倾斜，推动解决脱贫攻坚工作中的突出问题。引导社会帮扶方面，通过贷款贴息、风险补偿，引导金融机构向挂牌督战地区投放扶贫小额信贷，凝聚脱贫攻坚合力。

通过发挥政府投入的主体和主导作用，一大批制约挂牌县村脱贫攻坚的难点问题得到了及时解决，为确保高质量打赢脱贫攻坚战奠定了坚实基础。

截至 2020 年 7 月底，52 个挂牌县解决了 15.6 万贫困人口的饮水安全、住房安全、义务教育和医疗卫生保障方面的问题，意味着贫困人口"三保障"和饮水安全的存量问题已经全部解决。

截至 2020 年 7 月底，完成了剩余 11 万贫困人口的搬迁任务，52 个挂牌县约 120 万贫困人口易地扶贫搬迁任务已经全部完成。

截至 2020 年 7 月底，52 个县共认定扶贫产品 2522 个，已经销售了 61 亿元，扶贫产品滞销的问题得到了有效解决。

截至 2020 年 10 月底，52 个挂牌县有 299.56 万贫困劳动力外出务工，是 2019 年 52 个县外出务工规模的 117.72%，较 3 月 19 日提高 40.11 个百分点。

第二，发动社会力量，全力攻克深贫堡垒。打赢脱贫攻坚战，离不开构建政府、社会、市场协同推进的大扶贫格局，充分发挥坚持全国一盘棋、调动各方面积极性、集中力量办大事的显著优势。2020 年 4 月 8 日，以苏州英格玛集团为代表的 31 家民营企业和社会组织发出联合倡议，号召一个民营企业和一个社会组织至少帮扶一个挂牌督战村，助力国家挂牌督战，完成脱贫攻坚任务。倡议发出后获得了巨大的反响，也引导了广大的社会力量进一步投身到脱贫攻坚工作中来。2020 年 4 月 13 日，国务院扶贫办组织召开了社会力量助力挂牌督战会议，对发动和组织社会力量助力挂牌督战进行了部署安排。各省（区、市）高度重视，社会各界踊跃参与，短短一个月时间内就实现了社会力量与 1113 个挂牌村结对帮扶的全覆盖，取得了良好的开局。截至 11 月底，东中部 11 省（市）共组织动员 2352 家社会力量（其中：企业 1670 家，社会组织 682 家）

结对帮扶1113个挂牌督战村，实际到村帮扶资金5.58亿元，村均达到50.14万元，帮助挂牌督战村7914人实现就业，购买和助销扶贫产品6169.44万元。

社会力量助力挂牌督战，打造一些"短平快"项目，不仅仅给挂牌督战村带来了一些直接的效益，更重要的是营造了社会扶贫的良好氛围，有更重大的社会效应。一是形成了社会力量助力脱贫攻坚的新态势。社会力量助力挂牌督战工作，并非用以往"万企帮万村"或携手奔小康已实施的项目替代助力结对项目，而是制定一些"短平快"措施，上一些"短平快"项目，在实现帮扶单位优势和被帮扶村庄需求有机结合的同时，尽快体现工作实效。二是动员社会力量进一步把帮扶重心下沉，过去可能更多是在县级层面，现在进一步下沉到村级层面，瞄准了最困难的村，解决了最困难的问题。三是搭建了东西部扶贫协作的新平台。一方面让挂牌村展示了自己的优势，特别是在资源方面的优势，另一方面为东部地区的民营企业提供了进一步发展的机会，为下一步实现东部和中西部地区互利互赢、进一步加深合作奠定了良好基础，探索了社会扶贫新途径。

第三，完善防贫机制，有效防止致贫返贫。打赢脱贫攻坚战，一方面要确保剩余贫困人口如期脱贫，另一方面要巩固脱贫成果，防止返贫和产生新的贫困。2020年3月20日，国务院扶贫开发领导小组印发《关于建立防止返贫监测和帮扶机制的指导意见》，明确了建立防止返贫监测和帮扶机制的原则、方法、措施和要求，规定农民申报、乡村干部走访排查、相关行业部门筛查预警等监测方式，提出产业帮扶、就业帮扶、综合保障、扶志扶智和其他帮扶五方面帮扶措施。挂牌督战地区认真贯彻落实党中央、国务院决策部署，结合本地实际出台实施办法，以全国扶贫开发信息系统为平台，对脱贫不稳定人口和边缘易致贫人口开展动态管理。新疆、贵州等地在行业部门数据共享及筛查预警等方面进行了探索和试点，通过加强相关行业部门数据共享和比对分析，及时推送返贫致贫风险预警信息，提前采取针对性的帮扶措施，防止返贫和发生新的贫困。

在中央、省、市（地、州）指导下，截至2020年7月底，52个挂牌县的防止返贫监测和帮扶机制已经初步建立，共识别出87万脱贫不稳定的人口和边缘易致贫的人口，并对这些人口全部落实了帮扶的措施。通过对挂牌督战地区脱贫不稳定户、边缘易致贫户开展常态化监测预警，建立健全快速发现和响应机制，及时纳入帮扶政策范围，为高质量打赢脱贫攻坚战提供了重要保障。

2020年以来，我国江南、华南、西南洪涝灾害增多，给广大群众特别是贫困群众带来了一些损失，52个挂牌县有1万多贫困人口饮水安全和住房安全产生了新的问题。各地都采取积极的解决措施，及时防范化解因洪涝灾害、地质灾害造成的返贫致贫情况。其中，52个县通过防止返贫监测帮扶机制，将600多人纳入到了监测范围并开展帮扶，使得洪涝灾害对挂牌县、挂牌村的影响始终处于可控范围之内。

第四，突出问题整改，有效巩固了脱贫成色。扶贫工作点多面广，项目多、资金量大，必须持之以恒加强监管。2020年3月，中央纪委国家监委专门印发通知，加强对广西、四川、贵州、云南、甘肃、宁夏、新疆等七省区纪委监委 2020 年扶贫领域腐败和作风问题专项治理工作的指导，从"切实加强贯彻落实习近平总书记关于打赢疫情防控阻击战、打赢脱贫攻坚战'两手抓'重要指示精神的政治监督，克服'等'的思想、'慢'的作为"等 6 个方面，既指出突出问题，又提出针对性举措。在此基础上，7 个挂牌督战省区充分履职尽责，以问题为导向，突出问题整改，做到资金、项目、"微腐败"发生在哪里，监督就跟进到哪里，坚决防止和纠治扶贫领域的弄虚作假。截至 2020 年 7 月底，中央专项巡视"回头看"、2019 年扶贫成效考核，以及各地大排查等方面发现的问题都已基本整改到位，脱贫攻坚的成色和质量进一步提高。

挂牌督战以来，挂牌督战地区创新工作方式方法，开展深化扶贫领域腐败和作风问题专项治理。一是紧盯县里的权、乡里的情、村里的点，推动问题整改清仓见底。宁夏西吉县建立"流动红旗""黄牌警告"等制度机制，对中央纪委国家监委、自治区纪委监委等调研反馈的 188 个问题督促整改，现已全部整改到位。二是将纠正形式主义、官僚主义作为重中之重，把脱贫工作重心落在"户"上。四川省纪委监委在凉山州累计走访 865 户、访谈 1628 人次，现场询问查看并印证帮扶责任落实情况，对帮扶责任落实不力的，督促现场整改。三是梳理归纳群众身边的"微腐败"问题，依法依规依纪作出恰当处理。新疆开展扶贫领域问题线索"动态清零"行动，2020 年 3 月以前受理的未办结问题线索在 6 月底全部清零，2020 年 3 月以后新受理的问题线索在年底清零。四是加强警示教育，坚决防止最后一年"捞一把"现象发生。云南省加强同级同类警示教育，督促扶贫领域问题案发地区党委及时召开专题民主生活会，用身边事教育身边人，发挥案件的警示、震慑和教育作用。

五、构建巩固脱贫成果长效机制

脱贫摘帽不是终点，而是新的起点。建立健全稳定脱贫长效机制，千方百计巩固好来之不易的脱贫攻坚成果，显得尤为必要而急迫。2020年，国家相关部门在集中力量、资源瞄准深度贫困地区和突出问题决战决胜脱贫攻坚的同时，着力探索并构建巩固脱贫成果长效机制，做好防止返贫监测、巩固"两不愁三保障"成果、易地扶贫搬迁后续帮扶、特色产业可持续发展等一系列后续工作。

（一）探索防止返贫监测和帮扶机制

在脱贫攻坚的收官之年，探索并建立防止返贫监测和帮扶机制非常重要和必要，是如期打赢脱贫攻坚战的制度保证，也为2020年后减贫战略和政策体系提供了基础和支撑。2020年3月6日，习近平总书记在决战决胜脱贫攻坚座谈会上指出，"要加快建立防止返贫监测和帮扶机制，对脱贫不稳定户、边缘易致贫户以及因疫情或其他原因收入骤减或支出骤增户加强监测，提前采取针对性的帮扶措施，不能等他们返贫了再补救"。从各地实际情况看，部分已脱贫人口政策性收入占比较高、自我发展能力尚显不足、发展基础相对薄弱，一旦帮扶政策断档，这些人很可能返贫。由于多方面原因，加之新冠肺炎疫情和洪涝地质灾害等影响，一些不符合现行扶贫标准的边缘人口也存在致贫风险。

为切实防止返贫致贫，在高质量打赢脱贫攻坚战的基础上，亟须建立防止返贫监测和帮扶机制，变事后帮扶为事前预防与事后帮扶相结合，及时发现风险，及时落实帮扶，实现贫困人口动态清零，持续巩固拓展脱贫攻坚成果。

在脱贫攻坚取得决定性成就、"十四五"巩固拓展脱贫成果的承上启下关键期，党中央及时对防止返贫和帮扶工作作出部署安排，建立监测帮扶机制，补齐了防止返贫致贫的制度拼图，筑牢了脱贫攻坚成果的保障网，同时也为巩固拓展脱贫攻坚成果明确了工作路径和抓手。3月20日，国务院扶贫开发领导小组印发《关于建立防止返贫监测和帮扶机制的指导意见》，明确防止返贫监测和帮扶工作的各方面要求。4月17日，国务院扶贫办、财政部联合发布《关于贯彻落实〈关于建立防止返贫监测和帮扶机制的指导意见〉的通知》，对做好防止返贫监测和帮扶工作进行了更细致的安排。

其一，监测对象方面。以家庭为单位，主要监测"两类群体"，即建档立卡已脱贫但不稳定户、收入略高于建档立卡贫困户的边缘户。

其二，监测范围方面。包括：人均可支配收入低于国家扶贫标准1.5倍左右的家庭，以及因病、因残、因灾、因新冠肺炎疫情影响等引发的刚性支出明显超过上年度收入和收入大幅缩减的家庭。按照统一部署将脱贫监测户和边缘户两类监测对象纳入全国扶贫开发信息系统，实施动态管理，并录入和标注相关信息。监测对象规模以县为单位确定,"三区三州"县和"三区三州"外中西部169个深度贫困县的监测对象规模原则上不超过本县建档立卡人口的10%,其他地区一般为5%左右。

其三,监测程序方面。以县级为单位组织开展,通过农户申报、乡村干部走访排查、相关行业部门筛查预警等途径,由县级扶贫部门确定监测对象,录入全国扶贫开发信息系统,实行动态管理。

其四,帮扶措施方面。针对不同的监测对象,采取差异性、有针对性的帮扶措施,着力强化就业、产业、易地搬迁后续扶持等帮扶措施,确保不出现规模性返贫。主要有五种帮扶措施:一是产业帮扶。对具备发展产业条件的监测对象,加强生产经营技能培训,提供扶贫小额信贷支持,动员龙头企业、专业合作社、贫困村创业致富带头人等带动其发展生产。二是就业帮扶。对有劳动能力的监测对象,加强劳动技能培训,通过劳务扶贫协作、扶贫车间建设等,帮助其转移就业。统筹利用公益岗位,多渠道积极安置监测对象。鼓励监测对象参与农村项目建设。三是综合保障。对无劳动能力的监测对象,进一步强化低保、医疗、养老保险和特困人员救助供养等综合性社会保障措施,确保应保尽保。对因病、因残、因灾等意外变故返贫致贫的家庭,及时落实健康扶贫和残疾人、灾害、临时救助等政策,保障其基本生活。四是扶志扶智。引导监测对象通过生产和就业脱贫致富,对自强不息、稳定脱贫致富的监测对象,探索给予物质奖励和精神激励。积极开展乡风文明建设,发挥村规民约作用,倡导赡养老人、扶养残疾人。五是其他帮扶。鼓励各地创新帮扶手段。多渠道筹措社会帮扶资金,为监测对象购买保险,及时化解生活生产风险。广泛动员社会力量参与扶贫助困。

其五,工作要求方面。明确细化各级扶贫开发领导小组成员单位、各省市区县级的工作责任,鼓励各地因地制宜,探索创新,及时总结推广好的经验、好的做法。同时,要求各地减少不必要的填表报数,切实减轻基层负担。另外,加强对监测对象帮扶措施落实情况的跟踪监测和效果评估。对返贫致贫风险已经消除的脱贫监测户和边缘户,在系统中标注后保留信息。

2020年以来,中西部22个省(自治区、直辖市)和东部的辽宁、江苏、福建、山东、广东等省按照中央的要求并结合本地实际,出台实施办法,普遍建立并全面实施了防止返贫监测和帮扶的机制。扶贫办组织各地对脱贫不稳定人口和边缘易致贫人口开展识别认定和动态管理,针对因病、因残、因灾、因疫情影响等返贫致贫风险和突出短板,取得了显著成效。

(二)巩固脱贫人口"两不愁三保障"成果

2020年,国务院扶贫办会同有关部门认真贯彻落实习近平总书记在解决"两不愁三保障"突出问题座谈会上的重要讲话精神,全面补齐"两不愁三保障"短板。针对部分地区在饮水安全、义务教育、基本医疗和住房安全方面仍然存在一些短板弱项,尤其是深度贫困县、村和户,实行挂牌督办,定期统筹调度,摸清底数对账销号。针对"两不愁三保障"突出问题基本或全面解决的地区,着重巩固提升脱贫攻坚成果。截至2020年6月底,"两不愁三保障"

和饮水安全存量问题全部得到解决。

在实现饮水安全有保障方面，水利部将农村饮水安全脱贫攻坚作为水利扶贫的头号工程，强化顶层设计，狠抓贯彻落实《水利扶贫行动三年（2018—2020年）实施方案》，与国务院扶贫办等部门通力合作决战决胜农村饮水安全脱贫攻坚。2020年以来，水利部督促地方各级水行政主管部门建立常态化的"回头看"机制，对贫困地区、各渠道反映问题较多地区以及山区和偏远地区，加大暗访核查和"靶向"核查力度。对已排查出的建档立卡贫困人口饮水安全问题，督促地方严肃整改，确保数据真实，解决成果经得起检验。同时，克服疫情影响，统筹疫情防控和开工复工，对于排查发现或各种渠道暴露出来的动态新增人口，督促各地迅速整改，加快实施。对截至2019年底尚未全面解决贫困人口饮水安全问题的新疆伽师县和四川省凉山州7个县2.5万贫困人口，开展挂牌督战，与8个县逐一座谈并研究对策，组织1000多人次长驻现场，与当地联合会战，如期啃下了最后的"硬骨头"。

在实现义务教育有保障方面，教育部认真贯彻落实习近平总书记的重要指示精神和党中央关于教育脱贫攻坚的决策部署，把实现义务教育有保障作为重大政治任务，确保如期完成教育脱贫攻坚任务。在本专科教育阶段和研究生教育阶段，建立了国家奖学金、国家助学金、国家助学贷款、校内奖助学金、勤工助学、困难补助、伙食补贴、学费减免、"三助"岗位津贴及新生入学"绿色通道"等相结合的资助政策，有的地方还探索建立了专门针对建档立卡贫困学生的资助政策，建档立卡贫困学生在本专科及研究生教育阶段可以通过现有学生资助政策顺利入学、完成学业，有效保障学生不因家庭经济困难而失学。义务教育有保障的目标已基本实现。教育部将会同有关部门继续加大对建档立卡家庭经济困难学生的资助力度，督促各地贯彻落实好各项学生资助政策。

在实现基本医疗有保障方面，国家卫生健康委会同国家医疗保障局、国务院扶贫办等有关部门瞄准目标，精准施策，合力攻坚，推动健康扶贫取得决定性成就。2020年重点做了三项工作：一是在前期工作基础上，进一步健全运行机制，加大资金投入，优化服务管理，构建了基本保险、大病保险、医疗救助三重制度综合保障梯次减负的综合保障格局。总体看，贫困人口的基本医疗基本上实现应保尽保，医疗费用负担也得到明显减轻。2020年，在普惠性资助城乡居民参加基本医疗保险的基础上，对于贫困人口又通过医疗救助的方式资助他们个人缴费。通过三重制度综合保障，贫困人口住院和门诊慢特病医疗费用实际报销比例达到了80%以上，医疗费用负担得到明显减轻。二是加大深度贫困地区资金的倾斜投入。2020年，居民医保人均财政补助标准达到550元以上，较2012年增加了310元。中央财政下达医疗救助的补助资金达到275亿元，90%投向中西部地区。2018年起，连续三年中央财政累计投入120亿元，有力解决深度贫困地区贫困人口的医疗保障问题。三是统筹推进新冠肺炎疫情防控和健康扶贫。在疫情防控紧要关口，及时指导贫困地区基层广大医务人员转战疫情防控战场，国家医疗保障局会同有关部门及时出台了"两个确保"的措施，确保患者不因新冠疫情的费用影响救治，确保救治医院不因费用影响收治，推动将贫困地区新冠肺炎疫情影响降到最低。此外，为了在新冠疫情期间支持复工复产，医保部门还采取了阶段性减免降低医保费率的措施，截至2020年11月，企业减负已经超过1500亿元，有力地助推了复工复产，也有力地支持了复工复产中间优先解决贫困人群就业的问题。总体上看，健康扶贫攻坚任务接近全面完成，贫困人口基本医疗有保障全面实现，因病致贫返贫问题得到有效解决，累计使近1000万因病致贫返贫贫困户成功摆脱了贫困，为全面打赢脱贫攻坚战作出重要贡献。

在实现住房安全有保障方面，住房和城乡建设部会同有关部门组织各地合力攻坚，按时完成了脱贫攻坚农村危房改造扫尾工程任务，脱贫攻坚住房安全有保障工作取得决定性进展。一是聚焦建档立卡贫困户，全面推进脱贫攻坚农村危房改造。将全国所有建档立卡贫困家庭存在安全隐患的房屋全部纳入改造范围，逐户建立改造台账，逐步提高农村危房改造户均补助标准，严格执行质量管理，强化补助资金使用监管，改造一户，销号一户，并对"三区三州"等深度贫困地区危房改造给予倾斜支持。二是克服疫情灾情影响，按时完成住房安全扫尾工程任务。汇聚全行业、全系统力量，实施扫尾工程进度动态管理，及时帮助各地解决困难和问题。组织专门技术力量，对四川省凉山州等深度贫困地区进行对口支援，确保"三区三州"等深度贫困地区和全国一道如期完成扫尾工程任务。各地以6月30日为时限，倒排工期，统筹做好项目、资金、人力调配，逐村逐户推进改造，按时完成了脱贫攻坚农村危房改造扫尾工程任务。2020年下半年，南方相关省份洪涝地质灾害发生后，又组织相关地区利用活动板房等方式安置受灾贫困群众，及时对灾损房屋进行安全性鉴定，支持灾损贫困群众住房恢复重建，确保建档立卡贫困户住房安全有保障。三是全面开展核验，确保让贫困人口不住危房。坚决贯彻落实习近平总书记"让贫困人口不住危房"的指示要求，同国务院扶贫办一道部署开展建档立卡贫困户住房安全有保障核验工作，组织各地依靠村"两委"、驻村第一书记和驻村工作队力量，对全国2340多万户建档立卡贫困户住房安全情况逐户进行核验，并指导各地及时妥善解决核验发现的问题。截至6月30日，核验工作全面完成。从核验结果看，有1184万户建档立卡贫困户原住房基本安全，占比50.6%；有1157万户建档立卡贫困户通过实施农村危房改造、易地扶贫搬迁、农村集体公租房等多种形式保障了住房安全，占比49.4%。核验表明，全国所有建档立卡贫困户均已实现住房安全有保障。

（三）强化易地扶贫搬迁后续扶持工作

与其他专项扶贫相比，易地扶贫搬迁更加复杂，涉及面更广，时效性更长，后续扶持工作尤为重要且紧迫。易地扶贫搬迁后续扶持工作具有很强的综合性和专业性，牵涉到产业发展、就业、基础设施建设、公共服务提升、社区治理、权益保障、社会融入等多个层面，其目标是确保搬迁群众稳得住、有就业、逐步能致富。2020年2月，国家发展改革委联合12个部门出台了《2020年易地扶贫搬迁后续扶持若干政策措施》，从完善安置区配套基础设施和公共服务设施、加强产业培育和就业帮扶、加强社区管理、保障搬迁群众合法权益、加大工作投入力度、加强统筹指导和监督检查等六个方面，提出25条具体措施，进一步细化实化了国家层面的后续扶持政策。人力资源和社会保障部、农业农村部、民政部、自然资源部等有关部门也不断完善政策举措，加大支持力度，陆续出台了后续产业发展、就业帮扶、社区治理、安置住房不动产登记等专项政策，易地扶贫搬迁后续扶持政策体系正在逐步形成。总体上看，各地区各部门认真贯彻落实党中央、国务院决策部署，以深度贫困地区和特殊困难群体为重点，围绕"稳得住"以人为本完善安置区公共设施和服务，着眼"有就业"多措并举加大搬迁群众就业帮扶力度，对标"能致富"突出特色培育发展扶贫产业。

易地扶贫搬迁安置以后，搬迁群众最关注的是生计问题，核心是通过发展生产解决就业和增收问题。

一是聚焦集中安置区特色产业发展。财政部、国务院扶贫办在分配2020年中央财政专项扶贫资金时，专门安排资金支持人口较多集中安置区后续产业发展。农业农村部结合农业产业强镇建设，引导农产品加工产能向安置区周边集聚，将有条件的安置区纳入产业园体系，推动搬迁户与带贫主体建立稳定紧密的利益联结机制。同时，基于当地的资源和发展条件，通过发展乡村特色产业来带动收入增长和脱贫致富，通过推动乡村产业融合提高第一、二产业的附加值和发展水平，让搬迁群众能够获得更多收益。文化和旅游部组织实施区域特色产业发展扶持计划，支持了"苗绣产业扶贫工坊"等一批对象为搬迁群众的扶贫项目。指导各地充分发挥资源、环境、区位等优势，整合扶贫资金，加大特色产业帮扶力度，增强搬迁群众自我"造血"能力。

二是采取有效措施盘活土地资源。国家发展改革委、国务院扶贫办等14部门联合印发《新时期易地扶贫搬迁工作百问百答》，推动各地加快承包地确权登记颁证工作，鼓励搬迁户把土地经营权依法自愿有偿流转给新型经营主体，将承包地经营权作价入股。自然资源部出台安置住房产权登记政策，有序推进旧宅基地复垦复绿。

三是克服新冠肺炎疫情影响。国务院扶贫办、财政部及时印发《关于积极应对新冠肺炎疫情影响 加强财政专项扶贫资金项目管理工作 确保全面如期完成脱贫攻坚目标任务的通知》，明确财政专项扶贫资金重点向产业项目倾斜。

四是开展就业帮扶和技能培训。人力资源和社会保障部牵头组织开展了易地扶贫搬迁就业帮扶的专项行动，以800人以上的大中型安置区为重点，依据安置地的实际情况开展就业技能培训，并对万人以上的特大型集中安置区制定了"一区一策"的帮扶方案，派驻就业帮扶工作队，开展专项帮扶，推动搬迁群众尽快实现稳定就业。

同时，统筹考虑安置点规模、周边公共服务能力、人口流向等因素，各地各部门通过新建或扩大已有设施服务范围的方式，提供托幼、教育、医疗和文体等公共服务，做到配套设施共建共享、公共服务覆盖到位。

一是完善基本公共服务。国家发展改革委在下达2020年教育卫生、农村人居环境改善等领域中央预算内投资时，对安置点配套设施建设予以倾斜支持。财政部2020年安排支持脱贫攻坚补短板综合财力补助资金时,专门安排 79.39 亿元支持包括安置区配套设施建设和基本公共服务设施建设等内容。

二是强化培训和就业。2020 年,人力资源和社会保障部、发展改革委、扶贫办等部门联合开展搬迁就业帮扶专项行动,聚焦有劳动能力和就业意愿的搬迁群众,以大型安置区为重点,全面摸排搬迁群众就业情况,推进形式多样的职业技能培训,归集适合搬迁群众的岗位定向投放,依托东西部扶贫协作、对口支援、省内结对帮扶等机制组织外出务工。

三是促进文化融入。文化和旅游部通过完善农村文化基础设施网络,实施戏曲进乡村项目,开展文化和旅游志愿服务,丰富贫困地区群众文化生活。

四是逐步完善社区治理。民政部会同八个部门出台《关于做好易地扶贫搬迁集中安置社区治理工作的指导意见》,重点对搬迁社区的治理做了安排和部署,促进搬迁群众全面融入新环境。重点开展三项工作:大力培育发展老年人协会、残疾人协会、红白理事会等社区社会组织,支持引导社会组织专业社工开展服务,组织开展新时代文明实践等活动,促进搬迁群众互动交流和情感交往;依法预防和化解安置社区各种矛盾纠纷,建立健全社会矛盾风险隐患的分析研判和预防化解机制,从源头依法化解矛盾;加强安置社区工作者队伍建设,注重把迁出地原村"两委"班子成员、年轻党员干部、致富带头人等推选为社区"两委"班子成员。共青团中央动员共青团系统参与安置社区治理,促进搬迁群众融入。

五是加强安置区党建。中央组织部指导各地采取单独建、联合建,未搬先建、边搬边建、搬后必建等方式因地制宜建立党组织,采取组织选派、公开招聘等方式,选优配强社区党组织书记。

(四)推动扶贫特色产业可持续发展

产业扶贫是"五个一批"中的首要建设任务,对于如期、高质量打赢脱贫攻坚战发挥重要作用,也是稳定脱贫的根本之策,为巩固脱贫攻坚成果提供强大支撑。为此,农业农村部、国务院扶贫办等有关部门高度重视产业扶贫工作,采取多种举措支持贫困地区因地制宜培育和发展特色产业,为保障贫困群众脱贫、巩固脱贫攻坚成果提供了有力支撑。

一是加强产业规划引领。2020年,农业农村部、国务院扶贫办印发了《关于做好2020年产业扶贫工作的意见》,重点围绕保脱贫、强产业、补短板、防风险、促巩固,突出主体培育、产销对接、科技服务、人才培养等关键环节,加强统筹协调,加大倾斜支持。贫困地区围绕促进特色产业发展、扶持新型经营主体、创新产业精准带贫机制、加强产业项目资金管理等重点环节,强化政策落实,为促进贫困农户增收、巩固脱贫攻坚成果提供有力支撑。

二是支持发展特色产业。全国累计实施产业扶贫项目100多万个,建成扶贫产业基地10万个,每个县都基本形成了2—3个特色鲜明、带贫面广、有竞争力的扶贫主导产业,有条件的贫困村都建立了"一村一品"特色产业基地,有力地推动了贫困地区扶贫产业快速发展。特别是"三区三州"等深度贫困地区,许多贫困乡村实现了特色产业"从无到有"的历史跨越,涌现出凉山花椒、怒江草果、临夏牛羊、南疆林果、藏区青稞牦牛等一批享誉全国的特色品牌。

三是培育带贫主体，健全带贫机制。国务院扶贫办会同有关部门加大支持力度，指导帮助各地发展扶贫市场主体，做大做强扶贫龙头企业。截至2020年7月底，中西部22个省（自治区、直辖市）扶持发展扶贫龙头企业2.94万个，直接吸纳83.15万贫困人口就业。推动贫困村专业合作社发展，全国90%的贫困村都有了自己的合作社，832个贫困县累计发展农民合作社68.2万家，直接带动2197.8万贫困人口增收。抓住"选、育、带"三个环节，共培育贫困村创业致富带头人41.4万人，领办的21.4万个经营主体带动406万贫困人口脱贫，成为贫困村"留得住、能战斗"的工作队。国务院扶贫办积极引导、组织和支持扶贫龙头企业、创业致富带头人与贫困户建立多种形式的利益联结机制，引导贫困户通过生产托管、技术服务、产品收购、就业带动、股份合作等多种方式有效参与到产业扶贫中，通过溢价收购、保底收益等多种形式保障贫困户利益。

四是加大金融扶贫资金投入。银保监会等有关部门出台了《关于做好2020年银行业保险业服务"三农"领域重点工作的通知》等文件，支持"三区三州"深度贫困地区各项贷款事宜，提出力争2020年各深度贫困县存贷比有较大提升，尽快达到全国平均水平。针对建档立卡贫困人口，提供"5万元以下、3年期以内、免担保免抵押、基准利率放贷、财政贴息、县建风险补偿金"的扶贫小额信贷支持。截至2020年6月底，全国累计发放扶贫小额信贷6546.3

亿元，惠及1653.5万贫困户。

五是强化产业技术服务和培训。农业农村部动员全国4400多个农业科研单位和技术部门、15000多名专家参与产业扶贫。指导832个贫困县组建4100多个产业扶贫技术专家组，在22个脱贫任务重的省（自治区、直辖市）招募特聘农技人员3000多名，指导各地建立产业发展指导员26万人，到村到户开展生产指导和技术服务。与中央组织部联合开展农村实用人才带头人和大学生村官示范培训，高素质农民培育工程向贫困地区倾斜，全年培训脱贫带头人和贫困农民37.5万人，为贫困地区发展特色产业提供人才支撑。

六是强化产销对接，发挥市场引领作用。国务院扶贫办会同有关部门开展消费扶贫行动，2020年提出了通过政府采购、扶贫协作、经营主体参与、社会组织参与四种模式，力争实现销售2000亿元扶贫产品的目标。截至2020年7月底，中西部22个省（自治区、直辖市）共认定扶贫产品7.61万个，涉及1633个县、2.48万个供应商，全年可提供的商品价值量达到8003亿元，已销售金额1027亿元。

七是丰富贫困户参与模式。各地通过订单生产、生产托管、技术服务、产品收购、就业带动、股份合作、土地流转、资产租赁等模式，把贫困户嵌入扶贫产业链条，提高贫困户参与度，让贫困户在产业链上稳得住、有收益，提升能力和素质。建档立卡数据显示，全国贫困人口中有92%参与产业扶贫，超过三分之二的贫困户得到新型经营主体带动。

六、组织消费扶贫

2020年以来,各部门坚决贯彻落实习近平总书记的指示要求,把开展消费扶贫行动作为应对疫情、灾情的有效方式,作为巩固脱贫成果、防止返贫的有力举措,作为促进贫困地区长远发展的重要抓手,坚持贫困地区群众发展生产增收脱贫与解决城市"菜篮子""米袋子""果盘子"问题相结合、政府鼓励引导与市场机制相结合、创新试点与建立长效机制相结合、消费扶贫与扶贫协作定点扶贫相结合、销售方式线上线下相结合,实现城市居民买到好东西、扶贫产品卖出好价钱、产销对接形成好机制、贫困地区培育好产业、贫困群众增收闯出好路子、社会参与有个好平台,确保扶贫产品不出现大面积的滞销卖难问题。

(一)规范认定扶贫产品

根据《国务院办公厅关于深入开展消费扶贫 助力打赢脱贫攻坚战的指导意见》,国务院扶贫办、中央网信办、教育部、农业农村部、商务部、国务院国资委、全国工商联七部门联合下发《关于开展消费扶贫行动的通知》,明确要求要规范扶贫产品认定。

4月23日,国务院扶贫办下发《关于做细做实消费扶贫行动有关事宜的通知》，对扶贫产品的认定进行了进一步细化。通知要求按照"中央统筹、省负总责、市县抓落实"的工作体制和"县认定、市审核、省复核、国务院扶贫办汇总备案并公示发布"的操作流程，规范扶贫产品认定、公示和发布。

一是认定。中西部省份具有法人资格、带贫减贫机制健全的企业、合作社等市场主体自愿向所在县级扶贫部门提出扶贫产品认定申请，并按要求提交相关证明材料。申请认定的产品应符合国家法律法规和相关规定，符合农畜牧产品质量和食品安全的相关标准，带动贫困人口数量和商品量达到一定规模。县级扶贫部门会同有关部门审核确定拟认定的扶贫产品名单，按要求公示无异议后逐级报市级扶贫部门审核、省级扶贫部门复核。扶贫产品认定对扶贫龙头企业和"万企帮万村"行动市场主体给予优先支持。

二是公示。中西部省级扶贫部门将本地区拟认定的扶贫产品名单报国务院扶贫办汇总，并在中国社会扶贫网上公示5个工作日。公示内容应包含所在省市县名、生产单位、产品名称、商品码、带贫人数、商品价值量、认定单位等。

三是发布。根据公示反馈情况，中西部省级扶贫部门对产品名单作修改完善，报国务院扶贫办备案，形成《全国扶贫产品目录》并在中国社会扶贫网公布。

四是管理。扶贫产品认定工作定期进行。已认定的扶贫产品带贫情况等如发生重大变化，申请单位应及时向原认定单位报告。对不再符合认定条件或出现问题被核实的产品，以及一年之内无实际销售量的产品，由认定县确认、省市扶贫部门核准，报国务院扶贫办,将其退出《全国扶贫产品目录》并在中国社会扶贫网公布。任何单位和个人不得以扶贫产品认定发布、数据统计、成效评价等名义收取费用,不得打着消费扶贫行动旗号推销产品和服务、谋取私利。

(二)不断丰富销售体系

为深入贯彻习近平总书记在决战决胜脱贫攻坚座谈会上关于"开展消费扶贫行动"的重要讲话精神,落实《国务院办公厅关于深入开展消费扶贫　助力打赢脱贫攻坚战的指导意见》部署要求,国家发展改革委印发《消费扶贫助力决战决胜脱贫攻坚2020年行动方案》,联合中央宣传部、农业农村部、商务部、文化和旅游部、国务院扶贫办、中央军委政治工作部以及全国总工会、共青团中央、全国妇联、全国工商联等27个部门和单位开展30项具体行动,持续释放消费扶贫政策红利,助力决战决胜脱贫攻坚。

《消费扶贫助力决战决胜脱贫攻坚2020年行动方案》要求各部门、各单位要整合资源形成合力,共同打通在消费、流通、生产各环节制约消费扶贫的痛点、难点和堵点,积极开展产销对接,切实解决贫困地区农畜产品滞销问题,多渠道促进贫困地区旅游服务消费,最大程度化解新冠肺炎疫情对贫困地区农产品销售和贫困群众增收带来的不利影响。在扩大消费规模方面,将广泛动员党政机关、统一战线、国有企事业单位、军队、工青妇等群团组织、行业协会商会、民营企业等各方力量,积极购买贫困地区农产品,参与消费扶贫;在打通流通"瓶颈"方面,将加强贫困地区网络基础设施、仓储保鲜冷链物流设施、电子商务和快递物流网点建设,支持贫困地区参加各类产销对接活动;在提升贫困地区产品和服务质量方面,将通过支持贫困地区建立生产基地、开展标准化生产、推广先进适用技术、实施文化旅游提升工程、加强东西部劳务协作精准对接等,确保贫困地区产品和服务供给质量。《消费扶贫助力决战决胜脱贫攻坚2020年行动方案》要求加大消费扶贫工作部门协同力度,加强新冠肺炎疫情对贫困地区农产品销售和旅游产业影响的跟踪监测,将消费扶贫纳入各部门、各单位年度脱贫攻坚工作计划,作为考核中央单位定点扶贫、东西部扶贫协作的重要内容,组织各级各类媒体加大消费扶贫宣传推介,推动各项政策举措和重点任务落到实处。

商务部、国务院扶贫办联合发布《关于切实做好扶贫农畜牧产品滞销应对工作的通知》,要求抓紧建立农产品滞销应对机制,巩固产销合作机制。鼓励大型农产品批发市场建立滞销农畜牧产品(包括扶贫产品)"绿色通道",推动大型连锁超市设立滞销农畜牧产品(包括扶贫产品)销售专档、专区、专柜,简化采购程序,降低准入门槛。鼓励扩大生产基地直采规模,发展产供直销,采取订单帮扶模式开展定向帮扶。引导滞销农畜牧产品产区所在地、市、州及省内其他城市农贸市场、菜市场等零售终端设立直销专区,允许农民免费进场销售滞销农畜牧产品。鼓励开展农社合作,引导生产扶贫产品的农民专业合作社运输车辆进入社区直接销售;举办产销对接活动。举办对接会、洽谈会、展示会、采购会等各类产销对接活动,推广扶贫产品,重点组织国家级贫困县参与活动,为带贫企业和农民专业合作社做好服务。积极向贫困户提供农资、农技、金融、品牌营销等专业跟踪服务，推动带贫生产经营主体与了解市场需求的采购商建立长期联系；开展电商助农行动。引导电商企业开通滞销地区农产品线上销售绿色通道，提供账号、流量等支持。动员社交电商、社区团购、小视频等新型电商平台，通过专区专栏、直播带货、专题活动等形式销售湖北特色农产品、贫困地区扶贫产品、滞销农畜牧产品。支持贫困户和农民专业合作社开办网上商店，与农民专业合作社、扶贫产品生产企业、种养大户建立直采直供关系。鼓励电商平台培训帮扶贫困地区商户，减免流量费用，提供协助运营、店铺诊断、广告投放等服务。

在上述政策的推动下，积极推进预算单位采购、扶贫产品交易市场、企业和社会组织帮助销售等模式，拓展扶贫产品销售渠道。线上线下市场主体、企业，参与消费扶贫行动销售扶贫产品的方式主要有设立消费扶贫专区、消费扶贫专馆和消费扶贫专柜三种类型。在推动消费扶贫的过程中，强化横向协作和纵向联动，搭建不同层次的滞销扶贫农畜牧产品对接平台，推动学校、医院、机关食堂和交易市场从贫困地区直接采购农畜牧产品。促进交通、供销、邮政及电商、快递资源共享衔接，鼓励多站合一、服务同网。贫困地区商务主管部门做好生产调度和货源组织。有东西部扶贫协作和对口支援任务的省级商务主管部门定向定点承包贫困地区农畜牧产品销售，把扶贫产品采购与机关工会福利挂钩，扩大采购规模。

消费扶贫一头连着贫困地区和贫困群众，一头连着发达地区广阔市场，是脱贫攻坚的重要创新举措。2020年初以来，各地不断创新消费扶贫模式,通过"以购代捐""以买代帮"等途径让更多农村土特产品实现"出山",丰富着城市百姓的"菜篮子"和"米袋子",为打赢脱贫攻坚战注入动能。9月1日,首届全国消费扶贫月活动在北京拉开帷幕,活动以促进优质特色扶贫产品销售、保障城市"米袋子""菜篮子""果盘子"有效供给、构建社会扶贫长效机制为目标,以社会扶贫网为信息服务平台,将采取政府引导与社会参与相结合、政策支持与市场运作相结合、线上平台与线下渠道相结合、集中发动与持续推动相结合等方式,统筹各方面资源购买和帮助销售扶贫产品,拉动贫困地区扶贫产品消费,持续巩固脱贫攻坚成果。

2020年全国消费扶贫月活动主要包括消费扶贫专柜专项推进活动、消费扶贫专馆专项推进活动、消费扶贫专区专项推进活动、"扶贫832"销售平台专项推进活动和中国农民丰收节金秋消费季活动5个专项活动。通过系列专项活动,组织动员各方面资源购买和帮助销售扶贫产品,推动扶贫产业融入全国大市场,引导贫困群众通过劳动稳定增收。

截至8月31日,中西部22个省(自治区、直辖市)共认定94696个扶贫产品,涉及1740个县和29642个供应商,全年可提供商品价值总量9418.06亿元。2020年消费扶贫3300亿元(截止到2020年10月底)。东部9省市消费扶贫金额已达319.99亿元。

(三)积极搭建服务平台

一是搭建消费扶贫基础设施与技术支持系统。中央网信办会同相关部门深入贯彻落实习近平总书记重要指示批示精神，制定《网络扶贫行动计划》，并每年根据党中央关于脱贫攻坚的决策部署，提出有针对性的网络扶贫工作要点，确保网络扶贫取得实质性进展和明显成效。2016 年以来，中央网信办会同相关部门加强政策协同，整体推进网络覆盖、农村电商、信息服务、网络扶智、网络公益等五大工程。各部门出台相关政策措施超过 30 项，打出一套组合拳，形成网络扶贫政策体系。建立了 21 个部门和单位参加的网络扶贫行动部际协调工作机制，加强统筹协调、部门协同和上下联动，汇聚政策、资源和项目，推进网络扶贫行动向纵深发展。网络覆盖方面，实施六批电信普遍服务试点，打通贫困地区通信"最后一公里"。农村电商方面，支持贫困地区发展"互联网+"新业态新模式，增强贫困地区的"造血"功能。网络扶智方面，加快学校联网、推广在线教育，持续激发贫困群众自我发展的内生动力。信息服务方面，推动"互联网+医疗健康"，助力解决因病致贫、因病返贫问题。网络公益方面，积极引导网信企业、网络社会组织参与网络扶贫。在这些政策的推动下，网络扶贫取得了丰硕成果，贫困地区网络覆盖目标提前超额完成，贫困村通光纤比例由实施电信普遍服务之前 2015 年的 62% 提高到 2020 年的 98% 以上；电子商务进农村实现对 832 个贫困县全覆盖，全国农村网络零售额由 2014 年的 1800 亿元，增长到 2019 年的 1.7 万亿元，规模扩大了 8.4 倍；网络扶智工程成效明显，全国中小学（含教学点）互联网接入率从 2016 年底的 79.2% 上升到 2020 年 8 月的 98.7%；网络扶贫信息服务体系基本建立，远程医疗实现国家级贫困县县级医院全覆盖，全国行政村基础金融服务覆盖率达 99.2%；网络公益扶贫惠及更多贫困群众，一批有社会责任感的网信企业和广大网民借助互联网将爱心传递给贫困群众。这为实施消费扶贫提供了基础设施和技术支持，网络公益氛围的营造推动了消费扶贫的纵深发展。

二是搭建信息发布平台。国务院扶贫办依托中国社会扶贫网开发建设消费扶贫第四方平台，扶贫产品生产者、销售者、购买者提供信息发布、数据统计等服务。国务院扶贫办通过中国社会扶贫网定期公示中西部省份拟认定的扶贫产品名单，发布《全国扶贫产品目录》及其动态调整情况，展示消费扶贫行动定期调度情况和扶贫产品销售情况。截止到 2020 年 12 月 31 日，中国社会扶贫网消费扶贫第四方平台已经发布第十批《全国扶贫产品目录》，涉及 2674 个县，53871 家生产单位，176650 款产品，商品价值总额达 13238 亿元。

三是搭建服务监测平台。国务院扶贫办依托中国社会扶贫网，为符合条件的扶贫产品生产经营主体提供消费扶贫工作编码等相关服务，与消费扶贫行动创新试点企业开展扶贫产品销售数据直连直报、动态监测。

七、强化脱贫攻坚考核验收

考核验收是检验脱贫攻坚工作质量的关键环节。在全面建成社会、决战决胜脱贫攻坚之年,国家进一步强化脱贫攻坚考核验收工作。2020年3月6日,在决战决胜脱贫攻坚座谈会上的讲话中,习近平总书记明确指出,要"严格考核开展普查"。一方面,国家通过组织常规化的贫困县退出抽查和脱贫攻坚成效考核,实施最严格的考核评估,确保脱贫过程扎实、脱贫结果真实。另一方面,2020年4月8日,国务院办公厅还发印发了《关于开展国家脱贫攻坚普查的通知》,由国家脱贫攻坚普查领导小组负责组织和实施脱贫攻坚普查,重点围绕脱贫结果的真实性和准确性,全面系统了解贫困人口脱贫的现实情况,为分析研判脱贫攻坚成效、总结发布脱贫攻坚成果乃至党中央适时宣布打赢脱贫攻坚战、全面建成小康社会提供基础性统计数据支撑。总体而言,2020年国家通过组织贫困县退出抽查、严格实施脱贫攻坚成效考核以及开展脱贫攻坚普查强化了脱贫攻坚考核验收工作,确保脱贫攻坚质量经得起实践与历史检验。

(一)组织贫困县退出抽查

2020年,根据《中共中央 国务院关于打赢脱贫攻坚战三年行动的指导意见》，中共中央办公厅、国务院办公厅《关于建立贫困退出机制的意见》和《脱贫攻坚督查巡查工作办法》，国务院扶贫开发领导小组委托第三方机构，对中西部22个省（自治区、直辖市）2019年摘帽的344个贫困县退出情况进行抽查，共抽查70个县。经过招投标，确定12家第三方评估机构具体实施抽查，每个省至少抽查1个县，优先抽查国家考核评估近几年没有抽查过的县，重点抽查贫困程度深、贫困规模大的深度贫困县。县均调查规模约1000户，其中建档立卡户占70%左右，非建档立卡户占30%左右，总调查规模为7万户。

2019年退出的贫困县抽查工作于2020年5月下旬启动。根据新冠肺炎疫情防控形势和防控要求，分批次开展实地评估。7月中旬，提交分省贫困县退出抽查报告及抽查县第三方评估报告。结合2019年退出的贫困县数量和区域分布，按照20%比例确定抽查贫困县数量和县均抽查户数。

2020年12月，国务院扶贫开发领导小组委托第三方机构对2020年退出的52个贫困县进行抽查，与脱贫攻坚成效考核同时进行。

贫困县退出主要抽查退出程序的规范性、标准的准确性和结果的真实性三个方面内容。在退出程序规范性方面，第三方机构主要通过查阅材料、座谈访谈等方式，检查各省（自治区、直辖市）贫困县摘帽履行县级申请、市级初审、省级专项评估检查、公示公告、审定批准退出等退出程序情况，分析研判贫困县退出工作的合规性、完整性；在退出标准的准确性方面，第三方机构主要通过查阅省级贫困退出实施办法或实施细则、贫困县退出专项评估检查工作方案等，分析研判贫困县、贫困村、贫困人口脱贫退出验收指标和标准的准确性、合理性，重点检查是否存在超出脱贫摘帽和"两不愁三保障"及饮水安全范围的内容指标，是否存在拔高标准或降低标准的情况；在退出结果的真实性方面，第三方机构主要通过实地评估，核查抽样县脱贫摘帽情况，综合研判贫困县退出的真实性、有效性。

在抽查工作开展过程中，贫困县退出抽查工作主要包括了材料分析、问卷抽检、入户调查和座谈访谈四种方式方法。第一，材料分析。查阅省级贫困退出实施办法、贫困县退出专项评估检查工作方案及评估检查报告等，分析贫困县、贫困村和贫困人口退出的标准准确性、程序规范性，以及评估检查工作的方案合理性、抽样科学性、样本代表性等。

第二，问卷抽检。通过统一的考核评估系统，按照1%的比例对各省评估检查调查问卷及录音等进行抽检，检查问卷完成质量和调查工作质量等。

第三，入户调查。结合数据核查和建档立卡数据情况，进村入户开展实地调查。一是结合问卷质量情况，从省级评估检查调查问卷中抽选一定比例调查户进行实地复核。二是结合建档立卡数据，由第三方评估机构从条件比较差、基础较为薄弱的偏远地区另行抽选一定比例调查户开展实地调查，验证省级评估检查结果的真实性、准确性。

第四，座谈访谈。召开县、乡、村三级干部座谈会，了解省级专项评估检查工作组织开展情况、信访舆情反映问题查实情况、脱贫攻坚成效及成果巩固提升安排等，调查当地干部群众对贫困县脱贫摘帽的认可度，发现影响"两不愁三保障"稳定实现、贫困退出可持续的主要问题，基础设施、基本公共服务方面存在的突出短板和薄弱环节以及脱贫攻坚和脱贫摘帽的认可度。在此基础上，测算综合贫困发生率，查找影响脱贫质量、脱贫成果可持续的问题和不足。撰写提交分省抽查报告及报告摘要，对调查数据质量和评估结果的真实性、可靠性负责。

国务院扶贫开发领导小组还建立了评估回避、选拔培训、清单管理、问题核实以及责任追究五项工作机制，用来保障抽查工作质量。第一，评估回避机制。建立"三随机三回避"机制，随机抽查县、村、户，第三方评估机构回避其所在省份的抽查任务，评估专家回避其工作单位所在省份的抽查任务，承担过省级评估检查任务的回避国家对该省的抽查任务。

第二，选拔培训机制。第三方评估主要负责人和关键人员必须熟悉脱贫攻坚政策，了解农村情况，参加过脱贫攻坚考核评估工作。实行考试考核上岗制，对所抽查人员分层分批开展贫困县退出抽查工作业务培训，培训后进行考试，合格者方可参加抽查工作。考虑新冠肺炎疫情影响，为减少人员聚集，在保证工作质量的前提下，评估工作会议及评估人员培训考试等环节可采取网络方式进行。

第三，清单管理机制。制定第三方评估负面清单，明确第三方机构开展抽查和地方接受抽查禁止事项，严肃抽查纪律，切实减轻基层负担，强化执纪问责，确保抽查工作廉洁规范。

第四，问题核实机制。在确保第三方独立性、公正性的前提下，对抽查发现的问题，及时与地方沟通、反馈。地方有异议的，允许进行解释说明、提供证明材料。第三方评估机构按程序复查或实地复核。

第五，责任追究机制。评估过程中，对违反中央八项规定精神、廉洁纪律、评估纪律、工作纪律的，对工作不尽责、违反评估标准规范等造成重大错误的，对增加基层负担、弄虚作假、徇私舞弊，搞形式主义、干扰考核评估并造成严重后果的，依纪依规严肃追究相关人员责任。

（二）严格脱贫攻坚成效考核

自2016年《省级党委和政府扶贫开发工作成效考核办法》实施以来，脱贫攻坚成效考核成为一项常规化年度考核工作，由国务院扶贫开发领导小组统一领导组织实施。2020年，国务院扶贫开发领导小组实施的脱贫攻坚成效考核包括2019年和2020年脱贫攻坚成效考核，年初进行的是2019年脱贫攻坚成效考核，已经于2020年2月底前完成；年末启动了2020年脱贫攻坚成效考核。

2020年，在国务院扶贫办、中央组织部的牵头下，组建了由中央农办、国家发展改革委员会等21个扶贫领导小组成员单位构成的考核工作组，并且安排扶贫领导小组司局级联络员担任成员。脱贫攻坚考核工作组的主要职责包括制定考核工作方案、组织实施实地考核、收集汇总考核数据、综合分析考核材料以及向扶贫领导小组报告综合评价情况等方面，其日常工作由国务院扶贫办承担。

脱贫攻坚成效考核对象范围包括：一是向中央、国务院签订脱贫攻坚责任书的中西部22个省、自治区、直辖市省级党委和政府；二是承担东西部扶贫协作任务的东部9个省市和13个城市，以及中西部14个省区市和20个市州；三是承担定点扶贫任务的288家中央单位。承担定点扶贫任务的军队单位由中央军委政治工作部根据实际情况独立进行检查评价。

脱贫攻坚成效考核内容主要包括：省级党委和政府扶贫开发工作成效；东西部扶贫协作工作成效；中央单位定点扶贫工作成效。

第一，省级党委和政府扶贫开发工作成效。主要考核减贫成效、精准识别、精准帮扶和扶贫资金4项内容。其中，减贫成效考核建档立卡贫困人口减少计划完成情况，贫困县退出计划完成情况和贫困地区农村居民人均支配收入增长率三个定量指标；精准识别考核贫困人口错退率、漏评率和脱贫人口返贫情况（重点关注因脱贫质量不高、帮扶工作不实导致的返贫）；精准帮扶考核因村因户帮扶工作群众满意度和脱贫攻坚责任落实、政策落实和工作落实情况；扶贫资金主要考核资金使用管理成效，数据来源为财政专项扶贫资金绩效评价、省际交叉考核和平时工作情况等。

第二，东西部扶贫协作工作成效考核。主要评价协作双方完成东西部扶贫协作协议和创新工作情况。一方面考核扶贫协作协议完成情况。针对东部地区，主要考核组织领导、人才支援、资金支持、产业合作、劳务协作和携手奔小康行动；针对中西部地区，主要考核组织领导、人才交流、资金使用、产业合作、劳务协作和携手奔小康行动。另一方面考核创新工作情况。主要考核：一是人才支援、资金支持（使用）、产业合作、劳务协作和携手奔小康行动向深度贫困地区倾斜支持等情况；二是帮助贫困地区解决"两不愁三保障"突出问题情况；三是城乡建设用地增减挂钩节余指标跨省域调剂任务完成情况；四是帮助贫困残疾人脱贫情况；五是在人才支援、产业合作、劳务协作、动员社会力量参与等方面的创新工作情况。

第三，中央单位定点扶贫工作成效考核。主要评价中央单位定点扶贫责任书完成情况和工作创新情况。数据由被评价单位提供，牵头部门进行核实。一方面考核责任书完成情况。主要包括组织领导、选派干部、督促指导、资金投入、干部人才培训和消费扶贫六项内容。另一方面考核工作创新情况。主要评价发挥单位优势、开展精准帮扶、创新帮扶方式、帮助解决"两不愁三保障"突出问题、总结宣传经验典型、动员社会力量参与等方面的突出亮点。

脱贫攻坚成效考核主要采取自评总结、年终考核和平时工作情况相结合的方式进行，按照"三个结合"，即年度集中考核与平时掌握情况相结合、实地考核与部门提供情况数据相结合、定量分析与定性评价相结合，对各省区市各单位年度脱贫攻坚工作进行综合评价。

首先，自评总结。主要由中西部22省（自治区、直辖市）、东西部扶贫协作省区市和288家中央单位对其负责脱贫攻坚工作任务完成情况向国务院扶贫开发领导小组进行自我评价总结汇报。

其次，年终考核。年终考核方式主要是省际交叉考核、第三方评估、媒体暗访、财政专项扶贫资金绩效评价和中央单位定点扶贫工作成效分类评价。其中，省际党委和政府扶贫开发工作成效、东西部扶贫协作成效以实地考核为主。中央单位定点扶贫工作成效不到地方开展实地考核。

再次，平时工作情况。主要通过协调有关部门结合工作职责，提供对各地2019年度和2020年度脱贫攻坚工作进展调度、统计监测和监督检查情况，包括巡视发现问题整改落实情况，考核发现问题整改情况，部门统计监测和工作调度情况和扶贫监督暗访信访情况。

最后，综合分析评价。主要由考核评估组结合自评总结、年终考核、平时工作情况与扶贫信息系统历年建档立卡数据分析结果，运用巡视"回头看"成果，对省级党委和政府扶贫开发工作成效、东西部扶贫协作成效、中央单位定点扶贫工作成效进行综合分析，提出评价意见。

脱贫攻坚成效考核实施包括考核准备、审阅报告、实地考核、收集数据、综合评价、结果审定、考核反馈以及整改落实八个环节。考核准备包括制定考核工作方案、组建考核工作组、部署考核各项工作、开展政策业务培训等；审阅报告主要是考核评估组审阅考核对象提交的自评报告；实地考核主要是省际交叉考核、第三方评估、媒体暗访、财政专项扶贫资金绩效评价等实地考核，同时开展中央单位定点扶贫工作成效分类评价；收集数据主要是有关单位按照方案部署提供巡视整改情况、考核发现问题整改情况、部门统计监测和工作调度情况以及扶贫监督暗访信访情况；在上述工作基础上，考核工作组结合自评总结、年终考核、平时工作情况和大数据分析结果，开展综合分析，形成评价意见；结果审定是综合评价意见由国务院扶贫办汇总形成考核情况报告，然后逐级提请扶贫领导小组、中央政治局常委会会议、中央政治局会议审议；考核反馈主要是报党中央、国务院审定同意后，通报考核结果，部署整改落实。国务院扶贫办向各省区市，中央单位定点扶贫牵头部门向各单位反馈考核发现问题；在考核反馈的基础之上，各省区市各单位结合考核发现的问题进行整改，并将整改的情况向党中央、国务院报告。

考核情况经考核工作组综合分析评价，由国务院扶贫办汇总形成年度脱贫攻坚成效考核总报告，与中央巡视办沟通对接后，提请扶贫领导小组审议。考核结果和巡视"回头看"综合情况同时向中央汇报。考核结果分为综合评价好、综合评价较好、综合评价一般、综合评价较差四个等次。

脱贫攻坚成效考核后，经党中央、国务院批准，对综合评价好的省区和市州给予表扬，并对省级党委和政府扶贫开发工作成效综合评价好的中西部省区市在下一年度中央财政专项扶贫资金分配上给予奖励。对考核发现问题多、问题突出的，报经中央、国务院同意后，由扶贫领导小组对省级党政主要负责同志或分管负责同志进行约谈，定点扶贫牵头部门对中央单位负责同志进行约谈。省级党委和政府扶贫开发工作成效、东西部扶贫协作成效考核中发现问题由国务院扶贫办一对一反馈各省区市，与巡视"回头看"发现问题一并整改。中央单位定点扶贫工作成效评价中发现问题由各牵头部门一对一反馈各单位,并督促整改。考核评价结果送中央组织部,作为对各地主要负责同志和领导班子综合评价的重要依据。

(三)开展脱贫攻坚普查

脱贫攻坚普查是新中国成立以来首次为解决贫困问题而进行的大型专项普查。2020年,按照党中央、国务院决策部署,在相关地区、部门和各级普查机构的通力协作下,经过普查人员的辛勤付出和普查对象的响应配合,国家脱贫攻坚普查如期完成方案设计、清查摸底、现场登记、事后质量抽查以及数据汇总等各项任务。

早在2018年6月,中共中央、国务院颁布实施的《关于打赢脱贫攻坚战三年行动的指导意见》就对脱贫攻坚普查进行部署安排,即要求夯实精准扶贫精准脱贫基础性工作,开展国家脱贫攻坚普查,定于2020年至2021年初对脱贫摘帽县进行一次普查,全面了解贫困人口脱贫实现情况。普查工作重点围绕脱贫结果的真实性和准确性,调查贫困人口"两不愁三保障"实现情况、获得帮扶情况、贫困人口参与脱贫攻坚项目情况等。

2019年10月7日,国务院成立了国家脱贫攻坚普查领导小组,主要负责国家脱贫攻坚普查组织和实施,协调解决普查中的重大问题。脱贫攻坚普查领导小组由18个部门组成,领导小组办公室设在国家统计局,承担领导小组的日常工作,研究提出需要领导小组决策的建议方案,督促落实领导小组议定事项,加强与有关地区和部门的沟通协调,承办领导小组交办的其他事项。同时,有普查任务的乡镇和县级以上各级人民政府均成立了普查机构,构建了从中央到地方的普查组织行动体系。

2020年3月,习近平总书记在决战决胜脱贫攻坚座谈会上的讲话指出,"从下半年开始,国家要组织开展脱贫攻坚普查,对各地脱贫攻坚成效进行全面检验。这是一件大事。要为党中央适时宣布打赢脱贫攻坚战、全面建成小康社会提供数据支撑,确保经得起历史和人民检验"。之后,在国家脱贫攻坚普查领导小组第一次会议上,中共中央政治局常委、国家脱贫攻坚普查领导小组组长胡春华同志强调,"要深入贯彻习近平总书记重要指示精神,按照党中央、国务院决策部署,扎实开展各项准备工作,做好脱贫攻坚普查这件大事"。2020年6月,经国务院同意,国务院办公厅发布了《关于开展国家脱贫攻坚普查的通知》,对脱贫攻坚普查的目的和意义,范围和对象,内容和标准时点,组织和实施,经费保障以及工作要求等方面进行了更为明确的部署和要求。

国家统计局具体负责脱贫攻坚普查的组织和实施。国务院扶贫办、各成员单位按照职能分工,各负其责、通力协作、密切配合。中西部22个省(自治区、直辖市)普查领导小组及其办公室加强领导、精心组织,及时解决普查工作中遇到的困难和问题,地方有关部门积极配合做好普查工作。地方普查机构根据工作需要,选调符合条件的普查指导员和普查员。保证选调人员在原单位的工资、福利及其他待遇不变,稳定普查工作队伍,确保普查工作顺利进行。

脱贫攻坚普查按照"本地回避、互补交叉"的原则,选调21万多名熟悉扶贫政策和农村实际的基层干部担任普查员,跨县异地派驻普查员，组建了939支派驻普查工作组。在此基础上，确定严格的培训标准和要求，分级分类设置培训课程，组织全面而系统的业务培训，并进行线上考试，将普查人员考试合格作为上岗的前提条件。为杜绝人为干扰普查工作现象，普查员入户调查使用移动智能终端设备，逐一访问普查户，实地查看家庭相关情况和相关材料，现场审核并上传源头数据，直接从基层到国家平台。

脱贫攻坚普查现场登记工作分两批进行，对脱贫攻坚工作成效进行全面检验。第一批是2020年7月到8月，主要对2019年及以前脱贫摘帽的780个国家贫困县，还有享受片区政策的新疆阿克苏的7个市县，还有抽样抽中的100个非国家贫困县开展普查。第二批普查登记于2020年12月至2021年1月开展，普查对象是在2020年摘帽的52个国家贫困县。在两批次普查过程中，22省（自治区、直辖市）21万名基层普查人员克服新冠肺炎疫情、洪涝灾害、低温冰雪天气等不利因素影响，对939个普查县，19万普查行政村和1563万建档立卡户逐一实地完成数据采集报送。

国家脱贫普查办公室制定了《国家脱贫攻坚普查全面质量管理办法》等规范性文件，对普查数据质量进行全程控制。依据《中华人民共和国统计法》和国家脱贫攻坚普查方案，各级普查机构和普查人员严格履行独立调查、独立报告职责，依法保护普查对象资料。在普查过程中，脱贫攻坚普查办公室注重从源头上监管数据质量，对普查数据采集、上报进行实时监控，强化现场核查和业务指导，组建了318支督导组对基层普查机构和人员依法依规开展普查情况进行现场督导，实行联动审核，第一时间消除差错。同时，采取事后质量抽查的方式，检验各地普查工作的规范性和普查数据质量。抽查结果显示，普查数据填报综合差错率为0.06%，数据质量符合要求。

通过普查，国家全面掌握了国家贫困县建档立卡户"两不愁三保障"和饮水安全有保障实现情况，享受帮扶政策情况，以及基础设施和公共服务情况。通过抽样调查，摸清了中西部22省（自治区、直辖市）非国家贫困县建档立卡户"两不愁三保障"和饮水安全有保障实现情况。

八、开展脱贫攻坚总结宣传

在决战决胜脱贫攻坚阶段,对脱贫攻坚工作开展全面、系统、深入的总结宣传,意义重大。这既是打赢脱贫攻坚战的内在要求,也是客观评价脱贫攻坚成果、总结脱贫攻坚经验的需要,还是实现巩固拓展脱贫攻坚成果同乡村振兴有效衔接的需要。因此,应坚持全面性、典型性、客观性,对根本性变化、标志性变化、趋势性变化、主要指标和重要数据、典型案例、脱贫攻坚精神等进行全面总结和宣传。2020年,中共中央宣传部、国务院扶贫办等部门扎实做好脱贫攻坚总结宣传工作,全面展现新时代脱贫攻坚伟大实践,广泛宣传扶贫事业历史性成就,深刻揭示脱贫攻坚经验和启示,挖掘弘扬脱贫攻坚精神,向世界讲好脱贫攻坚"中国故事"。

(一)组织脱贫攻坚总结

2017年以来,习近平总书记多次就脱贫攻坚总结工作作出重要批示指示。2017年6月,习近平总书记在深度贫困地区脱贫攻坚座谈会上指示:要及时总结,树立一批立得住、叫得响、推得开的先进典型;改革开放近40年来,我们实现了大规模减贫,也创造了集中连片深度贫困地区、贫困县、贫困村脱贫的成功经验;扶贫工作中好的经验、做法要及时总结推广。2020年3月，习近平总书记在决战决胜脱贫攻坚座谈会上提出，脱贫攻坚不仅要做得好，而且要讲得好。

开展脱贫攻坚总结是党中央的部署要求。2015年11月，《中共中央 国务院关于打赢脱贫攻坚战的决定》要求，深刻领会习近平总书记关于新时期扶贫开发的重要战略思想，系统总结我们党和政府领导亿万人民摆脱贫困的历史经验，提炼升华精准扶贫实践成果，不断丰富完善中国特色扶贫开发理论，为脱贫攻坚注入强大思想动力。2018年6月，《中共中央 国务院关于打赢脱贫攻坚战三年行动的指导意见》要求，适时对脱贫攻坚精神进行总结。2020年2月，《中共中央 国务院关于抓好"三农"领域重点工作 确保如期实现全面小康的意见》明确，全面展现新时代扶贫脱贫壮阔实践，全面宣传扶贫事业历史性成就，深刻揭示脱贫攻坚伟大成就背后的制度优势，向世界讲好中国减贫生动故事。

脱贫攻坚取得的伟大成就、积累的成功经验、形成的伟大精神，是中国共产党的宝贵财富，需要进行认真总结并传承下去，为巩固拓展脱贫攻坚成果并实现同乡村振兴有效衔接提供借鉴，为激励全国各族人民建设社会主义现代化强国、实现中华民族伟大复兴中国梦凝聚力量，为全球减贫事业贡献中国智慧和中国方案。根据国务院扶贫开发领导小组对总结工作的部署，2020年先在国家层面开展总结，为党中央宣布打赢脱贫攻坚战做好准备，为各地区在打赢脱贫攻坚战后开展总结提供指导。国务院扶贫办已经研究制定了总结方案，37个中央单位已着手开展工作。地方层面的总结还在进行前期准备，待到全面打赢脱贫攻坚战后，还要进行安排部署。

脱贫攻坚总结的重点主要有以下六个方面：一是根本性变化。主要是历史性的根本变化。比如，困扰中华民族千百年的绝对贫困问题彻底消除，"两不愁三保障"问题彻底解决等。二是标志性变化。主要是改善基础设施和公共服务方面具有历史性标志的变化。比如，饮用苦咸水问题历史性解决，南疆肺结核、西藏等地包虫病基本消除，北方荒漠化、西南石漠化等生态改善等。三是趋势性变化。比如，深度贫困地区基础设施的变化，扶贫产业的发展，贫困人口思想观念、内生动力的变化，基层治理能力的提升，党在基层执政基础巩固等。四是主要指标和重要数据。贫困人口数量减少、收入增加，贫困地区生产生活条件改善等。五是典型案例。包括脱贫攻坚先进典型和先进事迹，具有重大创新性的工作案例，具有特殊意义的县乡村案例等。六是脱贫攻坚精神。这是"中国精神"谱系中浓墨重彩的一笔，至少包括：一心为民、精准科学、攻坚克难、自强不息、社会动员、全面小康等基本内涵。

在国家层面，主要形成以下成果：一是综合性成果，主要是全国脱贫攻坚总结报告。二是历程性总结的成果，包括中国脱贫攻坚大事记、中国脱贫攻坚白皮书等。三是一批脱贫攻坚案例，包括部门案例、地方案例、典型案例、先进人物和典型故事等。

（二）挖掘脱贫攻坚精神

在以习近平同志为核心的党中央坚强领导下，全国各族人民精诚团结、共同奋斗，为决战脱贫攻坚决胜全面建成小康社会打下坚实基础，困扰中华民族几千年的绝对贫困问题即将历史性地得到解决，谱写了人类减贫史上的辉煌篇章。深刻认识、系统总结脱贫攻坚中蕴含的精神，做好精神的传承和发扬，对今后贫困治理和乡村振兴都具有重要意义。《中共中央 国务院关于打赢脱贫攻坚战三年行动的指导意见》明确，适时对脱贫攻坚精神进行总结。2020年3月6日，习近平总书记在决战决胜脱贫攻坚座谈会上的讲话中强调，脱贫攻坚不仅要做得好，而且要讲得好。要重点宣传党中央关于脱贫攻坚的决策部署，宣传各地区各部门统筹推进疫情防控和脱贫攻坚工作的新举措好办法，宣传基层扶贫干部的典型事迹和贫困地区人民群众艰苦奋斗的感人故事。

为进一步总结宣传弘扬脱贫攻坚精神，2020年重点做了以下几项工作：一是认真总结脱贫攻坚精神。根据工作安排，中央宣传部牵头，国务院扶贫办配合，做好脱贫攻坚精神的总结工作，概括提炼脱贫攻坚精神的主要内涵、具体内容和典型案例，丰富中华民族精神宝库。二是广泛宣传脱贫攻坚精神。通过组织开展新闻报道、主题宣讲等方式，深入宣传脱贫攻坚精神的主要内容和精神实质，推动全社会自觉践行脱贫攻坚精神。三是大力弘扬脱贫攻坚精神。通过评选表彰等方式，深入挖掘代表脱贫攻坚精神的典型案例，发挥典型示范引领作用，大力弘扬脱贫攻坚精神力量。

脱贫攻坚战打响以来，各地在总结提炼脱贫攻坚精神上作了有益的探索和实践，形成了云南"西畴精神"、山西"右玉精神"、广西"田东脱贫攻坚精神"等，为总结提炼国家层面的脱贫攻坚精神提供了重要参考。2020年以来，中央农办借助中央农办、农业农村部乡村振兴专家咨询委员会等平台安排课题，梳理各地实践探索经验，对总结脱贫攻坚伟大成就、提炼脱贫攻坚伟大精神开展深入研究，及时向中央报送。同时，按照2020年中央一号文件安排部署，开展了"听党话、感党恩、跟党走"宣讲活动，注重从农村基层一线工作者、"三农"战线杰出代表、贫困村干部群众、新型农业经营主体、返乡创业农民工等群体中选拔宣讲员，深入农村社区、田间地头，用通俗易懂的语言和喜闻乐见的形式，讲述亲身经历的农业农村的发展变化和切身体验的获得感和幸福感，让亿万农民真切体会到党的深切关怀，以及党的强农惠农富农政策带来的实实在在的好处，从而以"春风化雨"的方式促进脱贫攻坚精神的传递和发扬。

（三）加强脱贫攻坚宣传

2020年，脱贫攻坚宣传工作以习近平总书记关于决战决胜脱贫攻坚的系列新指示为指引，紧扣决战决胜主题，把握全面收官特征，坚持正面宣传，生动讲好我国扶贫脱贫故事，充分发挥先进典型的示范引领作用，为决战决胜脱贫攻坚和全面建成小康社会提供重要舆论支持和强大精神动力。工作重点主要是：深入宣传习近平扶贫重要论述，强化脱贫攻坚新闻报道，组织重点宣传活动，扎实做好全国脱贫攻坚奖评选表彰工作，精心组织扶贫日系列活动；强化责任落实、强化宣传合力、强化守正创新，全面展示脱贫攻坚伟大成就，汇聚正能量、提振精气神，为如期全面打赢脱贫攻坚战提供坚强思想保证。

一是宣传脱贫攻坚经验和做法。为深入宣讲脱贫攻坚政策措施，宣传各地各部门开展脱贫攻坚工作的典型经验和做法，讲好脱贫攻坚感人故事，展示脱贫攻坚取得的成绩，国务院扶贫办于2020年5月15日推出脱贫攻坚网络展。该展览包括前言、综述、组织实施、地方实践、先进典型、结语六部分，在国务院扶贫办官方网站首页设置网页版入口，在"国务院扶贫办"微信公众号页面设置手机版入口。

二是宣传习近平总书记的扶贫故事。国务院扶贫办协调中央主要媒体重点宣传习近平总书记历年来发表的新年贺词、召开的脱贫攻坚系列重要会议，精心组织开展习近平总书记为民情怀的系列宣传。人民日报刊发《脱贫了还要好好干》《住得更暖心过得更舒心》等报道，重温总书记考察调研时走进贫困人家问冷暖、看变化、听民声的感人场景。新华社长篇通讯《习近平的扶贫故事》讲述人民领袖情系扶贫事业的动人故事，配合有关方面拍摄制作电视专题片，生动展示习近平总书记丰富的扶贫足迹、深厚的为民情怀和强烈的使命担当。

三是宣传贫困地区和群众的脱贫故事。通过召开表彰大会、组织先进事迹报告会、录播专题节目、出版书籍、开展专题新闻报道等方式，广泛宣传全国脱贫攻坚奖获奖者的感人事迹。组织媒体广泛宣传"时代楷模"黄文秀、天津援疆干部席世明、贵州扶贫干部文伟红、河南在疆务工人员陈耀平等扶贫典型的先进事迹。人民日报整版推出《难忘黄文秀》，讲述在脱贫攻坚第一线倾情投入、奉献自我的扶贫干部的基层奋斗之路。央视电视专题片《决战脱贫在今朝》在

2020年全国两会期间热播，反映贵州正安吉他产业扶贫、重庆巫溪"红池绣娘"就业扶贫车间、山西岢岚贫困村民易地搬迁、河南信阳革命老区"乡村振兴"等地方推进精准扶贫精准脱贫的生动实践。短视频《挖掘机登上直升机为贫困村修路》讲述为了给四川大凉山腹地的阿布洛哈村修通公路，当地政府8天时间用米－26直升机将工程机械运到村里的故事。组织媒体编辑记者赴深度贫困地区集中采访脱贫攻坚进展，集中推出"新春走基层·脱贫攻坚一线见闻"。新华社刊发脱贫攻坚系列通讯报道，推出短视频、图文报道等新媒体产品，用镜头和文字全景式多视角记录贫困村脱贫摘帽后焕然一新的精神面貌以及干部群众与贫困作斗争的故事。全面反映贫困地区基本生产生活条件明显改善、经济社会发展明显加快的故事，以及贫困群众幸福感获得感明显增强和精神面貌焕然一新的故事。

四是宣传各方帮助贫困群众脱贫的故事。深入挖掘驻村帮扶、定点扶贫、军队扶贫、东西部扶贫协作和社会组织、民营企业、公民个人参与脱贫攻坚，帮助贫困群众脱贫的先进事迹，汇聚决战决胜脱贫攻坚强大正能量。在疫情防控和脱贫攻坚的关键时期，组织中央及地方媒体及时向贫困群众宣传扶贫政策、提供市场信息、推广致富经验。中央广播电视总台启动总额31亿元的"品牌强国工程"援鄂抗疫公益行动，组织动员参与总台"品牌强国工程"的实力品牌和其他优秀企业，捐赠自有产品，或采购湖北疫区急需的生活物资等。中央及地方媒体积极利用所属平台和渠道，围绕消费扶贫积极组织开展媒体扶贫公益活动，中央广播电视总台组织"谢谢你为湖北拼单"大型公益活动，"小朱配琦"等两场网络公益直播带货额过亿元。

（四）讲好脱贫攻坚"中国故事"

加强扶贫外宣工作，对外讲好中国扶贫故事，有利于彰显中国脱贫攻坚事业的世界意义，是分享中国经验、传播中国智慧、提供中国方案，向世界展现一个真实的、立体的、全面的中国的重要契机。在脱贫攻坚这场没有硝烟的伟大战场上，涌现出一大批先进典型，为讲好脱贫攻坚"中国故事"提供了丰富的素材，为中国减贫经验交流与分享提供了有力的支撑。

组织驻华使节、国际组织代表外国主流媒体等赴贫困地区和扶贫交流基地考察采访，加强中国减贫人物、故事、案例等元素的对外传播。邀请境外媒体记者走进扶贫一线开展实地调研采访活动。新华社精心组织"脱贫攻坚"系列海外报道，推出中英文双语视频《坐不住了，连他们都要来的地方，到底有何魅力》《老挝总理参观梁家河》，以采访老挝总理画面和记者创新体验式报道展现中国在扶贫帮困领域取得的丰硕成果，体现中国与世界各国在脱贫攻坚和治国理政经验方面的交流互鉴。

会同有关部门推出脱贫攻坚专题展览，强化对外主动发声，积极讲好中国扶贫故事。从2019年9月起，为进一步推动广大作家深入脱贫攻坚第一线，创作文学精品，中国作协与国务院扶贫办合作，策划开展"脱贫攻坚题材报告文学创作工程"，组织遴选25位优秀作家奔赴20多个省区市的扶贫点深入生活、实地采访，创作反映脱贫攻坚工作进展和成就的报告文学作品。为了更好地推动这些图书的海外宣传，中国作协与中国图书进出口（集团）总公司合作，向海外推荐该工程的成果。2020年10月，"脱贫攻坚题材报告文学创作工程"成果发布暨海外推广签约仪式在北京举行。在本次签约仪式上，已有8部作品与3家海外出版社签订了翻译出版合同。

2020年11月，在2020全球减贫伙伴研讨会上中国外文局正式发布《中国关键词：精准脱贫篇》多语种、《中国扶贫案例故事选编2020》英文版等系列图书。《中国关键词：精准脱贫篇》围绕中国脱贫攻坚的重大理念和贫困治理的重要实践进行介绍和解读，翻译出版中文与英文、法文、俄文、阿文、日文、韩文、德文、葡文、意文、越南文、印尼文等多语种对照版图书，旨在分享中国扶贫脱贫的成功经验，讲述中国人民摆脱贫困的生动故事，为增进国际减贫合作提供参考。该书由中国外文局、当代中国与世界研究院、中国翻译研究院和新世界出版社联合推出。2020全球减贫伙伴研讨会以"后疫情时代全球减贫创新与合作"为主题，视频连线联合国机构高级别代表，拉美、非洲等发展中国家官员，与会嘉宾围绕会议主题，探讨如何在全球范围内缩小数字鸿沟，让贫困人群从数字创新中受益，加速抗疫合作与减贫知识分享和交流。《中国扶贫案例故事选编2020》由中国国际扶贫中心编著、中国互联网新闻中心联合策划，外文出版社于2020年11月出版。来自美国、英国、新西兰等国家11名作者撰写了25篇扶贫故事，聚焦生态扶贫、互联网＋扶贫、科技扶贫、金融扶贫、旅游扶贫五个板块，多角度全方位展示中国扶贫工作主要做法，向国际社会生动讲述中国减贫故事，分享中国减贫的成功经验和知识。

九、脱贫攻坚的全面胜利

党的十八大以来，党中央团结带领全党全国各族人民，把脱贫攻坚摆在治国理政突出位置，充分发挥党的领导和我国社会主义制度的政治优势，采取了许多具有原创性、独特性的重大举措，组织实施了人类历史上规模最大、力度最强的脱贫攻坚战。2020年是全面建成小康社会的目标实现之年，也是全面打赢脱贫攻坚战的收官之年。经过8年持续奋斗，到2020年底，中国如期完成新时代脱贫攻坚目标任务，现行标准下9899万农村贫困人口全部脱贫，832个贫困县全部摘帽，12.8万个贫困村全部出列，区域性整体贫困得到解决，完成消除绝对贫困的艰巨任务，取得了令全世界刮目相看的重大胜利。

（一）贫困群众收入水平大幅度提高

贫困地区农村居民人均可支配收入，从2013年的6079元增长到2020年的12588元，年均增长11.6%，增长持续快于全国农村，高于全国农村居民2.3个百分点。2020年贫困人口较多的广西、四川、贵州、云南、甘肃、宁夏、新疆七个省（区）农村居民人均可支配收入名义增速均高于全国农村居民增速0.2—1.7个百分点。全国建档立卡贫困户人均纯收入由 2015 年的 3416 元增加到 2020 年的 10740 元，年均增幅 30.2%。全国建档立卡贫困人口享受产业帮扶措施的比例达 98%，2/3 以上主要靠外出务工和产业脱贫，工资性收入和生产经营性收入占比上升，转移性收入占比逐年下降，自主增收脱贫能力稳步提高。少数民族和民族地区脱贫攻坚成效显著，28 个人口较少民族全部实现整族脱贫。

（二）脱贫地区发展面貌彻底改变

根据国家脱贫攻坚普查结果，国家贫困县基础设施和基本公共服务水平显著提高，群众生产生活条件明显改善。国家贫困县中，通硬化路的行政村比重 99.6%，其中具备条件的行政村全部通硬化路；通动力电的行政村比重 99.3%，其中大电网覆盖范围内行政村全部通动力电；通信信号覆盖的行政村比重 99.9%；通宽带互联网的行政村比重 99.6%；广播电视信号覆盖的行政村比重 99.9%；有村级综合服务设施的行政村比重 99.0%；有电子商务配送站点的行政村比重 62.7%；全部实现集中供水的行政村比重 65.5%，部分实现集中供水的行政村比重 31.9%；全部实现垃圾集中处理或清运的行政村比重 89.9%，部分实现垃圾集中处理或清运的行政村比重 9.0%。

国家贫困县建档立卡贫困人口所在辖区县、乡、村三级医疗卫生服务体系健全。在县级，至少有一所县级公立医院（含中医院）的县比重 99.8%，其他县符合基本医疗有保障标准。至少有一所二级及以上医院的县比重 98.0%，其他县符合基本医疗有保障标准。

设有县级医院的,至少一所县级医院每个专业科室有执业医师的县比重99.8%。各县普遍实行建档立卡贫困人口县域内住院先诊疗后付费、县域内"一站式"结算,开展大病专项救治工作。在乡村级,所在乡镇有卫生院的行政村比重99.8%,符合基本医疗有保障标准可不设置的行政村比重0.2%。所在乡镇卫生院服务能力达标的行政村比重98.9%,符合基本医疗有保障标准不作要求的行政村比重1.1%。行政村所在乡镇有执业(助理)医师。有卫生室或联合设置卫生室的行政村比重96.3%,符合基本医疗有保障标准可不设置的行政村比重3.7%。卫生室服务能力达标的行政村比重95.3%,符合基本医疗有保障标准不作要求的行政村比重4.7%。行政村有乡村医生或执业(助理)医师。

国家贫困县中,义务教育方面,有小学的乡镇比重98.5%,有小学(教学点)的行政村比重47.7%;所有的县均有初中,有初中的乡镇比重70.3%;有寄宿制学校的乡镇比重94.1%。非义务教育方面,有幼儿园的行政村比重46.2%;有中等职业教育学校的县比重82.4%;有技工院校(包括技工学校、高级技工学校、技师学院等)的县比重18.7%;有职业技能培训机构的县比重84.5%。国家贫困县中,有公共图书馆的县比重98.1%,有综合文化站的乡镇比重99.4%,有图书室或文化站的行政村比重98.9%。

贫困地区经济社会发展明显加快。贫困地区坚持以脱贫攻坚统揽经济社会发展全局,呈现出新的发展局面。通过产业扶贫,贫困地区特色优势产业和电商扶贫、光伏扶贫、旅游扶贫等新业态迅速发展,内生动力和发展活力明显增强;通过易地扶贫搬迁、退耕还林、生态扶贫等，生态环境明显改善；通过基础设施和公共服务设施建设，群众生产生活条件显著改善；通过政府扶贫资金投入，拉动了社会投资流向贫困地区，拓展了贫困地区产业发展空间，促进了产业结构优化，拉动了消费，为内循环经济发展提供了动力；贫困地区优秀传统文化传承得以保护，传统文化、特色文化、民族文化得以弘扬；生态环境保护水平不断提高，生态宜居水平不断提高。

贫困地区脱贫群众精神面貌发生巨大变化。脱贫攻坚唤醒了贫困群众对美好生活的追求，内生动力得以激发，增收致富热情高涨；通过产业发展的利益联结机制和集体公共事务的参与平台，贫困群众参与公共事务的积极性自觉性大大提高，主人翁意识得以增强；通过基础设施、产业发展等系统工程，贫困群众的市场意识、规则意识、创新意识等显著增强，现代观念渐入人心；通过开展移风易俗行动，贫困地区文明程度不断提升，乡村文明新风正在形成。

（三）"两不愁三保障"全面实现

根据国家贫困县建档立卡户普查结果和非国家贫困县建档立卡户抽样调查结果推算，中西部22省（自治区、直辖市）建档立卡户全面实现不愁吃、不愁穿，义务教育、基本医疗、住房安全有保障（"两不愁三保障"），饮水安全也有保障。

建档立卡户全面实现不愁吃，平常能吃得饱且能适当吃好。其中，国家贫困县98.94%的建档立卡户随时能吃肉蛋奶或豆制品，非国家贫困县99.03%的建档立卡户随时能吃肉蛋奶或豆制品。

建档立卡户全面实现不愁穿。国家贫困县和非国家贫困县的建档立卡户一年四季都有应季的换洗衣物和御寒被褥。

建档立卡户全面实现饮水安全有保障，达到当地饮水安全标准。解决2889万贫困人口的饮水安全问题，3.82亿农村人口受益。解决120万农村人口的苦咸水问题，贫困人口自来水普及率由2016年的70%上升到2020年的83%。国家贫困县建档立卡户，在生活饮用水水量和水质方面符合标准；在用水方便程度方面，93.67%供水入户，6.33%未供水入户但取水方便；在供水保证率方面，99.86%不缺水，0.14%供水有基本保障但有少量天数缺水。非国家贫困县建档立卡户，在生活饮用水水量和水质方面符合标准；在用水方便程度方面，84.25%供水入户，15.75%未供水入户但取水方便；在供水保证率方面，99.95%不缺水，0.05%供水有基本保障但有少量天数缺水。

"三保障"突出问题总体解决。

建档立卡户义务教育阶段适龄少年儿童全面实现义务教育有保障。其中，国家贫困县建档立卡户适龄少年儿童中，98.83%在校就学，0.26%送教上门，0.91%因身体原因不具备学习条件、休学、延缓入学、已初中毕业等不在校。非国家贫困县建档立卡户适龄少年儿童中，99.06%在校就学，0.57%送教上门，0.37%因身体原因不具备学习条件、休学、延缓入学、已初中毕业等不在校。截至2020年12月30日，全国义务教育阶段辍学学生由台账建立之初的约60万人降至831人，其中20万建档立卡辍学学生已经实现动态清零，为实现 2020 年九年义务教育巩固率达到 95% 的目标奠定了坚实的基础。资助全覆盖基本实现。实行营养改善计划，每年大约有 3700 多万农村孩子享受营养餐的补助。办学条件配备的底线要求基本实现。2013 年到 2019 年，贫困地区新建改建扩建的校舍的面积大约是 2.21 亿平方米，全国 30.96 万所小学（包括教学点）的办学条件基本上达到了规定的要求。2013 年到 2017 年，贫困地区义务教育薄弱学校改善数为 10.8 万所。通过"特岗计划"招聘教师约 63 万人，覆盖到全国约 1000 个县，覆盖学校约 3 万所。

建档立卡贫困人口全面实现基本医疗有保障。其中，国家贫困县建档立卡贫困人口中，99.85% 参加城乡居民基本医疗保险，0.14% 参加职工基本医疗保险，0.01% 为新生儿等正在办理参保手续、处于参军等特殊保障状态或暂时不需要。非国家贫困县建档立卡贫困人口中，99.74% 参加城乡居民基本医疗保险，0.24% 参加职工基本医疗保险，0.01% 为新生儿等正在办理参保手续或处于参军等特殊保障状态。

贫困地区医疗卫生机构设施条件全面改善，县域医疗卫生服务能力有效提升。开展三级医院对口帮扶，通过上级医疗卫生机构选派医生到乡村巡诊、派驻等方式，远程医疗覆盖所有贫困县并向乡镇卫生院逐步延伸，推动优质资源向贫困地区倾斜并逐级下沉，全面消除贫困地区乡村医疗卫生机构和人员"空白点"，实现每个乡镇和每个行政村都有一个卫生院和卫生室并配备了合格医生，贫困地区全科医生数 49912 人，贫困地区县医院收治病种中位数已达到全国县级医院整体水平的 90%，服务能力得到跨越式提升。

组织动员全国 80 多万基层医务人员全面摸清贫困人口患病情况，实施大病集中救治、慢病签约服务管理、重病兜底保障"三个一批"行动计划，对贫困患者实行分类救治，实行"及时发现、精准救治、有效保障、动态监测"全过程管理，全面实现了对贫困人口的应治尽治、应签尽签、应保尽保，有效减轻了贫困人口医疗费用负担，贫困患者重点疾病分类救治人数达 2024 万人。

坚持预防为主，聚焦重点地区、重点人群、重点疾病，一地一策、一病一方，实施地方病、重大传染病、尘肺病防治攻坚行动，贫困地区艾滋病高发态势得到全面遏制，结核病、包虫病得到全面控制并逐步消除，克山病、燃煤污染型砷中毒、血吸虫病病区县消除率达到 100%，碘缺乏病、大骨节病、燃煤污染型氟中毒病区县消除率达到 96% 以上，尘肺病患者得到有效救治，一些长期影响人民群众健康的重大疾病问题得到有效解决，取得历史性成就。强化妇幼、老人等重点人群健康改善，深入开展爱国卫生运动和健康促进，贫困地区健康环境全面改进，群众健康水平明显提升，为全面推进健康中国建设奠定了基础。

在疫情防控紧要关口，及时指导贫困地区基层广大医务人员转战疫情防控战场，充分运用健康扶贫工作过程积累的方法和经验，在较短的时间内，全面控制了疫情的扩散蔓延，实现了确诊病例和疑似病例的快速清零，推动将贫困地区新冠肺炎疫情影响降到最低，为快速复工复产、推进脱贫攻坚创造了有利条件。

医保部门会同卫健委、扶贫办等部门聚焦贫困人口"基本医疗有保障"的任务目标，奋力夺取脱贫攻坚全面胜利，建成了世界上规模最大的基本医疗保障网,发挥了最大范围的防贫减贫作用。2018年以来,医保扶贫政策累计惠及贫困人口4.8亿人次,帮助减轻医疗负担近3300亿元,助力近1000万户因病致贫群众精准脱贫。

建档立卡户全面实现住房安全有保障。其中,国家贫困县建档立卡户中,43.74%现住房鉴定或评定安全,或有其他安全住房居住;42.25%通过危房改造政策实现住房安全;14.01%通过易地扶贫搬迁实现住房安全。非国家贫困县建档立卡户中,58.26%现住房鉴定或评定安全,或有其他安全住房居住;34.70%通过危房改造政策实现住房安全;7.04%通过易地扶贫搬迁实现住房安全。

党的十八大以来,帮助790万户2568万建档立卡贫困人口告别了原来破旧的泥草房、土坯房等危房,住上了安全住房,兜底解决了6万户13万自筹资金和投工投料能力极弱的特殊贫困群体的基本住房安全问题,同时还解决了1075万户3500多万其他3类重点对象的住房安全问题。在近年来发生的多次5级以上地震、雪灾、洪水等自然灾害中,实施危房改造后的农房基本完好无损,较好地保护了人民生命财产安全,被贫困群众称为"安全房""保命房"。

农村住房条件和人居环境得到改善。北方地区结合农村危房改造,积极开展建筑节能示范,在解决住房安全问题的同时,对墙体、屋面、门窗等围护结构进行节能改造,减少了贫困户冬季采暖支出,提高了室温和居住舒适度,有效缓解了农村地区能源消耗和环境污染。广西、贵州等地结合农村危房改造同步实施卫生厕所改造和人畜分离，有效改善了农户居住卫生条件，减少了疾病传播潜在风险。改造后的农房建筑风貌整体得到提升，带动了农房周边居住环境和村容村貌的整体改善。许多地方结合农村危房改造，推进村内道路、绿化、安全供水、垃圾污水治理等设施建设，改善了农村人居环境。

（四）党的执政基础更加牢固

贫困地区干部的贫困治理能力明显提升。推动各地认真贯彻落实《党政领导干部选拔任用工作条例》，扩大选人用人视野，及时把熟悉现代农业、农村经济等方面的高素质专业化干部，充实进贫困地区党政领导班子，不断强化"一线指挥部"力量和整体功能。着眼于落实产业、教育、搬迁等精准扶贫重点任务，统筹用好干部资源，以更大力度向深度贫困地区选派优秀干部，从2013年开始向贫困村选派第一书记和驻村工作队，到2015年，实现每个贫困村都有驻村工作队、每个贫困户都有帮扶责任人。截至2020年底，全国累计选派25.5万个驻村工作队、300多万名第一书记和驻村干部。积极推进中央单位定点扶贫和东西部扶贫协作挂职干部选派工作，东部9省市与扶贫协作地区互派干部和技术人员13.1万人次，中央单位定点帮扶选派挂职干部和第一书记9815人次，为推动当地脱贫致富作出了积极贡献。通过干部教育培训，干部思想认识水平与实战能力进一步提高。2018年以来，全国共培训扶贫干部2631万人次，其中县级及以下的基层扶贫干部占90%以上。2020年，推动各地对23.7万名新选派的驻村干部和新上任的乡村干部全部轮训一遍。

贫困地区基层党组织政治功能和组织力得以筑牢。党的十八大以来，推动各地坚持每年按照一定比例倒排整顿，强弱项、补短板，整顿提升3万个贫困村软弱涣散党组织，调整2.3万名不胜任不尽职的贫困村党组织书记。特别是2019年在"不忘初心、牢记使命"主题教育中开展以农村为重点的集中整顿软弱涣散基层党组织工作，推动了一大批贫困村如期脱贫。2020年以来，各地对2707个未出列贫困村逐村摸底分析，有针对性地落实整顿措施，逐个建强党组织。2020年将村干部基本报酬和村级组织办公经费两项合计由每村每年不低于9万元提高至不低于11万元，解决了党组织服务群众能力弱和村干部待遇低的问题，进一步激发农村基层党组织和基层干部决战脱贫攻坚的昂扬斗志。

党员的先锋模范作用得到发挥。脱贫攻坚以来，各级党组织严肃认真抓好村党组织"三会一课""主题党日"等，加强对党员的思想政治教育，着力激发党员积极性、主动性、创造性。推动每个贫困村每两年至少发展1名年轻党员，不断补充新鲜血液。划拨中管党费1.16亿元，支持集中连片特殊困难地区的680个贫困县开展党员脱贫致富培训。推动各地从项目、资金、技术上，支持党员带头创办领办致富项目。通过开展党员联系户、党员户挂牌、承诺践诺、设岗定责等活动，推动广大农村党员在决战决胜脱贫攻坚中当先锋、作表率。

农村基层治理能力明显提升。自2016年起，中央财政支持部分省份开展村级集体经济发展试点工作，探索多种集体经济实现形式，增强村集体自我发展、自我服务、自我管理能力，有效促进了当地村级集体经济发展。2020年贫困村集体经济平均收入12万元。村级集体经济不断发展壮大，村级组织自我保障和服务群众能力得以增强。村（居）务公开在基层得到认真落实，群众的事群众办、群众的事群众定的局面开始形成，群众参与基层治理的积极性主动性创造性得以增强，村（居）务委员会作用得到更好发挥；基层治理的社会化、法治化、智能化、专业化水平进一步提升，基层社会矛盾预防和化解能力显著增强，基层治理体系和治理能力现代化水平显著增强。

十、开启新篇章

"脱贫摘帽不是终点,而是新生活、新奋斗的起点。"2020年10月29日,十九届五中全会通过《中共中央关于制定国民经济和社会发展第十四个五年规划和二〇三五年远景目标的建议》,明确提出要"实现巩固拓展脱贫攻坚成果同乡村振兴有效衔接"。12月28—29日,中央农村工作会议召开,习近平总书记发表重要讲话指出,"要坚决守住脱贫攻坚成果,做好巩固拓展脱贫攻坚成果同乡村振兴有效衔接,工作不留空档,政策不留空白",为巩固拓展脱贫攻坚成果同乡村振兴有效衔接指明了方向。12月30日,全国巩固拓展脱贫攻坚成果同乡村振兴有效衔接工作会议召开。会议将做好有效衔接作为当前和今后一个时期农村工作第一位的任务,进行了具体部署。大体而言,可以从以下三方面把握"十四五"时期巩固拓展脱贫攻坚成果同乡村振兴有效衔接工作。

(一)继续抓好巩固脱贫成果长效机制建设

不断完善防止返贫动态监测和帮扶机制。以脱贫攻坚普查和建档立卡数据为基础,以户籍、低保、医保等方面部门数据共享为依托,合理确定监测标准,建立健全防止返贫大数据监测平台,建立农户申报和核查认定相结合的易致贫返贫人口精准识别机制。建立多部门联动的应急帮扶机制，对面临返贫致贫风险的监测对象，在搞清楚风险源头的基础上，采取短期长期相结合帮扶措施，确保帮扶对象不陷入贫困，并能取得长期效果。

继续拓展脱贫家庭增收机会、增收能力。不断深化农村改革，盘活农村资源资产，增加脱贫家庭获得资产性收入的机会。持续支持农村特色产业发展，发挥龙头企业、农民合作社、家庭农场等新型经营主体的组织带动作用，增加技术含量，提高产业化水平，减少物流销售成本，不断壮大特色产业。不断完善特色产业利益连接机制和发展带动机制，让脱贫农户不仅能够合理分享产业发展收益，而且能够有效参与产业发展过程，不断提高自身发展能力。加强就业支持政策创新，多渠道增加就业机会，进一步提高脱贫家庭劳动力就业竞争能力，保障脱贫家庭就业收入持续增长。高度重视易地扶贫搬迁人口后续帮扶工作，做好集中安置点社区管理、公共服务，促进社会融入。对于以城镇为依托、以非农化发展为取向的集中安置点，要一家一户摸清基本情况，建立劳动力就业台账和跟踪服务机制，确保有劳动力家庭至少有一人稳定就业或实现创业。

进一步增强脱贫人口内生发展动力。发挥基层党组织战斗堡垒作用、党员先进模范作用和奋进致富典型示范带动作用，提升脱贫人口劳动致富的主动性、积极性。宣传自力更生脱贫致富典型，倡导科学观念、市场意识和奋斗精神，抑制和祛除陈风陋习，营造积极向上的文明乡风，培育不断发展的信念信心。针对内生动力不足农户，摸清原因，分别类型，采取针对性措施，帮助其重拾发展动力。

（二）构建农村低收入人口和欠发达地区帮扶机制

建立健全农村低收入人口常态化帮扶机制。以防止返贫动态监测机制为基础，探索建立农村低收入人口常态化监测和认定机制。按照分类管理、精准施策基本思路，坚持开发式帮扶和救助式帮扶并举基本方针，构建全覆盖帮扶网络。对于缺乏劳动力家庭，采取低保等社会救助措施进行帮扶，织牢兜底网络。对于有劳动力的家庭，根据家庭和劳动力具体情况，采取生产扶持、金融扶持、就业扶持等能力建设措施，支持其通过自身能力增收发展。对于受教育阶段儿童和青少年，采取经济、社会、心理等多方面支持措施，帮助其接受良好教育。对于孤寡老人、残疾人、孤儿，通过加大财政投入，加强福利制度、福利机构建设，不断提高保障水平。通过购买公共服务等方式，建立健全农村低收入人口社会帮扶体系。引导社会组织、志愿者针对低收入家庭具体情况，开展针对性、专业化和灵活机动的帮扶工作。

建立健全支持欠发达地区加快发展帮扶机制。对832个脱贫摘帽县，设立五年过渡期。过渡期内主要帮扶政策保持总体稳定，严格落实摘帽不摘责任、摘帽不摘政策、摘帽不摘帮扶、摘帽不摘监管"四个不摘"要求。加强现有帮扶政策调查研究，根据实际情况，分门别类提出优化完善方案，支持巩固拓展脱贫攻坚成果，并逐步向支持全面推进乡村振兴平稳过渡。中央在西部地区选择一批条件相对较差的脱贫摘帽县，确定为国家乡村振兴重点帮扶县，给予财政、金融、土地、人才等方面特殊支持政策，加快基础设施建设，改善公共服务供给，增强区域发展能力，缩小与其他地区发展差距。各省（自治区、直辖市）结合实际，自主选择一部分县作为省级乡村振兴重点帮扶县，给予特殊支持政策。继续坚持并完善东西部协作机制。按照以省为单位简化结对关系的基本思路，结合现有结对关系及经济文化联系，调整优化结对帮扶关系。协作双方党委政府要继续加强协作工作组织领导，进一步深化人才支援、资金支持、产业合作、劳务协作等方面协作关系。要用好财政支持资金的引导功能，更加注重发挥市场机制作用，强化以企业合作和社会组织参与为载体的帮扶协作。支持协作双方利用各自优势，建立互利共赢、协同发展、共同发展的长期稳定协作关系。继续坚持并完善中央党政机关、军队和国有企事业单位等定点帮扶机制，继续引导企业和社会组织投身乡村振兴帮扶工作。

（三）加强脱贫攻坚与乡村振兴领导体制工作机制及政策措施衔接

将巩固拓展脱贫攻坚成果有关工作纳入乡村振兴领导体制和工作体系。适应全面推进乡村振兴工作需要，构建强有力的乡村振兴领导体制和协调机制，将巩固拓展脱贫攻坚成果同乡村振兴有效衔接工作纳入领导范围，构建跨部门协调机制。省、市、县、乡、村五级书记一起抓，加强党对巩固拓展脱贫攻坚成果、推进乡村振兴的领导。优化驻村帮扶制度，加强村级党组织建设，确保党的领导落地、衔接政策落地。及时做好巩固拓展脱贫攻坚成果同全面推进乡村振兴在工作力量、组织保障等方面融合。出台巩固拓展脱贫攻坚成果同乡村振兴有效衔接，推进"十四五"时期巩固拓展脱贫攻坚成果同乡村振兴有效衔接规划编制与实施。以规划为平台，实现巩固拓展脱贫攻坚成果同乡村振兴重点项目通盘考虑、有机衔接、一体化推进。明确任务分工，层次压实责任，开展考核评估。把巩固拓展脱贫攻坚成果纳入脱贫地区市县党政领导班子和领导干部推进乡村振兴战略实绩考核范围，开展东西部协作和定点帮扶成效考核评价，强化考核结果运用。

加强脱贫攻坚与乡村振兴政策衔接。脱贫摘帽县享受的财政、金融、税收、土地、人才等方面支持在政策过渡期内保持总体稳定。按照做加法基本思路，逐渐加大对乡村振兴重点帮扶县政策支持力度。财政专项帮扶资金（原财政专项扶贫资金）存量部分保持稳定，继续用于脱贫地区脱贫人口精准帮扶；增量部分根据乡村振兴任务要求和国家财力状况统筹确定，主要用于国家乡村振兴重点帮扶县。各地可根据实际情况调整优化财政专项帮扶资金使用方式，充分发挥其促生产促增收作用。完善脱贫人口小额信贷政策，加强风险管理和配套能力建设，探索农村普惠金融发展模式。探索乡村振兴相关保险制度创新，开发新险种新产品，依托移动互联网提高服务便利化程度。处理好教育、医疗、社会保障等领域普惠政策与特惠政策关系，增强低收入人口公共服务可及性。重大投资项目、公共政策要优先照顾欠发达地区和低收入人口利益，把促进均衡发展、公平发展作为效益评估的重要指标。走包容性乡村振兴道路，以乡村振兴带动巩固拓展脱贫攻坚成果，带动缩小发展差距，带动逐步实现共同富裕。

后 记

《中国脱贫攻坚报告（2013—2020年）》由原国务院扶贫办组织编写。原国务院扶贫办高度重视报告编写工作。办领导多次召开会议专题研究报告定位、编写大纲和报告内容，提出具体指导意见。办内各司各直属单位主要负责同志也参加了专题会议和有关环节，就编写大纲、报告内容等提出了具体意见建议。全国扶贫宣传教育中心、中国扶贫发展中心认真落实编写工作，组建专家团队及时完成初稿，及时根据新形势新要求修改完善，形成了4卷报告送审稿（未公开）。各卷报告均按照相同体例和一致思路进行编写，每卷确定一个主题，突出概要性和脱贫攻坚战阶段性重点亮点。

《中国脱贫攻坚报告（2013—2020年）》汇编出版工作由中国扶贫发展中心组织，黄承伟主任主持，华中师范大学陆汉文教授、刘杰副教授，中国地质大学（武汉）李海金教授，华中农业大学袁泉副教授承担具体汇编任务。中国社会科学院王晓毅研究员，北京大学雷明教授、张亚光副教授，中国农业大学左停教授，北京师范大学张琦教授，复旦大学王小林教授参加了汇编大纲研讨、汇编稿审议工作。作为汇编报告基础的《中国脱贫攻坚报告（2013—2017年）》《中国脱贫攻坚报告（2018年）》《中国脱贫攻坚报告（2019

年)》《中国脱贫攻坚报告(2020年)》等 4 卷报告初稿的编写工作由黄承伟、陆汉文主持,具体编写人员来自华中师范大学、华中农业大学、中国地质大学(武汉)、北京师范大学、广西大学、四川农业大学、山东大学威海校区、郑州轻工业大学等高校,包括钟涨宝、江立华、庄天慧、张琦、李海金、胡银根、李祖佩、张翠娥、吕方、刘杰、刘飞、杨浩、孔梅、毋丽红、史志乐、刘雪琴、刘继来、李志平、郭朝霞、黄慧、焦云清、范长煜、覃志敏、岳要鹏、杨永伟等专家。全国扶贫宣传教育中心骆艾荣、阎艳和中国扶贫发展中心罗朝立、李国强、赵晖等同志参与了相关组织工作。

脱贫攻坚战是中国减贫历史上的一场伟大斗争,不仅给贫困地区贫困人口带来翻天覆地的变化,也给中国农村乃至整个中国社会带来深刻变革,在全球范围内产生了巨大影响。《中国脱贫攻坚报告(2013—2020年)》仅对脱贫攻坚战进行了简略介绍,其中错讹不足之处,恳请社会各界批评指正。

黄承伟　陆汉文

2021 年 6 月